褚时健

影响企业家的企业家

先燕云　张赋宇 著

湖南文艺出版社
HUNAN LITERATURE AND ART PUBLISHING HOUSE

博集天卷
CS-BOOKY

图书在版编目（CIP）数据

褚时健：影响企业家的企业家/先燕云，张赋宇著.
—长沙：湖南文艺出版社，2014.11
ISBN 978-7-5404-6989-4

Ⅰ. ①褚… Ⅱ. ①先… ②张… Ⅲ. ①褚时健—传记
Ⅳ. ①K825.38

中国版本图书馆CIP数据核字（2014）第241262号

上架建议：励志·传记

褚时健：影响企业家的企业家

作　　者：先燕云　张赋宇
出 版 人：刘清华
责任编辑：薛　健　刘诗哲
监　　制：陈　江　毛闽峰
策划编辑：李　娜
文案编辑：段　梅　张红丽
营销编辑：刘晓晨　张　璐
装帧设计：仙　境
出版发行：湖南文艺出版社
　　　　　（长沙市雨花区东二环一段508号　邮编：410014）
网　　址：www.hnwy.net
印　　刷：北京嘉业印刷厂
经　　销：新华书店
开　　本：720mm×1000mm　1/16
字　　数：320千字
印　　张：20.5
版　　次：2014年11月第1版
印　　次：2014年11月第1次印刷
书　　号：ISBN 978-7-5404-6989-4
定　　价：45.00元
（若有质量问题，请致电质量监督电话：010-84409925）

◎ 2007年，褚时健在新平果园察看果情

◎ 1991年，采访褚时健

◎ 1995年，采访褚时健

◎ 1996年，随褚时健到新
平磨盘山当年他生活过
的地方

◎ 青年区长褚时健
　1952年"土改"时，褚时健调到盘
　西区当区长

◎ 学生时期的马静芬
　马静芬出身于富裕人家，父亲
　是银行的高管

◎ 1965年，时任戛洒糖厂厂长的褚时健一家
　这一年，糖厂赢利了，不但填平了20万元亏损，还有了8万元的盈利

◎ 1977年，考上大学的褚映群
  与母亲
  恢复高考的1977年，女儿褚映
  群考上了昆明师范学院，褚时
  健十分欣慰

◎ "文革"时期的褚时健一家

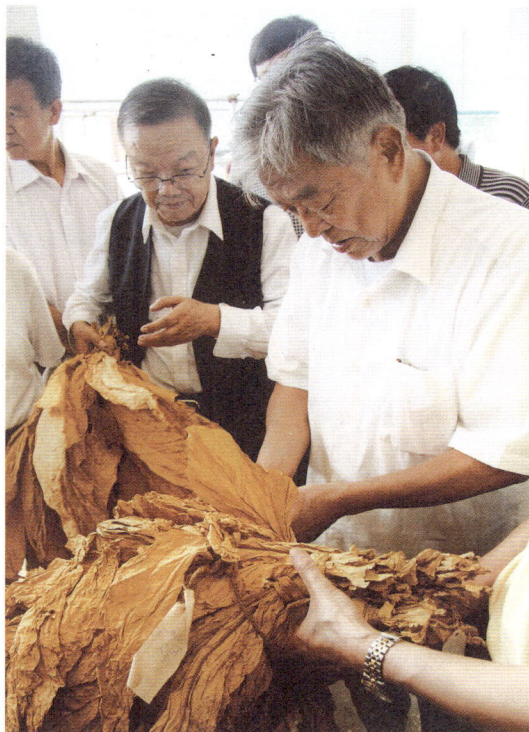

◎ 褚时健察看优质烟叶

他让培训人员对评级员进行耐心培训，教他们如何从色泽、味道、表面来评价一份烟叶的好坏

◎ 1995年，任玉溪卷烟厂厂长时的褚时健在关索坝新厂区

◎ 1995年9月，红塔集团成立，褚时健成为云南红塔集团和玉溪红塔烟草集团有限责任公司的董事长

◎ 2014年，褚橙果园

◎ 2014年6月，褚时健在40摄氏度高温下到果园与作业长察看果情

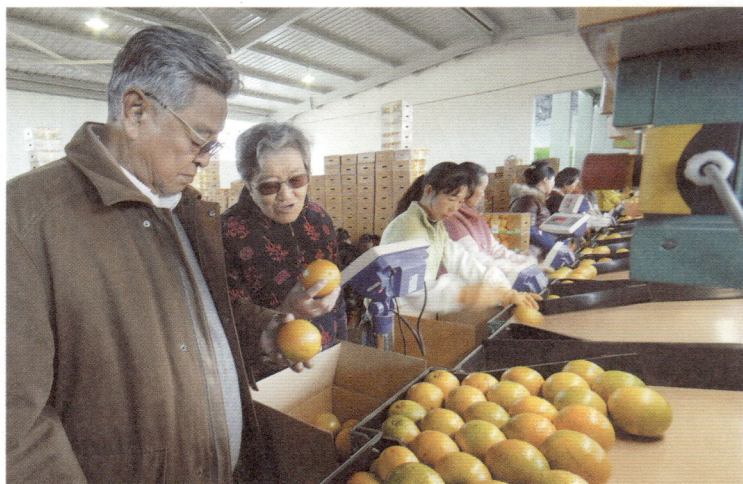

◎ 褚时健夫妇在分拣车间

目 录

上篇　1928—1979：燃情年代

少年时，他抓过鱼、烤过酒、种过地，挑起了家庭的重担；青年时，当过自救队指导员、征粮组组长、区长，他不畏艰难、奋勇争先，为理想燃烧；中年时，他是农场副场长、糖厂副厂长，创造了无数奇迹。

滇越铁路上的蒸汽机车把他带到了昆明求学，遇见了开阔视野、启迪一生的导师先驱；在战场上，他是代号"黑猫"的情报员、神枪手；当时代的列车把他送进哀牢山时，磨炼的是他的身体与意志，激发出的是他无尽的创造力。

天行健，君子以自强不息。他是褚时健，生于1928年农历新年第一天，是属"牛"的龙子。

第一章　故乡的记忆 / 002

"少年时的劳作对我以后的人生很有帮助……所以，我从十几岁时就形成一个概念，从投入到产出，搞商品生产要计算仔细，干事情要有效益。有经营意识和良好的技术，才能创造出更多的价值。"

中篇 1979—1995：巅峰时刻

1979年10月接手玉溪卷烟厂时，褚时健已年过半百。

面对卷烟厂资金短缺、技术落后的重重困境，褚时健转守为攻，平衡各方利益，在硬件和软件两个方面层层突破，通过重新改进生产工序、严控质量管理、更新经营思路、拓展市场布局，使玉溪卷烟厂迅速扭亏为盈，并带领它走到了亚洲乃至整个世界的前端，成为"民族工业的一面旗帜"，同时，为国家创造税利991亿元。

从"知命"到"古稀"的17年，褚时健遇到了无数难题，也解决了无数难题，创造了属于他的新的奇迹。

5

　　1996年7月，国家体改委、国家经贸委等机构联合组织了大批学者专家来到玉溪，他们在这里召开了"红塔山现象"研讨会，他们把红塔集团称为"民族工业的一面旗帜"，并把玉溪卷烟厂的发展之路概括为"一个奇迹、一个谜"。

下篇　1995— ：峥嵘岁月

　　在最辉煌的时刻，褚时健折翼滇南，从"烟王"的神坛上跌落。

　　2001年，身患多重疾病的他保外就医，重回哀牢山，筹措资金改造山地、架管引水、修建公路，种起了橙子。十年后，一种名为"褚橙"的水果风靡全国，它被称为"云南最好吃的橙子"，也被称为"中国最励志的橙子"。

　　对于昔日种种，褚时健不愿再提起。于是，共同经历了诸多事件的"我"——作者先燕云，将以第一人称的角度，为读者更客观地呈现这段旁人无从知晓的历史，讲述昔日"烟王"、今日"橙王"——86岁的褚时健残酷的自我修复和重塑。

　　褚映群说："其实老爸也该退了，你说他是太阳般的汉子，说得好。不过光环大了，人会变成神的，太阳烤多了，人也会被烤糊的。"

　　我大吃一惊，不由得仔细看了看她那张和父亲母亲都有些相像的脸，我从那上面看到了一种忧虑。

　　应该说，风将起之时，褚映群已经敏锐地捕捉到了风的翼尖。

胜友如云，走心的不多；高朋满座，知己难求。爬上山巅的时候无人比肩而立，跌入谷底的时候独自抚慰伤痛，这是褚时健长期以来面对的现实。要说英雄，也是一个寂寞的英雄。

在失去自由的那段时间里，褚时健停下了脚步，他终于有机会重新审视自己的人生，自己的价值观、世界观，包括朋友和亲人，他面临着一次全面的内心整合。

推荐序一
我为何崇敬褚时健

王石

　　我有很多粉丝，但我是褚时健的粉丝，他不仅是云南人的骄傲，更是我们这些企业家的骄傲。所以，我每次来不能说是看望他，应该说，每次都是带着崇敬的心情来取经的。他一年创造300亿元税利的时候，万科的经营规模才30亿元，差距非常大；我们去年才缴了300亿元的税，而褚厂长在二十年前就达到这个数字了，那还是二十年前的300亿元。

　　所以，在褚厂长面前，我只是前来学习的后辈，他一直给我非常强烈的内心触动。

　　十年前，我第一次到哀牢山。我见到他的时候，老人家戴着一顶破草帽，衣服的圆领还是破的，比现在穿得还旧。那时他正和一个人讨价还价。那个人帮他修水泵，开价80元，褚厂长说："最多给你60元。"他俩就围绕着80元还是60元讨价还价。想想看，他曾经是多么叱咤风云的人物啊！

　　之后我们开始聊天，我很好奇地问他："您前后做的事情差别太大了，我相信您能搞成，但有一点不明白：既然种橙子，为什么不引进国际上很好的橙苗，而是从湖南引进种苗呢？"

　　他就给我讲道理，说哀牢山的土壤怎么样、气候怎么样，说："我一定能种过他们。"之后大谈挂果之后是什么情况，又说这种橙子怎么怎么好。我就问他挂果要多长时间，他说要六年。我当时一盘算，六年之后他就80多岁了，一个70多岁的老人创业，大谈80多岁以后的场面，这是一种什么精神啊！

而我对自己晚年的安排，和他的境界完全不一样。所以，我发自内心地佩服他。在和褚厂长接触的过程中，你就能理解，他为什么能在当年把企业搞得那么成功，绝不是因为政策、特许经营，或者偶然。

那次之后，我们经常通电话。十年后，大家都看到了，褚橙已经很有名了。

通常来说，我和褚厂长会被当作同一时代的企业家。我们都创过业。我于1983年到深圳，1984年创建万科，这些我记得很清楚。创业时，我在万科办公室的地板上写了两行字，第一句引用肯尼迪就职演说中的话，"不要问社会能为你做什么，而要问你能为社会做什么"；第二句是巴顿将军讲的，"衡量一个人成功的标准，不是看这个人站在顶峰的时候，而是看这个人从顶峰上跌落低谷之后的反弹力"。

巴顿将军是我心目中的英雄，我非常欣赏这句话。我到深圳以后，有低谷，有反弹，有很多曲折，但再怎么也不像褚厂长那么曲折，所以，我那一次非常感慨：褚厂长已经70多岁了，还在展望六年之后的漫山遍野，所以用巴顿将军的话来衡量褚厂长是再恰当不过了。

当时，我专门写了一篇文章——《哀牢山上冰糖橙》。但那篇文章不是写给别人的，而是在谈我自己的感受。之后很多企业家因为这篇文章知道了褚厂长的现状，都想到这个地方来看看，包括柳传志先生，去年他专门到这里拜访了褚厂长。可以说，褚厂长身上集中体现了中国企业家的一种精神，一种在前进中遇到困难、并从困难中重新站起来的精神。

这次来，我不仅仅是吸收营养，还想让更多的中小企业家能够系统地了解他，我还希望能够有商学院做关于他的研究。

因为褚厂长把一个看上去不可能做成的事情做成了，而且这种成功是可示范、可借鉴、可学习的。他就在这里，他就在做，做得很辉煌，他可以给世人提供借鉴。

推荐序二
一个互联网的橙子

本来生活网创始人　喻华峰

这几乎是一场不可能的相逢，又是一场注定的相逢。

2012年10月，哀牢山戛洒小镇，群山中的一个世外桃源，一个云南人都不一定知道的地方；北京，一个巨大、好奇、饥渴又餍足的市场，一个随时准备为好产品尖叫、为英雄鼓掌的市场！

褚时健，一个离开社会大众视野，常驻山中默默创业，将心注入一个橙子的老人；本来生活，一个刚刚创立的网站，一群蜗居在北京北三环、对未来满怀憧憬同时又有几分迷茫的媒体转型人。

2012年，因为同一个梦想——种出中国最好吃的橙子、卖中国最好的农产品——将远隔3000千米的两个团队连接起来，一个传奇就这样不可遏止地诞生了！褚橙，一个清甜可口的橙子，就这样"不翼而飞"，顷刻名满中华，成为中国互联网时代第一个农产品标志性品牌。

回首检视，这个互联网的橙子其实是一个"势、道、术"完美结合的商业案例。

2012年被称为中国"生鲜电商元年"，这一年，中国农产品的生产与消费走到了一个新的路口：优质农产品的经营者渴望变革渠道，提升价值；生鲜电商希望借助互联网颠覆传统渠道，重塑商业格局。此时，褚老联手本来生活网取势而上、顺势而为，让褚橙插上了飞出云南大山的翅膀。

退潮的时候才知道谁在裸泳。褚橙持续热销的核心支撑点，是褚老对褚橙品质的极致追求。这才是商业的"道"。一个例子就可以说明一切：在褚橙供不应求、一果难觅的时候，在玉溪的褚橙选果厂，褚老又投入大量资金安装了一套红外线选果设备，目的是把在采摘过程中不小心被橙树的尖针刺伤的果子选出，不让这些有隐患的产品到达消费者手中。正是这种对品质的极致追求，让消费者对褚橙爱不释手。

褚橙走红后，关于褚橙品牌运作的研究文章数不胜数。作为网上销售的操盘者，我们其实只是在"术"的层面上做了最重要的一件事——着重提炼了褚橙背后的精神价值：人生总有起落，精神终可传承。褚橙好吃，但它并非只是一个普通的、好吃的橙子，它是褚老精益求精、一丝不苟的精神结晶。

正是互联网共鸣、共享、共创的特点，将梦想种中国最好橙子的褚老、梦想卖中国最好农产品的本来生活网与梦想吃中国最美味、安全水果的消费者连接了起来，产生了褚橙价值的"核裂变"！一个橙子流传的背后，实际上是人们心中的美好梦想、美好追求在流传，所以，褚橙不光是一个"励志橙"，更是一个"梦想橙"！

褚橙的崛起，甚至关乎一个行业的尊严。一家水果连锁店的老板曾对我说过这样的话："你们运作的褚橙，让我们这些卖水果的人获得了前所未有的尊重。我们以前只是小商小贩的形象，生意做得再大，也被人瞧不起，现在发现自己也可以很高大上。"

值此《褚时健：影响企业家的企业家》出版之际，我们谨向褚老致以特别的敬意：第一，感谢褚老以匠人之心"雕琢"美好产品，让天下人有美味可尝；第二，感谢褚老以自身事迹激励大批新农人，农业的尊严得以重塑；第三，褚老能在80多岁高龄，以超前的心态拥抱互联网，与本来生活网携手打造出中国第一个互联网时代的橙子，足见褚老的远见卓识。另外，褚老毕十年之功于区区一橙，只走大道，不由捷径，今之汲汲名利事功者观此当有所省觉，我们更应该以此自勉。

序
我一生所追求的

褚时健

出一本写我的书，并非我的需要。一个人活到这个岁数，经历过这么多事情，对于述说已经没有了兴趣。

当玉溪卷烟厂厂长的时候，有人写过。那时是那时的环境，也许作者觉得作为一个企业家，我有值得写的东西。时过境迁，我淡出了人们的视线，也就是人们说的"跌到了谷底"。再次成为大家感兴趣的话题，是在我成为一个果农，种出了好吃的果子的时候。所谓的"触底反弹"，使得很多人表示出对我人生的兴趣，出一本关于我的书，好像也成了顺理成章的事情。

出版公司的编辑找到我时，我并不积极。我老伴甚至问："你们出这本书，我们要不要出钱？"不是小气，而是认为自己出钱写自己，这种事情我们不做。

由燕云和赋宇写这本书，我有我的考虑，因为彼此认识多年，有一些事情，燕云还和我们一起经历过，对我和我的家庭比较熟悉，对我们所面对的种种波折和我们最后的收获有一种理解。写这种东西不是赶时髦，不是抓商机，他们是想对我的人生和实践有更好的总结，想从里面发掘出一些有价值的东西。

要说我一生的追求，我想很简单，不管是给国家干还是为自己干，我都有一个不变的追求：沾着手的事情就要干好。大事小事都一样。我有过失败，有过教训，能走到今天，还是个性使然。我这个人的性情就是不服输，用句时髦的话说：看重自我价值的证明。我希望对我的家乡、对我的民族、对我的国家做点好事，我们这一代人，逃不掉的有一种大的责任感。干好自己的事情，这就是我的追求。

我这个人不习惯讲什么大道理，我对人生的体会就是自己走过的路。一个人的经历，他的情感、荣誉、挫折，包括他的错误，都属于这条路的一部分。从这个角度来讲，经历是一笔财富。但一个被经历压倒的人，是无法得到这笔财富的。

2013年我85岁生日的时候，我对大家说，我和老伴都是属牛的。其实我们并不属牛，只是有牛的性情。也就是说，我一辈子都要干事情，任何境况下，我都要有所作为。只要活着，就要干事，只要有事可做，生命就有意义。

我的一生经历过几次大起大落，我不谈什么后悔、无悔，也没有必要向谁去证明自己生命的价值。人要对自己负责任，只要自己不想趴下，别人是无法让你趴下的。小先问过我："你对自己的人生如何评价？"我说："这要由别人来讲，由后人来讲，自己不好说。"对我来说，过去的就过去了，过好今后的日子，干好最后的事情，这是我现在想的事情。

我说，写我不要编故事，不要讲大道理，求真求实最好。我不是什么天才，也不唱高调，一世为人，我追求完美和卓越，遵循实事求是。

从这个角度来讲，也许我的人生还真的有些可以总结的东西。

褚时健

2014年7月

前言
见证风雨二十年

先燕云

写褚时健是我这一生无法逃避的责任。

这种意识最早出现在1991年。我作为中国作家协会红塔山笔会的成员，在玉溪卷烟厂这个当时蜚声海外的明星企业盘桓了半月。笔会结束之后，送走了北京来的一批知名作家，我返回玉溪卷烟厂，完成冯牧团长交代的任务，给5月1日出刊的《中国作家》写一篇一万三千字的报告文学，这时已是4月24日。两天的采访，褚时健和他的家人第一次带我进入了他们的人生。当时昆玉高速正在建设当中，昆明到玉溪需要大半天，刨除来回的时间，我只有两天用来写作。4月29日，他到北京参加"全国五一劳动奖章"颁奖会之前，我在玉溪卷烟厂昆明办事处把我连夜赶出的稿件交给了他。我不能确定他对我的文稿是否认可，因为他一直是以企业家的形象面对媒体，从不谈及个人情感经历和家庭，而我的文章标题叫《太阳般的汉子——褚时健的情感生活》。

借他与别人谈工作的时间，他的夫人马静芬先看了文章。褚时健拿着文章进里屋以后，马静芬看着我，眼神里透着担心："文章是好文章，只怕通过有点难。"这是她第二次对我说这话。4月23日晚，我在采访褚时健前夜，先拜访了她和他们的女儿褚映群。她对我说："你要写的东西难，到目前为止，连我都不了解他的情感世界。"

在期待和担忧中，褚时健出现了，他一手拿着稿件，一手拿着眼镜问我："你多大了？"见我愣怔，他补了一句："我不知道你这么年轻，怎么会懂得我们。从今天起，我们就算是忘年交了。"

我当时无法预知，这句话让我见证了他此后二十年的风雨人生。

　　1996年4月4日，我为他写下了最后一篇报道《关索坝为证》。文章是这样结尾的：

　　狂舞的春风中，我们站在关索坝桥头，整个新厂区就在我们眼前。

　　它太美丽，下午的阳光下发出纯净的白光和蓝光，让人不忍移目。巨大的欧式厂房、圆柱形的办公大楼和横卧一侧的科技大楼，以它们的庄重严谨气派，一笔抹去了关索坝千年来的历史遗痕。还是那片青山，还是那些白云，簇拥着的却是世界最大的卷烟生产企业。

　　此刻，站在斜拉桥前凝视远方的企业界巨子褚时健，他心头涌起的是豪情，是欣慰，还是依恋。

　　关索坝对于他到底是什么，我们难以说清。

　　还是这一年。夏末，陪他去玉溪乡下龙潭钓鱼，我写下散文《一山一水一钓翁》：

　　……从认识他起，他丰富的人生就成了我探寻的目标。每一代人都有自己不可模仿的人生。他经历的起起落落，足以让脆弱的人生死几个轮回。我在了解的同时，有了隐隐的忧虑。我对他直言："你的人生注定是一个悲剧。"他用他那双锐利的眼睛看着我，目光的深处有一丝苍凉、一丝感伤。

　　和我们同来龙潭钓鱼的人都有收获，他没有。或许他没打算有。

　　在1996与1997年交会的时候，我们一行人被软禁在边陲小城河口，望着窗外青葱的树影，想起自己以文工团员的身份、以战地记者的身份数次光临这里的经历，感慨间写下了杂记《那那边》：思虑在屋子的四壁间穿梭、反弹、交错，脑子里出现了保保的那首歌，那那边是什么，天苍苍、地荒荒——那么，等着他的是什么？

　　就是在河口宾馆他的那个房间告别的时候，他说："拖累你了，小先，我早就有这个意思，想认你当我的女儿，映群也同意，现在这种情况……"我告诉他："下次见到你，我会叫你爸爸。"

这个"下次"是在两年之后，我到云南省第二监狱去探望他。我当时的一声"爸爸"，让他的眼里泛起了泪花。

时间走到了2013年。这十多年间，我们多次谈到了传记的写作。时光改变的不仅仅是命运，还有心态、认知。从当初的不敢触碰，到后来的坦然面对，从当初的坠落深渊到人生的触底反弹，到达了人们口中的"第二次辉煌"，我们终于可以平静地面对所有的经历。这时候，也许才是写这本书的最好时机。

感谢博集天卷的年轻编辑毛闽峰和陈江，他们在两下玉溪采访的过程中，对褚时健有了清晰的认识，并对这本书的写作有了一种与猎奇和炒作不同的真诚态度，最终让我决定开始本书的写作。

为了让这本传记尽量地客观公正和更有价值，我请我的朋友张赋宇和我一起写。他曾是一个资深的财经记者，现在是一个年轻有为的企业家，在企业经济模式、经营管理和褚时健的经营管理思路方面有着我所欠缺的认识和解读。

感谢律师马军，在过往的二十年中，他和我们有过很多次命运的交集碰撞，并为本书提供了帮助。

感谢褚时健用自己波澜起伏的人生，成就了本书的龙骨，还要感谢他二十年持之以恒的信任，为本书签下了独家授权书。

2014年8月

上篇

1928—1979

燃情年代

少年时，他抓过鱼、烤过酒、种过地，挑起了家庭的重担；青年时，当过自救队指导员、征粮组长、区长，他不畏艰难、奋勇争先，为理想燃烧；中年时，他是农场副场长、糖厂副厂长，创造了无数奇迹。

滇越铁路上的蒸汽机车把他带到了昆明求学，遇见了开阔视野、启迪一生的导师先驱；在战场上，他是代号"黑猫"的情报员、神枪手；当时代的列车把他送进哀牢山时，磨炼的是他的身体与意志，激发出的是他无尽的创造力。

天行健，君子以自强不息。他是褚时健，生于1928年农历新年第一天，是属"牛"的龙子。

第一章　故乡的记忆

"少年时的劳作对我以后的人生很有帮助……所以，我从十几岁时就形成一个概念，从投入到产出，搞商品生产要计算仔细，干事情要有效益。有经营意识和良好的技术，才能创造出更多的价值。"

有山村，名矣则

"属牛"的龙：褚时健出生了

蒸汽机车与铁皮盒子

秉性的养成：坚忍与宽厚

第一个名字的由来："亲俄亲共"

无忧的山村小学时光

国变：抗战爆发

家变：父亲被炸伤

夜半烤酒：挑起家庭重担

家道中落：父亲走了

少年农夫：你不想上学了吗？

褚时健不是一个喜欢忆旧的人，"一直往前走"成为他人生各个时期的行为准则。人生进入80岁之后，同辈人所剩寥寥，当年事渐行渐远，他的兄弟姐妹逐一离去，褚家到他这一辈，再也没有能和他回忆当年的人了，故乡也就淡出了他的视线。只有谈及他一生对山水土地的钟情或探讨他性格特征的成因时，他的眼中才会现出故乡的山川风貌、父老乡亲……一切恍如昨日，历历在目。

有山村，名矣则

原云南省玉溪市华宁县禄丰乡的矣则村是褚时健的故乡。这里地处南盘江流域，依山傍水，却不是山清水秀的世外桃源。

南盘江是珠江的正源，自古以来就是云贵通往两广的必经水路。据说，公元前135年（汉武帝建元六年），汉武帝派遣唐蒙沿牂牁江通夜郎，说服夜郎侯多同附于汉，在今盘江流域置夜郎县，后置牂牁郡。《御批通鉴辑览》注云："古牂牁江即今南盘江。"

村后的那座山高而苍凉，如红土高原上常见的峰峦一样，山脊裸露。南盘江从村前流过，江边巨石堆积。湍急的水流打在石头上，激起一串串银白的"花束"飞散在半空。粗犷蛮荒的山野，桀骜不驯的激流，这个名叫矣则的山村似乎藏着某种张扬而严峻的力量。

褚家大院的房屋就在村里的高台地上。在这个相对贫穷的山村里，这座青瓦四合院显得颇有气派。褚时健的祖父褚发珍当过乡长和团总，人称"褚监生"，看来曾捐过功名。褚家不是矣则的原住民，他们在这个江边山村居住的历史，到褚发珍时不过两代。关于家族的来历，褚时健曾说过："我们的祖先来自河南，清咸丰年间因屯垦戍边来到云南，不是当地的土著。"

不过，褚发珍的妻子的确是彝族人，她的老家就在南盘江边弥勒县的西山上。祖先的族别在云南并不重要，这是一个多民族聚居的地区，各民族间通婚在很多地方是很常见的事情，通婚也造就了民族血脉的交融，使得汉、彝两族在长相上颇有几分相近。

褚发珍的妻子给他生了三个儿子：老大褚开学，老二褚开科，老三褚开运，另外还有一个女儿。

在褚时健的记忆里，他的大伯褚开学是个蛮有威仪的乡绅。褚开学在华宁县青龙区①当过区长，因为家境富裕，后搬离矣则，迁到禄丰村车站住了。二伯褚开科是个老实巴交的农民，一辈子和土地打交道。姑姑招了上门女婿单独过，也是种地为生。他的父亲褚开运则是个不安分的人，常年在外头跑买卖，主要经营个旧锡矿坑道里用的原木、炼矿时用的木炭，算是个木材商。他家门外就是滇越铁路②，从各地收来的木材就靠这条铁路运往个旧。铁路运输在现在看来是很平常的营生，可搁在当时的云南，是需要勇气和智慧的。

"属牛"的龙：褚时健出生了

褚时健出生时，他大伯的儿子褚时俊已经五岁，二伯的儿子褚时仁也已经

———
① 青龙区，现为华宁县青龙镇。
② 滇越铁路，现昆河铁路。

可以满地疯跑、撒尿和泥了。褚开运的妻子褚王氏之前已经生过两个儿子，不想孩子到了两三岁就不幸夭折了。因此这个即将出生的孩子，让父母既期待又担忧。

农历年的大年三十，褚家没法儿安生过年，褚王氏临盆了。从褚王氏怀孕开始，褚开运夫妇就离开了老屋，在江边一处小院里居住，这么做据说是为了避开前两个儿子的夭折造成的阴影。褚开运在兔年和龙年交错的时候等待了半宿，终于在大年初一天刚蒙蒙亮时，听到了孩子呱呱坠地时响亮的哭声。这个赶在龙年头上出生的孩子，是个又黑又胖的大小子。从老屋赶来看望的爷爷奶奶高兴得合不拢嘴，给孙子起了个小名叫"石柱"。

关于出生日期，笔者曾多次向褚时健本人求证，因为他的履历表上写的是1928年3月1日。褚时健的解释是，出生时辰讲的是农历，他一直没搞清对应的是公历的哪一天，参加革命队伍时就随便填了3月1日。日后有人查了万年历和褚家的家谱，确定这一天是公历1928年1月23日。其实在褚时健看来，出生日期没那么重要。他作为一个企业家光芒四射的时候，有人就用"龙"这个属相说事儿；可当他出了事儿之后，又有人用这个生日说事儿，他听到种种议论，淡然处之。他曾经问过笔者："你相信这些吗？我不大信，我是个唯物主义者。"在85岁生日时，褚时健选择和80岁的老伴一起过生日。他在生日聚会上高声说："我和老伴，我们两个都是属牛的，一辈子都要劳动，一辈子都离不开土地。"实际上，褚时健属大龙，马静芬则属鸡。

说起矣则，褚时健感慨："我们这个村不是个大村子，当时只有十来户，就是到现在，也只有三四十户，从来都不昌盛。有山有水，土地却不多，村里有几百亩山地，水上不去，还是靠天吃饭，穷得很。我这些年有条件了，每年都要给村里十多万元，一直在帮他们。现在我们村有个不错的村委会主任，大家信任他，连任四届。他有心要改变矣则的面貌，我也有这个心意。我出了300多万元，帮他们修水管，引水上山，改变了土地缺水的状况，大家的日子好过了一些。现在云南省在搞'最美乡村'，我也在想办法。我和村主任商量，全村39户人家，全部盖新房没有这个能力，能不能把老屋改造一下，土墙变砖墙，老屋架还可以用，房梁还是重新搞。我离开故乡都70年了，矣则还是穷，不变怎么行？"

滇越铁路从褚家老屋后通过。

褚时健那时还被人唤作石柱。他和父亲长得像，肤色黝黑，浓眉下那双眼睛也是又亮又黑。石柱每天都伴着江水的哗哗声入睡，随着火车的汽笛声醒来。这两样东西陪伴着矣则这个小小的村落，也丰富了小石柱天真的童年。

石柱三岁那年，弟弟褚时候出生了。1934年，家里又添了人口，这次是个女儿。不久，褚王氏又生了一个儿子。褚开运有了一个六口之家。

守着一条江，江水就成了石柱最初的玩伴。在他的记忆里，从来没有人教他游泳，江水就是他的老师，三四岁时，他已经和村里的小伙伴在江水里玩耍了。到了五六岁时，他能独自在江水中上下翻腾，像鱼一般自由自在。玩累了爬上岸，趴在江边的大石头上晒太阳。河谷里的太阳又毒又辣，背上的皮晒爆了一层又一层。阳光的颜色就这样一点点渗进了他的皮肤，让他的肤色在黝黑里透出了光亮。他后来回忆："我们上面那一代，我大伯父黑，但他的儿子不黑；我像父亲，但我比他黑；伯父家的两个儿子和我一起玩，就这样一年一年地晒，晒得一年比一年黑。可以说，全村就数我们三兄弟最黑了。"与水为伴，石柱学会了另一项本事——抓鱼。起先是抓江边石缝里的小鱼，然后是巴掌长的鱼，再后来收获的就是游动在江中的尺把长的大鱼。抓鱼的方法也层出不穷，用手摸、用脚探、用树枝做的矛叉。到了六七岁时，石柱在水下摸鱼的本事就在小村里出了名。一直到几十年后，家乡的老者回忆起来，仍觉得石柱摸鱼的本事，哪怕是六七十年后，也没人能比得上。石柱摸到的鱼到底有多少，他自己没称过，但母亲知道。母亲从不担心儿子在水中的安全，她的儿子从小就没给家里添过麻烦,是个少见的"做事有谱气①"的孩子。一直到做鱼需要的油和作料都没有了,她才对儿子说:"你不要再拿鱼了,没有油,咯是干吃呷(你不要再抓鱼了,没有油,只能干吃了)。"对母亲这种分不出是褒奖还是批评的话,石柱听了只是笑笑,抓鱼对他来说实在是一件乐事,他忍不住。多年以后,他被发配在红光劳改农场,抓鱼这项技能帮他和家人度过了难挨的饥荒。

蒸汽机车与铁皮盒子

陪伴他童年的另一个玩伴,就是那条滇越铁路。铁路不光是父亲挣钱养家需要的交通渠道,也是开启他懵懂心智的老师。

"这条铁路对我的影响太大了,我对工业产品的最初印象、对外面世界的认识,想来都和它有关系。我们村按说属于华宁县,但我的中学就是坐火车到昆明去上的,应该说,我们那个时候对昆明还更熟悉些,这都是因为铁路。"

这条从云南省会昆明开往越南海防的铁路,修建于20世纪初。当时英法两国为争夺殖民地在东南亚明争暗斗,云南与越、老、缅三国交界,战略地位十分重要,加之云南资源丰富,交通闭塞,在云南修建一条陆路通道,有着政治和经济的双重意义。1898年,法国公使吕班照会清政府,以干涉归还辽东半岛有功为由,要求清政府允许法国自越南边界至云南省会修筑铁路。那时,清政府面临内忧外患,很难对列强提出的要求说"不",只能在照会上答复"可允照办",于是法国取得了滇越铁路的修筑权。

1901年,滇越铁路的越南段从海防经河内到老街的389千米路段开始修建。1903年,从河口沿南溪河北上,经碧色寨、开远、宜良、呈贡至昆明的466千米

---

① 谱气,是指靠谱、有信心、心里有底、有把握。

云南段也开始施工，整个工期历时七年。人们用"一颗道钉一滴血，一根枕木一条命"这样的话，来形容这条铁路修造的艰辛程度，就连当时的云南地方官员都说"此路实吾国血肉所造成矣"。1910年，滇越铁路全线通车。当时的西方媒体将它与1859年开凿的苏伊士运河、1914年通航的巴拿马运河并称为"世界三大工程奇迹"。

1910年（清宣统二年）3月31日，一辆黑色的蒸汽机车徐徐开进了昆明，车头上插着鲜艳的法国三色旗。据说，当这种钢铁动物轰隆隆驶进火车站时，围观的百姓充满了好奇与不安，胆小的人被汽笛声吓得四处逃散。云贵总督李经羲有这样的诗句："耳畔才闻汽笛鸣，列车已出千里路。"可见西方工业革命的成果带给云南人民的震撼。百年之后客观来看，滇越铁路把一个闭塞的中国内陆省份一下子拉到大海边，铁路的建成让云南人领略了现代物质文明，同时也促进了先进文化的传播，催生了社会观念的变革。

围绕这条铁路发生的种种风云变幻，山村少年无从知晓，但铁路就从家门口经过，这是石柱每天都能看到的景象。长长延伸的铁轨，隆隆驶过的火车，给石柱带来了关于外面世界的信息，引发了他的各种猜想。他甚至天真地认为，外面的世界就是修建这条铁路的法国人过的那种生活。

1932年，一列法制米西林小型豪华旅行客车出现在这条路上。这列车采用铝合金做车厢壳体，车长20米，分主车与挂车，主车内有19张皮沙发软座，带有西餐厅和抽水马桶卫生间，挂车为行李车，车型为鲸鱼状流线型，以飞机引擎为发动机，功率117.6千瓦，大大超过蒸汽发动机，从昆明到海防港只需一天时间。这列与众不同的火车让铁路边的山村孩子们大开眼界，他们常常在旅行客车经过的时候聚在路边看着它驶过。有时候，客车车厢吹起的窗帘下会露出乘客的脸，那些影影绰绰的面容分明透着一种神秘。偶尔，他们也会从窗口扔出一只饼干桶抑或糖盒。小伙伴们就一拥而上跑去捡，谁跑得快谁就能捡到。

冒着白烟的蒸汽机车，风驰电掣的米西林快车，制作精良的铁皮盒子，都向山村少年石柱展示着工业产品的无穷魅力。他纳闷儿：这些精美的东西是人做出来的吗？它们是怎么做的呢？儿时飘忽而过的记忆，竟促使他一生都痴迷于对产品精益求精的追求。

秉性的养成：坚忍与宽厚

父亲常年在外，家里的农活儿都是母亲在做。石柱从五六岁时就成了母亲的帮手。在他眼中，身材不高也不壮的母亲，有着山一样的坚忍和水一样的宽厚。"回想起小时候，对我影响最大的是母亲。母亲不爱说话，她只是用行动告诉你，事情要怎么做，什么是对，什么是错。"

云南乡下，五六月是青黄不接的时候，家境差点儿的人家，这段时间就揭不开锅了。褚家的情况要好一些，毕竟褚开运在外跑买卖，褚王氏会拿出家里的余粮接济断粮的乡亲，这种习惯一直延续到后来。石柱记得，父亲意外身亡后，一家五口就靠母亲在三亩薄田里讨生活，家境窘迫起来。一天，快吃晚饭的时候，有个流浪汉来到家门口乞讨。家里哪里还有存粮呀，就靠石柱每天到江里摸鱼给长身体的弟弟妹妹填点儿荤腥。一看流浪汉的破碗递到了面前，石柱没好气地说："没有没有，我们晚上都没吃的了，拿什么给你？"这话让在灶房做饭的母亲听见了，她端着半碗米饭走了出来，说："石柱，不许这样说，不到无可奈何，谁愿意端个碗讨口。我们少吃几口死不了。"看着母亲将手中的米饭倒进那只破碗，石柱心里咯噔了一下。

1937年7月7日夜，日本侵略军在北平西南的卢沟桥附近，以军事演习为名，突然向当地的中国驻军第29军发动进攻。第29军奋起抵抗，这就是著名的"卢沟桥事变"，抗日战争打响了。

就在这一年的九月，褚开运牵着儿子的手走进了禄丰村车站小学。

第一个名字的由来："亲俄亲共"

　　走进学校时，石柱已经九岁了。这个黝黑的山村少年，好奇地打量着这所建在山壁上的学校。学校不大，只有几间教室、一个篮球场。不过沾了紧靠车站、交通便利的光，这所学校的生源和师资力量都不同于普通的乡村小学，可以算是当地最好的学校了。石柱的两个堂哥——褚时俊和褚时仁此时都在这所学校读书。

　　褚开运一直没给儿子取大名，小名石柱一叫就是九年。入学登记的时候，石柱终于有了第一个大名——褚时俄，这是学校老师给取的。按辈分来排，他的爷爷是"发"字辈，父亲一辈为"开"字，到了石柱这一辈，名字的中间是"时"字。褚家还有个讲究，石柱这一辈的名字最后的一个字必须有个单立人。

　　老师选的这个"俄"字虽说都符合要求，但念起来有点儿像女人的名字。据说这个取名的老师是个"布尔什维克"，不是有这么一句话吗："十月革命"一声炮响，给中国送来了马克思列宁主义。地处云南腹地的一所乡村小学的老师，给新来的学生取了个"亲俄亲共"的名字。

　　车站小学不远处就是禄丰车站。和小学所处的地形相比，车站的地势更加险要。两岸高山在这里变窄，形成了一道峡谷，盘江水在峡谷间呼啸奔涌，车站就建在江边断崖上。滇越铁路云南境内沿途设大小车站55个，全部采用法国东南部建筑的样式，红瓦黄墙的小楼，深长的屋檐、木质的百叶窗、铸铁镂空的花式三脚架、墙上标有"巴黎"字样的三面钟，无一不带有浓郁的法国风情。

　　禄丰站虽只有三条铁轨，却是滇越铁路上的一个特等站。特等站一般由法国人管理，车站的员工有法国人，也有越南人。六十年后，谈到故乡的这个车站，褚时健说："我搞企业以后，回想我小时候见过的车站，一个特等站，只有六七个员工，管理得井井有条。这条铁路后来一直运营，货运和客运都很少了，车站的人倒多了，有二三十个。"这一比较，可见法国人当时的管理水平有多高。

　　一来是上学时年龄大了些，理解力要比别的孩子强，二来是真心喜欢读书，褚时健上学头几年一直是个好学生。他尤其喜欢上国文课，当时的课文大部分是文言文，老师要求白天教过的课文，晚自习时必须背诵，背出书来才能去睡觉，褚时健每天都抢在前头背完。

　　时至今日，他仍记得当年背诵过的"关关雎鸠，在河之洲……"，"那个时候不明白意思，只觉得这文字很美，有种说不出来的味道。"

　　上学第一年，他得到了人生的第一份奖品：一本书、一支笔。

　　初小四年，他年年是好学生，成绩在班里名列前茅。

无忧的山村小学时光

　　车站小学的学生来自附近的村落，学校要求住校，每个星期回家一天。矣则离车站不过五六里地，都在南盘江一侧。当时没有公路从矣则直达禄丰车站，对孩子们来说，最便捷的路径就是沿着铁路走。滇越铁路是米轨，机车相对准轨火车要小。当蒸汽车头带着车厢爬坡的时候，火车的速度会放慢许多。学校地势在上，矣则在下，正好是火车爬坡的路段，褚时健从不放过扒火车上学的机会。火车来时，他先在铁道边准备好，火车一过，紧跑几步跟上，瞅准机会拉住车尾的把手，纵身跃上去，这样，火车就把他带到了学校。这一手别的孩子也会，只是胆子够不够大的问题。褚时健记得自己从来没有失误过，有的时候，机车上的工人还搭把手拉他们上车。

　　放学回村的路，大家只有乖乖沿铁路走了，矣则不是站点，又是下坡，火车的速度比上坡快，即使扒车，到时候也下不了车。

褚时健不想走回去，他琢磨出一个新办法，把衣服包好，顶在额头上，躺在江水里，让江水送自己回家。这一招儿在孩子中可是个创举，直到现在也没有人效仿。褚时健对自己的这个办法十分得意，多年后他说："这种办法是我独有的，别人不行，主要靠水性。盘江到我们这一段，被两岸的山夹在中心，变得很窄。水流急，声响都比别处大。江边有很多大石头，江心还有暗礁，漂流也是件危险的事情，搞不好人就被撞飞了。不过我不怕，只要水温合适，我就用这种办法。要是没把握，我也不会这么做。"可见当年小小年纪的褚时健，已经有着超越年龄的判断能力，办事果断而不鲁莽，称得上是少年老成。

小学的生活艰苦而充满新鲜感，学生和老师都住在学校，师生之间关系很好。这些在小学教书的先生大都很年轻，除了教语文、数学，他们还要给学生上音乐、美术和体育课。褚时健后来回忆："老师上课给我们讲的东西，教我们唱的歌，其实都是在传播朴素的民主思想和人生道理。我们那时候年纪小，还听不太明白。不过，我觉得老师讲得都很有道理。"

一天上课的时候，褚时健和同学们发现他们的班主任老师不见了，一同消失的还有两位年轻老师。后来才听说，这几位老师都是地下党员。当时，国民政府在禄丰车站设有一个警察分局，局长就是个特务，他已经掌握了车站小学老师的情况。就在他准备对这些潜伏在学校的"共党分子"下手时，党组织得到情报，将三位老师连夜转移了。听到这个消息，学生们议论纷纷，他们不知道地下党是干什么的，只是听说再也见不到和蔼可亲的老师了，都觉得十分惋惜。

国变：抗战爆发

山河破碎，战火弥漫。就在褚时健上小学的这两个年头，日军铁蹄迅速践踏了中国的半壁江山，华北、华东、华中、华南都成了日军占领区。

中国主要的工业区和重要的沿海港口，先后落入了日军手中。此时，偏居一隅的滇越铁路显出了它的重要性，国民政府在海外购买的战略物资和民用物资、国际社会援助中国抗日战争的大量物资都要通过它运入中国。

1940年，日军侵入越南。为了切断滇越铁路这条运输线，日军飞机多次轰炸云南，铁路沿线不时响起隆隆的爆炸声。当时，各国援华的大量物资仍积压在海防港。为了保住这条生命线，中方派抢修队日夜赶修。国民政府西南运输处主任宋子良亲自坐镇，督运海防积压物资。这一年6月，统治越南的法国殖民者慑于日军强大的军事力量，答应了日本的要求，宣布禁止中国货物由滇越铁路越南一方入境。

原先想保住这条生死运输线的国民政府，此时改变思路，炸断了两国交界的河口大桥，滚滚红河成为阻止日军沿铁路线入侵云南的天然屏障。同时，政府下令，将滇越铁路河口至碧色寨177千米路轨拆除，移铺至川滇铁路昆明至曲靖段，以形成与滇缅公路、驼峰航线联运的另一条运输大动脉。

国外运输停了，可国内昆明到个旧的火车还在运营，褚开运的生意和这条铁路分不开，虽说时不时会遇到日本飞机的轰炸，但为生计所迫，他坚持做着往个旧锡矿运送原木、木炭的生意。

家变：父亲被炸伤

十岁出头的褚时健，课余时间已经成了父亲的帮手。收来的原木是用来做矿坑内的支撑木的，每一根都有长度和粗细的要求，褚时健就管验收，拿着尺子替父亲把关。

这时的褚家，境况大不如前。操劳半辈子的奶奶先走了，爷爷褚发珍在一次上山伐木时受了重伤，拖了两三年，无可奈何地撒开双手也走了。二伯褚开科正值壮年，却一病不起，很快也离开了人世。而褚时健刚刚三岁的小弟，也莫名其妙地夭折了。小小年纪的褚时健，在短短几年中经历了一次又一次亲人的离别。

就在这时，更大的变故出现了。1942年夏天，押车运木材的褚开运在个旧附近一个叫巡检司的小车站，碰上了日本飞机的轰炸。三架日本飞机在铁路上投下了数发炸弹。褚开运被炸弹的气浪掀起，严重震伤。

褚开运被炸伤时是在个旧，家里人都没有他的消息。直到半个月后褚开运被人抬回家中，褚王氏才知道丈夫受了重伤。这时她已经怀孕了，丈夫受了伤，孩子们年纪小，想到今后的日子，褚王氏心头仿佛压了块石头。

躺在家里的褚开运心情郁闷至极，他抱怨老天不公，自己一生没做过伤天害理的事情，勤勤谨谨讨生活，怎么还落得如此下场？他恨日本人，跑到别的国家扔炸弹，还说什么"东亚共荣"；又担忧过去靠自己的买卖维持生计，如今买卖没了，自己成了废人，一家人怎么办？思来想去，却总是无解，褚开运成天唉声叹气。

就在这年秋天，褚王氏生下了最小的儿子，名叫褚时佐。

夜半烤酒：挑起家庭重担

父亲躺在床上，生意血本无归，三亩水田和十几亩山地成了一家人唯一的生活来源。十四岁的褚时健不得不帮母亲挑起了全家人生活的担子。他开始逃课，一到下午就从学校里消失了。回到家里，他要帮母亲砍柴、烧火做饭，还要承担地里的农活儿。

乱世多事，各地都有暴民聚众山林，当上了打家劫舍的土匪。村里境况好一些的农户们家里都买了家伙，以备不时之需。褚家老屋在村里算是显眼的宅子，不得不防。夜里，半大小子褚时健就抱着爷爷留下的捷克造步枪，担起了看家护院的责任。

后来回想起这段时间，褚时健从不提当时的艰难，留在他记忆中的仍是充满快乐的少年时光。他说："我的成绩从读高小的时候就不行了，说起来都是逃课摸鱼闹的。每到下午上课，老师在黑板上写字，我就悄悄溜了。也就是这个时候，我的数学变得一团糟。数学是要跟着走的，缺了不行，我天天逃课，学分数时有好多环节搞不懂，咋个做得出来？所以上中学以后，我最怕的就是数学。"

其实，成绩下降怎么能怪摸鱼？天天逃课，是因为家里天天有做不完的事情。

爷爷留下一家酒坊，由褚时健家和二伯家共有，每家一半。父亲不能干活儿了，母亲把烤酒的事情交给了褚时健。她告诉儿子，如果烤的酒好，卖得出价来，一家人的日常开销就有了着落。

褚时健见过烤酒，那时候家境稍微宽松些，每年烤酒时会请来师傅，褚时健好琢磨，看也看会了。只是烤酒前需要准备大量柴火，过去是父亲和师傅做，现在一切都要靠自己，就连母亲也无暇顾及。

褚时健给家里的小毛驴架上了木车，到二十里外的山里去砍柴。次上两三天，千把斤的燃料才能备好。轮到自己家烤酒的时候，他先找一些树根搭灶，灶的洞门小，就得把柴砍成能够塞得进去的块儿。烤酒用的大甑子要蒸700斤苞谷，褚时健一个人扛到酒坊，母亲帮他把苞谷泡上。泡到吃晚饭前，他就把这些苞谷捞进甑子，再把甑子支在大锅上蒸，一直要蒸到苞谷开花。烤酒的程序不算复杂，但需要耐心。褚时健总结为："蒸煮的过程要十八九个小时，大约每两个小时要添一次火。火大了，汤锅容易烧干；火小了，粮食又蒸不透。添完火以后，还要把甑子里的粮食搅拌一次，控起来，调一调，再搅拌一次，这样才能蒸得均匀。"

山区夜黑，远近都没有了灯光，四野寂静，只听得到灶台下的柴火在噼啪燃烧。褚时健独自在酒坊里守夜，他不觉得害怕，只是担心这一夜怎么睡觉。

不睡不行，干活儿需要体力，睡过了头更不行，锅烧干了，岂不坏了大事！这种担心没持续多久，很快，他自己都感到奇怪的事发生了，他体内的生物钟自然而然发生了改变，每两个小时会自动醒来。

"冬天，一般是晚上七点钟开始蒸苞谷，九点钟的时候，我还没有睡，浇一回水，之后我就睡着了，但是到十一点、第二天一点、三点我一定会醒。这种习惯一直延续到现在，我从来不会因为睡觉误事。"褚时健回忆时颇为自豪地说。

半夜，褚王氏悄悄来到酒坊，儿子毕竟只有十四岁，她有些不放心。她没有叫醒儿子，只是在酒坊外静静地观察。她发现自己的担心有些多余，儿子好像上了闹钟，每隔两小时会自动醒来。加柴添火、搅拌，每道工序都做得井井有条，和烤酒师傅没什么两样。此后，褚王氏再也没有晚上到过酒坊，她对儿子一百二十个放心。她没有告诉过儿子自己曾在深夜到酒坊探访，可儿子知道母亲来过。褚时健说："我了解我的母亲，她肯定来看过，看过就放心了，只是她不说。"

"我的母亲教会我很多，那时候家里担子那么重，她从来不说难。她是一个有责任心的母亲，但她从来没有表达过她对我们的爱。这一点，我和她一样。"

经过18个小时的蒸煮，第二天太阳下山时，蒸好的粮食就要拿出来晾干了。褚家的小酒坊规模不大，每天能出百十斤酒。但烧一次酒的劳动强度不小，十八九个小时，700多斤粮食，1000多斤燃料，放粮、蒸煮、搅拌、发酵、捞渣，全靠这个十多岁的少年一个人侍弄，顶得上两个成年的工人。这样的劳作，一直持续到褚时健上高中时。

家道中落：父亲走了

多年以后，所有的回忆变得单纯而凝重。褚时健说："少年时的劳作对我以后的人生很有帮助。烤酒的实践让我懂得，烤酒要讲出酒率，就是你放100斤的苞谷要出多少酒才行。要追求效率，那就要讲技术，这些粮食熟透的程度、火的温度、酵母的培养，不从技术上搞好，酒就出不来。酒出不来就会亏本，不光补贴不了家里，我还读不成书。所以，我从十几岁时就形成一个概念，从投入到产出，搞商品生产要计算仔细，干事情要有效益。有经营意识和良好的技术，才能创造出更多的价值。"

1943年6月，在病痛中煎熬了一年的褚开运预见自己的生命将走到尽头，他让妻子把还在学校上课的褚时健叫了回来。

褚时健匆匆赶回家时，发现除了家人之外，舅舅王之义一家也在。这一天，褚开运当着全家人表达了两个意愿：一是希望褚时健能和表妹王兰芬结成姻缘，因为儿子的婚姻是保证褚家香火得以延续的大事，而他看不到这一天了。第二件事是自己死后，要追随父母和兄长，安葬在大黑者老憨坨的祖坟里。

三天后，42岁的褚开运走完了自己的人生旅途。

褚开运的第一个愿望最终没有实现。褚时健当时只是一个十五岁的少年，压根儿还没有男女之情的意识。在他眼中，表妹王兰芬是个温柔娴静、长相漂亮的小姑娘，他们是血缘很近的表兄妹，他从没有想过要和这个年仅十一岁的小女孩成为夫妻。

很快，褚开运和自己的父兄们在祖坟里相聚，实现了他的第二个愿望。

给父亲的墓碑磕了最后一个头后，心怀伤痛的褚时健默默地站起身来，从这一刻起，他就是这个家里最年长的男人，他知道肩头的担子有多沉。

站在老憨坨山上看四下的山川，他突然发现，祖坟所在的位置有着一种难以形容的气势。脚下是一个云蒸霞蔚的大坝子，南盘江水银链般在坝子里蜿蜒而过。远望层峦叠嶂，好像一道道青苍的波浪，汹涌澎湃，又似万马奔腾，呼啸而来，在他的眼前交汇。褚时健呆住了，他从来没有这么认真地观察过山川风物，也从来没有这样被自然界的景观深深震撼过。这一刻的体会，他再也无法忘记。

少年农夫：你不想上学了吗？

1943年，褚时健小学毕业，他放弃了上中学，回到了矣则。家里有太多的事情需要他。下田薅秧、上山打猎、下水摸鱼，褚时健似乎掌握了一个农夫所有的技能。他挂在嘴边的话是"同一块地，我要种就要比别人种得更好"，他好像真的打算成为一个与土地终身为伴的农夫。

没有人问他还想不想上学，母亲只是时时将眼光停在儿子身上，她知道，这个沉默寡言的孩子，心里有自己的主意。

暑假，已经到昆明读大学的堂哥褚时俊回来了，就住在褚家老屋。褚时健很高兴，他领着堂哥上山打兔子、套野鸡，下河里游泳、摸鱼，变着法子让堂哥感受乡间生活的乐趣。

他说："我跟我这个堂哥最要好，他学习成绩好，考西南联大的时候，听说一千个人录取一个，他也考得上。他虽说不住在矣则，但每年回老家，我和他谈得最多，一点儿隔膜都没有。"在他心目中，这个聪明过人、见多识广的堂哥，算得上是当时自己的人生导师。

一天，褚时健把堂哥带到了南盘江边。他指着河滩上新开出来的一片地说："你瞧瞧，这是我的地，我自己开的地。"

褚时俊十分惊奇："你家三亩田都种不过来，你怎么还要跑到江边开荒？"

褚时健告诉堂哥一个秘密："村子里有一个从四川搬迁来的外来户在坡地上种了几十棵黄果树，我看这树太好了，结的黄果酸酸甜甜的，很好吃。看来，我们这个地方适合种这种东西，我也想种。"

看着眼前兴致勃勃的堂弟，褚时俊沉默了。在他看来，堂弟是个天赋异禀的少年，有着常人没有的本事，那就是敢想敢做，而且做事有目标，要做就做到最好。他的人生才刚刚开始，他的脚步还没有迈出，难道矣则是他的起点也是终点吗？

傍晚，褚时健从江里打上来七八条筷子长的鱼。兄弟俩在江边支了一个三脚架，挂起一口铁锅，边煮边吃。

白天的燥热退去，江面上凉风习习。看着兴致勃勃地煮鱼的褚时健，褚时俊问："石柱，你不想读书了吗？"

褚时健愣住了。从心里讲，他喜欢上学，小学六年，他学到许多知识，眼界开阔了，变成了一个有文化的人，能不想上学吗？可眼前家里实在困难，母亲带着四个孩子，有自己帮衬，日子尚能过下去，如果自己走了……他不敢往下想。

褚时俊从他的眼里看到了答案。他告诉堂弟，外面的世界很大，你还没有真正看到它。只有读书，眼界才能打开，眼界开了，路才能宽，才能干一番事业，改变自己的命运。他还告诉堂弟，现在时局动荡，山河破碎，民族已到生死存亡之际，有志青年当担负使命，为国家民族尽绵薄之力。

褚时健沉默地看着江水，堂哥的话让他热血沸腾。

86岁时，褚时健说："我当时差点儿就不读书了。是堂哥的一席话点醒了我，一定要读书，要走出山村，要改变命运。"

晚上，褚时俊和婶婶在堂屋里坐下，他把自己的想法告诉了婶婶，怕婶婶反对，他准备了种种说服她的理由。没想到，褚王氏只说了短短一句话："我知道，再难也要让他读完中学。"

此后的一段时间，褚时健为出门读书做着准备。他没日没夜地烤酒，逢赶集就和母亲一起到集市上卖酒，积攒了一年的学费。

母亲心思更细些，怕儿子到昆明两眼一抹黑找不到庙门，专门跑到禄丰车站找到了站长。褚开运做生意的时候，和这个站长交情不错，站长的家就在昆明。褚王氏说："我大儿子要到昆明读书了，他从来没有出过远门，到昆明能不能先到你家落个脚？"站长很爽快地答应了，他给褚王氏写了个字条，上面写着自己家的街道和门牌号码，并告诉褚王氏，让褚时健到昆明当晚就住在他家里。

一个到过昆明的亲戚告诉褚时健："不认得路不怕，你喊一辆黄包车，把你要到哪里的条子给他看看，他就会把你送到那里，你只消给他钱就行了。"

第二章　能不忆昆明

"经历过的东西，对你都是有用的。你觉得那时候条件很苦，可谁知道今后会不会更苦。当时家庭条件优越一些的同学比我们好过，以后碰到更大的坎儿，我们挺得过去，他们可能就过不去了。所以我说，经历对人来说，有时就是一笔财富。"

打开了一扇门

当时的昆明

拮据的求学时光

管理初体验：当选伙食委员

恰同学少年

人生的波澜都是趣闻乐事

确定了人生道路

1944年8月，褚时健肩扛着行李卷来到了禄丰车站，登上了开往昆明的火车。

他将成为昆明富春中学初中一年级的学生。

坐在车厢里，望着熟悉的山水一点点远去，褚时健心里有些惶惑。这个敢在南盘江中流击水，敢在荒山岭追逐猎物的少年，此时觉得心慌慌的，有些没底了。

"我那一天都在发愁。从来没有去过昆明，那是个多大的城市？听说马路一条接着一条，房子一栋连着一栋，连门面都相同，到时候怎么找得着自己的学校？"好在手里有站长写的条子，还有亲戚们告诉他的方法。褚时健说："那时候虽然大家都穷，但是社会上骗人的很少，一个人出门也放心。下了车，我就叫了辆黄包车，直到黄包车把我拉到站长家，我的心才定下来。"

打开了一扇门

住了一夜，褚时健心里的陌生感陡然消失了。一大早，他就告别了站长家，扛着行李到昆明大西门外的龙翔街实习工厂报到，这是学校通知新生集合的地点。

接待新生的老师告诉褚时健，先在这里等着，一会儿到学校食堂去吃午饭。褚时健待不住，他看离吃饭还有一段时间，就和接待的校工说了声："我出去看看，一会儿就回来。"说完就走出了实习工厂。

尽管早有思想准备，昆明的热闹繁华还是让他吃了一惊。龙翔街在当时的西郊，始建于明初。它与文林街、青云街相连，紧靠着明清两朝的贡院，大概取"文人一旦中举，则龙翔青云"之义。那一带有许多小街巷，四通八达。不过它们都有些相似，石柱脚、土基墙，当街的门面房都是木板门。三转两转，褚时健迷路了。

"我出去的时候就没有注意，结果找不到回来的路了。我说我就站在这里，他们要找我可能会找得到，找不到只能饿肚子了。还好，学校里的教工找来找去，终于找到我了。经过这次迷路，我有了一条经验，去哪里一定要记得标志物，这样容易找回来。"

褚时健一打听，龙翔街离西南联大不远，出了门往北走就能到。安排好宿舍，他就到联大去找堂哥褚时俊。

联大还没开学，不过学生大多数已经到校。褚时俊把他带到了宿舍里，向同学们介绍了自己的堂弟，他说："我这个堂弟的本事大得很，别看他从小地方来，他的本事我都没有。"

得到鼓励的褚时健，真的在堂哥的同学面前露了一手。"堂哥他们都是联大的学生，年纪要大些，晚上要打桥牌，谁输了谁拿钱出来整东西吃，买点儿猪脚，再到学校外面别人家的菜地里摘些小瓜、毛豆来，交给我。做饭我拿手，是在家时跟着我母亲学的，她忙的时候就是我来做。我让堂哥他们打着牌，我煮夜宵给他们吃。北方来的学生没见过云南的乳饼，我把从家乡带来的乳饼切成片煎了，端上桌去。一个北方来的同学不知这是什么，连声说云南的萝卜太好吃了。"

堂哥说得没错，赴昆求学为褚时健打开了一扇新的大门。

当时的昆明

当时的昆明，聚集着大批学者、教授。北方名校迁居西南，本意即为保存中华文化的精华和民族教育的实力。因此，西南联大在极其艰苦的条件下，开设有文、理、法商、工、师范五个学院、26个系，还有两个专修科和一个选修班。在联大工学院就读的褚时俊，带着堂弟参观了自己的学校。虽说当时联大的校舍多是土墙铁皮顶，连砖木结构的都很少，但它的宏大、宽阔，还是给褚时健留下了深刻的印象。

在富春中学上了一个学期的课后，褚时健听从堂哥的意见，转学到了当时在昆明很有名气的龙渊中学。这时，他的名字也改了——"天行健，君子以自强不息"，他的名字就取了带单立人的"健"字。

龙渊中学离城十来里，在海源寺旁边。这座建于元代的寺院依山而起，庙堂巍峨，香火鼎盛。当时，蒋介石和夫人宋美龄也曾携手同游海源寺。龙渊中学的学生来自各地，虽比不上当时的联大附中和南菁中学，但也是藏龙卧虎的名校。

褚时健进城时，就在堂哥那里落脚。他曾经看过堂哥上课，对那时联大的教学水平印象深刻。他说："那时，联大不光学校有名、教授有名，学生的水平也高。"有一次，褚时俊的考试题目是用图纸组装一个火车头，只有一个星期的时间。这种考试可以翻阅资料，整个火车头的结构，全要用图纸表示出来。上千个零件，先组成若干部分，如蒸汽部分、制动部分等等，然后将每一部分在图纸上表示并组合起来，最后装成一个火车头。褚时健暗自怀疑，这么多事情，一个星期能忙完吗？可褚时俊就是在一个星期内完成了。褚时健说："到最后，画出来的图纸是高高的一摞。这种考试方法培养出的工程师肯定是一丝不苟、精益求精的，我想，后来的学校怕是没有了。"

当时很多联大的老师都在中学兼课，一来普及科学知识，二来挣一点儿讲课费补贴家用。著名数学家闵嗣鹤就常到龙渊中学开设数学讲座，颇受中学生的欢迎。褚时健数学成绩不太好，他更喜欢听文科的讲座。联大有一位姓俞的山东籍历史教授，讲课不带书本，随口讲来，生动有趣，将历史、地理知识融于实际，让学生们感同身受，听过就忘不了。一次他在讲到山东历史时，提到了莱阳桃如何鲜美多汁，"撕一个小口一嘬，一个桃子就剩一张皮了"，竟让听课的学生都流下了口水。

拮据的求学时光

从山村走到城市，最大的不同在于什么都要用钱买。褚时健的学费靠没日没夜烤酒来挣取，身上哪有闲钱。谁承想，他偏偏就遇上了小偷，一个月的伙食费都被小偷偷走了。当时，他已经结识了一个要好的同学，叫普在兴，正赶上这时候他家的钱也没寄到。两人凑到一起商量出了个办法，一天吃一餐。好在那时学校放假，不用上课。两人早上不起床，一直躺到十一点半才起来，走到正义路转华山西路的路口处。那里有一家吃包饭的小饭铺，穷学生们经常光顾。

吃包饭的饭铺，规矩是米饭管够，菜只有一份，而且菜量不多。褚时健和普在兴有办法，先用辣椒面和盐巴拌饭，吃它四五碗，然后才用菜下饭，再吃个四五碗。这样一顿饭下来，每人都是八九碗，别的食客看得目瞪口呆。这种吃法连褚时健自己都觉得难为情，离开饭铺后，他悄悄对普在兴说："都照我们这种吃法，饭铺非倒闭不可。"

平日放假，褚时健最爱的就是打篮球，这活动耗费体力，现在也不敢打了。校舍里其他同学都不在，他们俩正好床对床，两人就躺在床上聊天，一直聊到深夜。褚时健日后自嘲道："其实饿着肚子睡觉，真是一种自欺欺人的办法。那个时候没有电视机，电影也看不起，没办法，我们只好聊天，聊到第二天天亮。到了十一点半，我们两个又去吃一回。"

这种状况直到普在兴家的钱寄来才算结束。两人吃一份，总比没有强。

管理初体验：当选伙食委员

抗战后期，昆明物价一度高于全国，币值剧贬，物价飞涨，物资匮乏。褚时健清楚地记得，物价涨得最快的那段时间，货币贬值贬到上午可以买一斤大米的钱，下午半斤米都买不到了。

穷学生的生活费不多，用起来处处捉襟见肘，对这些正在长身体的学生来说，吃不饱饭是那时记忆最深的事情。褚时健说："我当时总结出一个吃饭的方法，食堂开饭的时候要排着队进去，我就争取人少的时候先进去，进去以后我只打半碗饭，别人打满满一碗，还没吃到嘴，我这半碗已经两三下扒完了，再去满满打一碗，这就等于他们每顿吃一碗，我可以吃到一碗半。那个时候就养成了这个习惯，直到现在，我吃饭都比别人快。"

1944年冬日的一天，堂哥领着他到学校附近小巷里的一间小屋去拜访闻一多先生。小屋里，闻先生正在昏暗的灯下刻章。褚时健和堂哥一起听过闻一多先生讲课。他万万想不到，闻先生住的地方这么简陋。

从闻先生家出来后，堂哥告诉他，你看见外面挂的"闻一多治印"的招牌了吗？闻先生是金石名家，放到过去，他的刻章求都求不到，现在昆明的物价这么高，先生一月的工资不够八口之家的衣食开销，他是用自己的金石篆刻之技，赚一点儿生活费。

褚时健后来知道，其实不只闻先生，很多大学者、名教授，在昆明的生活都远不能和当初在北平、天津时相比，但他们坦然面对，用各种方法渡过难关。这种穷不失义、达不离道的风范，让他敬佩不已。褚时健想，教授们尚且如此，年轻人又有什么过不去的坎儿呢？

当时龙渊中学的校方不包食堂，交由学生管理。买东西、记账都是学生负责，这个负责的学生叫伙食委员，伙食委员是由学生选举的。校方的事务主任把收到的伙食费交给伙食委员，买米买菜等一切事项，就由他来安排。

同学们很快就发现了褚时健精于计划、行动果断的特点，选他当了伙食委员。

褚时健说："大家选了我，我就要负责任，要把食堂办好，这才是我的性格。"他认为，要想管好伙食，关键是买米买菜，买得价廉物美，伙食就能办好。而要想价廉物美，先得搞市场调查，摸摸行情。

那时，有些米店头天晚上给大米加点儿水，这种潮米称起来重，但煮饭就煮不涨。还有的米店是用加石粉的法子欺骗顾客，加了石粉的大米看起来又白又亮，但淘米时白石粉一洗就掉，出饭量就打了折扣。褚时健从小练就的生活技巧此时发挥了作用，这些伎俩瞒不过他。他抓点儿米一看，就知道干得是否透；拿嘴一咬，就知道有没有回过水；用手一搓，就晓得加没加石粉。几天工夫，就连市区哪个集市的菜便宜，哪个小贩的秤准不欺客，他都摸了个一清二楚。

"老师把钱交给我，我把钱数数，一路小跑到车站。从那里进城，赶到米店，先把米买了，不跑快点儿，米价涨了，伙食费就不够开销了。再一个就是买小菜，过去是炊事员买，他是个四川人，会吃回扣，所以伙食水平明显和花的钱不符。我们自己买，一分钱不差，还买得便宜。最得意的就是我当伙食委员的时候，大家的肚子可以放开吃。"初中三年，褚时健多次当选伙食委员。他评价自己："同学们还是认可我这个伙食委员的，要不然，我一个初中生怎么会管全校的食堂呢？

"不过，我们也占点儿小便宜。星期六晚上，昆明的同学都回家了，我们外县的人不多，就三四个。星期六下午打打篮球，肚子很饿，食堂的钥匙我拿着，我们就开门进去吃冷饭。几个同学，每人用大碗满满地摁一碗，买点儿辣椒炒炒豆豉，一小碗豆豉下饭，就吃了好几碗饭。"

恰同学少年

褚时健这样回忆自己的学生时代。

"学生嘛，学业总是第一，初中时我基本是一个合格的学生，除了上课认真听讲，还会去图书室看书，到联大去旁听。记得那时昆明的冬天很冷，还下了雪，我们就站在雪地里背英语单词，一副天将降大任、先劳其筋骨的派头。

"学校每星期六中午就放假，周日有一整天的时间，我和普在兴通常就留在学校，打一下午的篮球。没钱洗澡，就在学校外农田的小水沟里洗。那时候菜田里的水很干净，水沟有四五十厘米深，擦擦洗洗都可以。

"我们那个时候都热衷于强身健体，游泳、跑步、爬山都是我的长项。我从小游泳、打猎，臂力发达，单杠双杠都行，加上身体灵活，虽说个子不太高，仍然当上了校篮球队的前锋。"

一次，龙渊中学和城里的南菁中学打比赛。南菁中学是当时昆明数一数二的学校，很多学生是官员、教师和有钱人家的子弟，气势上就压了龙渊中学一头。不过，褚时健他们并不怕对手，学校间的友谊赛，比的是技术不是名气。不知为什么，比到一半双方发生了冲突。学生们都是血气方刚、不知退让的年纪，眼看要出大事。褚时健所在的班里有个同学是国民革命军第五军军长邱清泉的儿子，这支军队当时就驻守在海源寺。不晓得第五军的人怎么知道了球场上的纠纷，开着美国吉普飞快地冲进赛场，呼啦啦跳下来一个排的士兵。对方一看要吃亏，退了一步，这场风波才算平息。

褚时健说："不过，这些军政要员的孩子，平时在学校里不显山不露水，在食堂和我们一样排队吃饭，打了饭一样蹲在地上吃，大家相处得很平和。这和当时昆明的局势和环境也有很大关系。那个时候，小小昆明聚集了各路神仙高人，我觉得多亏了昆明人的淳朴友善，造就了一个很包容的社会环境。"

当时的中学，男生女生交往很少，褚时健和班上的女生几乎没有交谈过。只有一位女同学引起了他的注意，这是一个长相与众不同的女孩子，他叫她"小洋姑娘"。

"我主要是好奇，这个小洋人是从哪里来的。后来我才知道，她是国民党空军英雄高志航的女儿，叫高友良。那个时候，她父亲已经为国捐躯，不过政府还给她们生活方面的一些照顾。大家知道她是空军英雄的女儿，对她也很尊重。我们这些学生不管什么出身、什么信仰，对为国家、为民族建立了功勋的人都有一份尊重。"

听说她还健在，住在台湾，褚时健很真诚地表示："哦，算算有70年了，当年的同学基本上都没有消息了，希望她有机会到我的果园做客。"

人生的波澜都是趣闻乐事

抗战期间，昆明多次遭到日军飞机的狂轰滥炸。那时昆明的防空力量十分薄弱，百姓三天两头跑警报，搞得人心惶惶。这一情况直到飞虎队进驻昆明后，才有了改变。飞虎队进驻昆明后，升空作战，轰炸昆明的日本飞机遭到了迎头痛击。几个回合下来，日本飞机轰炸的次数明显减少。美国对日宣战后，罗斯福总统宣布将飞虎队改组为美国空军第23大队，任命陈纳德为大队长，并继续增添飞机和人员前来中国，又扩大为第14航空队。

陈纳德将军的飞虎队和中美联合航空队开辟的驼峰航线成为中国战区作战和运输的主要空中通道，在云南建有十几个机场。美国援助的物资和美国大兵都让昆明人开了眼，老老少少一见美军便跷起大拇指说道："老美，顶好！"

离龙渊中学不远就有个美国空军的基地，美国空军的车经常从校门口的公路上驶过。和当时的老百姓一样，学生们都拿美国大兵当自己人，星期天进城，时常等在校门口，碰上空车就招手搭车。美国军车一般都乐意停车，载这些中国学生一段。学校的事务主任和美军基地的司务长认识，有时候还把褚时健他们带进基地吃顿牛排，称为"开洋荤"。褚时健觉得，美国人很好相处，开朗友善。直到现在，他仍然说："我喜欢和美国人打交道。"

不知是该感慨岁月无情还是有情，时隔70年，经历过太多人生波折坎坷之后，战乱时期的校园生活，在褚时健口中竟都是趣闻乐事。

对于笔者的感慨，褚时健有自己的看法，他甚至这样总结："经历过的东西，对你都是有用的。你觉得那时候条件很苦，可谁知道今后会不会更苦。当时家庭条件优越一些的同学比我们好过，以后碰到更大的坎儿，我们挺得过去，他们可能就过不去了。所以我说，经历对人来说，有时就是一笔财富。"

确定了人生道路

抗战胜利了，人们却并没有等来期盼的太平日子。饱受苦难的民众对政府产生了强烈的信任危机，学生运动如火如荼。

褚时俊这时已经成了一名共产党人，他相信仅靠科技文化并不能救这个衰微民族于水火，只有推翻"三座大山"的黑暗统治，才能拯救民族的危亡。在堂哥的影响下，褚时健和他的堂兄弟褚时仁、褚时杰都参加了"反独裁、要民主"的进步学生运动。

1945年11月25日晚，昆明几所大学的学生自治会在西南联合大学举行时事讨论晚会。吴晗、周新民、闻一多参加了讨论会，钱端升、伍启元、费孝通、潘大逵等教授就和平民主、联合政府等问题做了讲演。

这天会场里有五六千学生，褚时俊和褚时健兄弟也坐在会场中。讲演正进行时，突然传来了枪声，国民党昆明防守司令部派第五军邱清泉部包围了会场。军人们先用冲锋枪对空射击，以示警告，随后，特务们冲进会场来捣乱，现场一片混乱。

1946年，西南联大开始分批北归，堂哥褚时俊也要走了，他将回到清华大学完成自己的学业。褚时健和二伯家的堂哥褚时仁一起，到车站为大哥送行。大哥虽然走了，但他已经把年轻的兄弟褚时健、褚时仁和褚时杰带上了一条充满艰辛的道路。他相信，他们必将完成从进步学生向革命者的转变。

那时的昆明，并没有因联大的撤离而平静，学生运动风起云涌，一张书桌已安放不了年轻学子怦怦跳动的心脏了。

7月11日，民盟中央委员李公朴惨遭暗杀。

7月15日，闻一多先生在李公朴先生的追悼会上，面对国民党特务，慷慨激昂地发表了著名的《最后一次的讲演》，他说："去年'一二·一'昆明青年学生为了反对内战，遭受屠杀，那算是青年的一代献出了他们最宝贵的生命！现在李先生为了争取民主和平而遭受了反动派的暗杀，我们骄傲一点说，这算是像我这样大年纪的一代，我们的老战友，献出了最宝贵的生命！这两桩事发生在昆明，这算是昆明无限的光荣！"

闻一多在《最后一次的讲演》中留下了这样的话："历史赋予昆明的任务是争取民主和平，我们昆明的青年必须完成这任务！"

当天下午，闻先生在回家途中被国民党特务杀害。

"一二·一"事件和"李、闻"事件，暴露了国民党政府血腥残暴的一面。褚时健和当时的进步青年一样，并没有感到害怕，他只是更加明白，争取民主可能会付出血的代价。

"可以说，我的人生道路那个时候就确定了，就是干革命，建立一个民主自由的新中国。我参加了青年团，喊着'打倒蒋介石，大家有饭吃''要民主要自由不要独裁'的口号整天上街游行，闹学潮、闹革命。1947年，我考上了高中，不过我根本就没有上学。我觉得，在那种时局下，我已经没有了读书的心情。"

　　1948年，在得知自己因参加学生运动被国民党特务盯上的消息后，褚时健悄然离开了昆明。

第三章　燃情年代

如果没有1957年那场运动，时光造就的大概会是领导干部褚时健，而不是一个全国闻名的企业家褚时健了。很多年之后，当人们开始反思所经历的一切，开始从人性的角度解析人的命运时，有人这么评价他：这是一个悲剧人物，因为他有成为悲剧人物的性格特征，性格即命运。

这一年，禄丰车站小学有了一位水性极好、肤色黝黑、眼睛炯炯有神的青年教师，他就是褚时健。

似乎回到了原点，褚时健不由得想起自己上学时那几位传播民主思想的地下党老师，如今他和他们走上了同一条道路。

代号"黑猫"

天将破晓，新中国即将诞生。中国人民解放军打响了规模宏大的辽沈、平津、淮海三大战役。在云南坚持武装斗争的地方游击队，组成了一支主力部队——云南人民讨蒋自救军，和国民党的部队打起了游击战。讨蒋自救军第14团在弥勒、师宗、泸西、华宁一带南盘江北岸活动，这一片被称为盘北区。

除了教学之外，褚时健的另一个身份是共产党的情报员。和他一起从事秘密工作的，还有他的堂兄褚时仁、堂弟褚时杰，以及他的学长，堂兄的好友周兆雄。

当时国民党部队在滇中、滇南的调动，很大程度上依靠铁路。褚时健所在的禄丰车站有着得天独厚的条件，他每天观察记录铁路运输的情况，一有兵源和军用物资通过的情报，他就及时送到部队手中。由于胆大心细，褚时健每次都能顺利完成任务，他有了一个代号——"黑猫"。

1949年初，地下组织得到一份情报，由于叛徒出卖，敌人已经搞到了禄丰车站一带地下党员的名单，这个名单中就有褚家三兄弟。

褚时健清楚地记得，那是春节前夜。他接到命令，当晚，讨蒋自救军第14团的人员要从矣则渡江，到华宁县西山开辟根据地。趁着夜色，褚时健用一条小船将部队的同志运过了江。执行完任务，他刚回到家，周兆雄急匆匆赶来通知，国民党13军的人马上就要到了，组织上让他立刻转移，和已经先期离开的褚时仁、褚时杰会合，到西山找部队去。

褚时健来不及收拾东西，和母亲匆匆告别，从后花园翻墙而出，消失在后山丛林中。

三兄弟一起到部队，这在当时很少见。其实，就连褚时健的弟弟，18岁的褚时候，这时也参加了地下工作，只是因为年龄小，没有暴露，留在了家里。

神枪手：在战斗中成长

自救军的部队编制并不完整，一些称呼也谈不上规范。成员主要是农民，大致来源分为四个部分：一是一直坚持革命斗争的老游击队员，二是南盘江地区的受苦农民，三是投身革命的进步学生，四是起义的国民党士兵和收编的土匪民团。成分复杂，素质不同，但有一点是相同的，这就是都希望推翻旧世界，建立一个老百姓当家做主的新中国。

褚家兄弟在这支成分复杂的部队里显得很不一般，他们都有文化，参加过学生运动，有一定的斗争经验，又是农家子弟，能吃苦，不怕累。褚时仁在师范学校读书时就参加了共产党，被任命为二支队7连的指导员；褚时健在9连任排服务员，大抵相当于代理排长；褚时杰在8连当战士。

说是主力部队，实际上自救军的底子还是游击队，实力无法和国民党的正规部队抗衡。因此，部队采用游击战术，一直在弥勒、陆良、师宗一带的大山里转战。这一地区的共产党地方政权还处于地下状态，实际上部队没有一块可供休养生息的根据地。没有固定驻地，没有粮食供给，部队的条件十分艰苦。用褚时健的话说："洋芋、刀豆半个月半个月地吃，一粒米都没有，更别说油水了。"这种情况下，有些人打了退堂鼓，还有人开了小差。褚家兄弟没有动摇，在队伍中站住了脚，扎下了根。

部队要打仗，对新入伍的学生兵进行了短期的射击训练。打枪，褚时健毫不陌生。他从小就跟着大人上山打猎，家里的捷克造步枪用得得心应手。不过，他仍然十分认真，光瞄准就练了半个月。这一来，褚时健的枪法就胜人一筹了，成了连里的神枪手。

这个本事跟了他一辈子。在被划为"右派"的日子里，在哀牢山，他有一枪射杀两只麂子的故事；80岁时，在玉溪驻军靶场比试，现役的团长败给了他。

1949年5月，经中央批准，云南人民讨蒋自救军第一纵队改名"中国人民解放军滇桂黔边纵队第二支队"，正式进入中国人民解放军的战斗序列。这时，部队的武器装备状况开始好转，连队配发了轻机枪，褚时健也有了一支79式步枪。

二哥褚时仁牺牲了

褚家兄弟所在的二支队里的彝族人很多，在褚时健的记忆中，他和战士们相处得很好，和大家都谈得来，别人也没把他当作省城来的学生兵看待。褚时健的连长是一个战斗经验丰富的老兵，名叫李国真。他曾在云南省主席龙云的警卫旅当过连长，后解甲归田回到了老家路南圭山。当地组建游击队时，他又一次扛起了枪，成为共产党队伍里的连长。

李连长是从枪林弹雨中摸爬滚打出来的老兵，作战经验十分丰富。一开始，他发现褚时健枪法好、肯吃苦、军事素质不错，以为他上过军校，一问才知道，这是个刚投奔队伍的学生娃娃，不由得有些惊讶。

10月间，二支队14团3营在陆良县马街镇和国民党的武装征税队打了一仗，担任突击任务的是褚时仁所在的7连。7连从赵官坝突袭马街，打了敌人一个冷不防。3营火速占领了马街，抓获了24名俘虏。

这一次胜利让3营士气大振，也惊动了国民党481团。就在3营庆祝胜利、召开群众大会的时候，481团赶到马街，对3营形成了包围。沉浸在胜利喜悦中的3营没有发现敌人的行动，当晚就在马街安营扎寨。

第二天清晨，直到部队准备出发时，哨兵才发现村前的道路已经被敌人封锁。此时，敌人在村口架设的轻重机枪也打响了。硬闯不行，经验丰富的9连连长李国真立刻带人侦察地形，在村后发现了一条小路，敌人的布防薄弱。他马上调来机枪开路，打开了一个缺口，部队由此杀出了重围。

这一天直到深夜，转移到安全地带的部队才埋锅造饭，准备休整。此时，在8连当战士的褚时杰急匆匆找到了堂哥褚时健，告诉他褚时仁没有突围出来。

褚时健知道，二哥一直在打摆子①，身体不好，这次7连担任突击任务，突围并掩护部队撤退，连续作战，只怕是吃不消掉了队。褚时健叫了一个班的战士，跟褚时杰一起，沿着突围路线一路寻找。第二天天亮时，碰到7连最后撤出的战士，从他们口中，褚时健得知，留下来掩护部队撤退时，二哥褚时仁中了敌人的机枪子弹，已经牺牲了。

褚时仁是褚家兄弟中第一个为革命献出生命的人，时年24岁。多年以后，褚时健说："我堂哥是师范毕业的，他不像我，我黑，他白，我瘦，他胖。其实他是个文静的人，并不喜欢舞刀弄枪。"

---

① 打摆子，患疟疾的方言说法。

因为当时情况不允许，褚时仁的遗体是他的未婚妻周兰仙和她的哥哥周兆雄事后专程到马街找到的。

非党员的指导员

马街战斗结束后，打仗勇敢机智的褚时健当上了边纵二支队14团9连的指导员。当时，他只是一名青年团员。团员当指导员，恐怕只能是那个特定时期的产物。部队急需干部，而褚时健这个早就参加革命工作的人，竟然不知道入党才能提干，连入党申请书都没有写。

褚时健回忆："当时是李连长提出来的，他认为我虽然是个年轻学生，但会待人处世，会做思想工作，打仗还不怕死，所以向上面提出让我去给他当指导员。我说，自己连共产党员都不是，当指导员不合适。他说，不怕，你先当着，入党好办。就报上去了。后来打仗紧张，大家都没有时间管这种事，我也觉得，入不入无所谓，只要是干革命工作就行。"

11月，边纵13、14团在路南县圭山区大水塘与国民党481团打了一仗。褚时健所在的3营担任警戒任务。双方摆开阵势，但谁都没打第一枪，呈对峙态势。连长李国真安排战士们守前沿阵地，大家可以轮流休息。

褚时健一见有空闲，带上连队的一个麻子勤务兵和几个要换岗的战士一起到村后小学校打篮球。中午刚打算吃饭，一发迫击炮弹不知从哪里飞来，带着啸音落在了他们身边。麻子勤务兵是个老兵，众人还没明白怎么回事儿，只见他飞起一脚，炮弹落在了土埂后，爆炸了。这一脚救了大家的命，可也把带来的干粮踢飞了。眼见吃不成饭，褚时健说："不吃了，走，上阵地。"

爬上阵地后，褚时健心里有些疑惑："不对呀，咋个静悄悄的，什么动静都没有？"虽说当兵时间不长，但褚时健打起仗来有种天生的直觉。他马上摸到阵地后的箐沟①去察看情况。这一看，他大吃一惊，45度角的沟里有一片穿着黄色军服的敌人，离阵地不过四五十米。来不及多想，褚时健示意身边的战士掏出身上所有的手榴弹，照着沟里甩了下去。敌人在沟里，因而这几颗手榴弹显得威力很大。见偷袭不成，敌人丢下几具尸体，撤走了。

战斗结束后，老连长听战士们讲了整个战斗过程，对这个学生兵更是刮目相看。对这个比自己年长一半的老连长，褚时健也十分钦佩。他觉得，在那种艰苦的环境中，尤其是一支新组建的队伍里，一个经验丰富的连长能教给人的东西比军事学校的教官还多。

四十多年后，褚时健回到了当年战斗的地方。站在金灿灿的油菜花地里，他想起了堂哥，想起了老连长，想起了麻子老兵……他们都已成了故人，只有山水依旧。

征粮组组长

1949年12月9日，云南省主席卢汉在昆明五华山光复楼宣布云南起义。促成这次起义的原因很多：解放大军挥师南下，中共中央的积极筹划，蒋介石的紧紧相逼。不管怎么说，起义为云南的历史翻开了新的一页。远在北京城的毛泽东、朱德即刻发出贺电："昆明卢汉主席勋鉴：佳电诵悉，甚为欣慰，云南宣布脱离国民党反动政府，服从中央人民政府，加速西南解放战争之进展，必为全国人民所欢迎。"

1950年2月20日中午1点，陈赓、宋任穷、周保中等将军率第二野战军第四兵团部队进入昆明。20万昆明市民载歌载舞迎接这个历史时刻，鞭炮锣鼓声中，人们高喊着："毛主席万岁！解放军万岁！"昆明城大街小巷插满了五星

---

① 箐沟，云南方言，指长有茅草或树木的山谷、山沟。

红旗。

在部队乘火车到达宜良沿线时，褚时健正在宜良为迎接大部队奔忙。当时在云南坚持武装斗争的部队进行了整编，褚时健被分配到宜良县工作，离开了部队。

陈赓兵团10万大军入滇，加上将从云南西行入川进藏的部队、起义部队、云南原有的地方部队两万余人，近40万兵马的粮秣供给，成了新政权必须面对的一大难题。新任云南省委第一书记宋任穷在大会上说，40万人的吃饭是个大问题，要从3月起，用4—6个月时间，把10亿斤公粮和税拿出来，把人民币发下去，这样就好办了。

云南各地的干部开始了颇为艰难的征粮工作。刚分配到宜良县工作的褚时健，成了南羊街乡墩子村的征粮组组长。

平衡利益，乱来解决不了问题

这次征粮被老百姓称为"二次征粮"。这一叫法不无道理，因为政府已经向百姓征收过当年的粮税，百姓不管政权变更，他们只觉得一年应该就交一次粮。当时省委下达的全省新征的公粮数为7—8亿斤，对刚刚迎来解放的云南民众而言，这无疑是一个巨大的数字。

云南和平解放，各种势力的角逐如高原江流，表面波澜不惊，底下暗流汹涌。当时的地方政权主要由部队接管。云南不是老解放区，对民众的教化还没有开展，可以说，群众基础比较薄弱。

可几十万大军等着口粮，征粮刻不容缓，部队服务团的人员也加入征粮的队伍里。这些人在征粮工作上存在先天的缺陷：没有实际工作经验，不熟悉当地情况，语言不通，和农民谈不到一块儿，用部队的模式处理农村工作，方法简单粗暴。还有些人看不起云南本地的干部，认为自己觉悟高、党性强，遇事不征求他们的意见。

当时的征粮方案由上面决定，任务逐级分配，一直到村到户，农户田多的多出，田少的少出，说白了，重点是有田有地的富裕户。说是富裕户，并非全是大地主，不过家境稍好些，存粮也有限。加上征粮干部对政策的把握有差异，群众基础薄弱的部分地区，出现了一系列反征粮举动。

征粮开始不过三个月，云南全省发生大大小小的动乱就达到几百起，参与人数达到了几万人。小规模的行动就是干扰征粮，制造百姓与政府的矛盾；大规模的就形成了暴动武装，攻占政府机构，抢走公粮，杀害征粮干部。在一些地方，每征收一万斤粮，就有一位征粮干部惨遭杀害。春天开始的征粮工作，到了初夏就发展成了对暴动分子的武装镇压。

云南省军区司令员陈赓将军在会议上提出这样的问题：老百姓称我们是共产党派来的救命恩人，可是土匪当着几十万救命恩人的面就敢杀人放火，这究竟是为什么？

褚时健当时只是个小小的征粮组组长，他无法回答这个大大的"为什么"，可他心里很清楚，党交给的任务一定要完成。怎么完成，脑子要有办法，办事要有章法，乱来解决不了问题。

褚时健认为，征粮最关键的是确定每户交多少粮，有多少田，是什么样的田，单产有多少。扣除每家的人头粮，余下的才能交为公粮。搞不清，你就收不上粮，收少了，完不成任务；收多了，农民根本交不起，这不就产生对抗了吗？又黑又瘦的褚时健挨家挨户摸情况，和农户们聊得很热络。农民喜欢这样的干部，有什么也不藏着掖着，谈天说地间，褚时健心里有了数。村里的干部对褚时健说："你样样都搞清楚了，我们糊弄不了你，你说多少就算多少。"就这样，褚时健的第一次征粮任务很快就完成了。

弟弟褚时候被杀害

和褚时健所处的环境一样，他的家乡华宁县也处在征粮引发的动乱中。当时，西南服务团一名姓朱的干部，分配在糯禄乡（原禄丰乡）征粮。糯禄乡的政府主席正是褚时健的好友周兆雄。这位姓朱的干部是南京人，大高个儿，工作热情很高，就是不注意方法。征粮过程中，他动用武力，此举激怒了本来就对征粮心存不满的人。当地的民兵队长黄庆华造反了，他和江对面的叛匪联合，偷袭了乡政府。周兆雄身负重伤，而这位姓朱的干部则被黄庆华拉走，最后被袭身亡。

情况紧急，周兆雄派褚时健的弟弟褚时候进城求援，报告乡政府被袭、枪支弹药被抢的情况。19岁的褚时候当时在滇越铁路跨江大桥大花桥警卫班当战士，这段时间正好抽到征粮队工作。他装作捡粪的农民躲过了叛匪，找到了县政府。当时华宁全县的局势严峻，县里抽不出人力驰援糯禄，只好指示周兆雄等人打得过就打，打不过先隐蔽起来，等待解放军剿匪部队救援。

褚时候返回糯禄乡，向周兆雄转达了上级的意见。周兆雄看乡里也不安全，让褚时候也出去避一避，褚时候决定返回自己所在的大花桥警卫班。临别时，周兆雄一再叮嘱他要注意安全，多个心眼儿，情况不对的话就赶快到乡里来。

褚时候并不知道，警卫班的班长已经决定参加叛乱了，据说是因为他的父母在乡下被人捆起来索要公粮。他这一回去，等于落在了叛匪手里。他昔日的战友把他五花大绑起来，逼他参加暴动。褚时候只有一句话："我的几个哥哥都是共产党员，我绝不当叛匪。"

"我绝不当叛匪"成了褚时候留给亲人最后的话。当天晚上，警卫班参加暴动人员带着褚时候和另一个不愿参加叛乱的战士一起沿铁路撤退，准备到西山和暴动的土匪会合。此时，解放军的护路部队已经发现了匪情，一路追踪而来。叛匪逃到大桥上，过了桥就要爬山了。他们觉得带着褚时候不方便，便把五花大绑的褚时候从几十米高的糯租大桥上扔进了南盘江。知道褚时候水性好，叛匪还残忍地砍断了他的手和脚。

褚时健回忆："那是1950年7月份，我记得当时南盘江涨水，水大得不得了，他那时刚刚19岁……现在玉溪东风水库烈士纪念碑上，还刻着褚时候的名字。"

当天晚上，杀害褚时候的叛匪就被剿匪部队歼灭了。周兆雄得到了褚时候牺牲的消息，他不敢告诉闻讯赶来寻找儿子的褚王氏，只是托人带信，让褚时健赶快回来。

悲痛欲绝的褚王氏知道儿子是从铁桥上被扔进了江里，她站在高高的铁桥上，向着江流一遍遍呼喊着儿子的名字。

没找到儿子的遗体，母亲不相信儿子已经离开，她沿着南盘江边一路寻找，一直走了很远。

褚时健回忆："我妈妈沿着江边寻找，一直找到开远这些地方。这条江是从曲靖发源的，从我们这里下去，一直到开远，又向北转过来，到师宗、罗平，又绕回来，才出百色，从广西流到广东。雨季水最大，到哪里去找？所以小弟的尸体一直没有找到。"

谈征粮经验：果真有一套办法

儿子的惨死将这个操劳半生的母亲彻底打垮了。见到匆匆赶回来的大儿子褚时健，母亲的眼神里流露出的只有疲惫和悲伤。面对憔悴的母亲，褚时健想不出任何安慰的话语。

当时的形势由不得褚时健待在家里，征粮任务如泰山压顶。华宁县的负责人听说褚时健在宜良的征粮工作进展顺利，要求他留在华宁负责一个区的征粮，并告诉他："组织关系我们去给你办。"褚时健马不停蹄地赶到了新的工作地点，他说："我们那个时候就是这样干工作，一点儿也不会讲条件。"

褚时健搞征粮，果真是有一套办法。他和队员们说："征粮首先要确定每家该交多少公粮，田地就在那儿，走不了，拿尺子拉着一量就出来了。所以关键是要确定亩产是多少。"队员们反映，农户不讲道理，你要他们自己讲，他们说每亩只收300斤。褚时健笑笑："我从小在农村长大，农户的脾气我摸得清，我来和他们谈。"

褚时健和农户怎么谈呢，队员们很好奇。褚时健对农户说："你说一亩只收300斤粮，你哄人是哄不过去的，我种过地，我知道，你们这个田，八九百斤粮应该收得到。"

见农户不反驳，褚时健接着说："如果我给你定900斤，可能你们的口粮就紧了，要饿肚子；定600斤，那么我的任务完成不了。我给你们定成700斤，你们的口粮绰绰有余，我们的征粮任务也可以完成，这个情理上说得通。你们看怎么样？"

农户一听，觉得这个标准定得合理合情，同意了。到了规定交粮的时间，农民把粮食都交了上来，褚时健小组的征粮任务又一次顺利完成。

县里的领导听说别的组还不知道粮食在哪里，褚时健小组的粮就已经入库，就让他给大家谈谈经验。

褚时健结合实际，讲得有声有色："做群众工作，要讲得出道理来，你说征粮重要，站在他的角度上来说，他的肚子更重要。我们要完成我们的任务，他要保证他的肚子不饿。他要拼命地报低，你要拼命地争高，僵持着，只会把事情搞僵，朱同志的事情就是个教训。我说，我们做工作不能这样，双方协商出一个解决的办法来，各方的需求要平衡一下，单顾我不行，单顾你也不行，合情合理，大家才好接受。

"共产党的反对者是存在的，但农民不是政府的对头，不要逼他们。我们打游击，没有当地老百姓的帮助，我们也活不下来。做事情要讲个情理，就是平衡各方的利益，对大家都有好处，事情才能办成。比如说，老解放区已经搞了'土改'，农民分田分地，这是基础，用土地争取了农民的支持，农民要保卫胜利成果，这才会有推着小车送军粮的事情。你们大家想想，是不是这个道理？"

据褚时健回忆，县里有关领导采纳了他的意见，各地征粮组的工作方法有所调整。指标定高的压了下来，农民接受了，全县的任务也完成了。

就在这时，褚王氏因背上的毒疮发作，离开了人世，时年47岁。

新区长上任

褚时健正在为刚拉开帷幕的"清匪反霸"工作没日没夜地忙碌，突然得到母亲去世的噩耗，他像当头挨了一棍，眼前一片漆黑。要知道，母亲的离世和弟弟的牺牲，仅仅相隔了几个月时间。

等他赶回家时，母亲已被舅舅家草草埋葬。妹妹时英和小弟时佐暂时寄居在舅妈家。

组织上决定把他调回青龙区工作，一来青龙区需要褚时健这样既有能力又有实际斗争经验的青年干部，二来他可以照顾成为孤儿的弟弟妹妹。

褚时健到舅妈家接弟弟妹妹，决定自己抚养他们。在舅妈家，他遇见了王兰芬。几年工夫，小表妹已经出落成一个亭亭玉立的大姑娘了，她上过学，此时也参加了工作。

青年区长褚时健

妹妹褚时英告诉他，母亲临终前还牵挂着大儿子的终身大事。听到褚时英的话，褚时健扭头看了看表妹，王兰芬低着头走进了里屋。虽然双方父母都希望两人走到一起，但两个年轻人心里明白，这辈子他们注定只是有着血缘关系的兄妹。

弟弟妹妹虽然住到了区委，褚时健却没有工夫管他们，他买好了饭票交给稍大一点儿的时英，此后，就由她带着弟弟，到食堂打饭、到学校上课、回家做作业。褚时健的全部热情和时间，都用在了交给他的一件件任务上。

"1950年是征粮。1951年完成征粮以后，就开始'减租退押'，到1952年就搞'土改'了。就是这个时候，我调到了盘西区当区长。"

办事都要讲情理

说起来，新中国刚刚成立的那几年，被称为"天翻地覆"是名副其实的。过往的一切都被颠覆，包括价值观和认识论。面临种种变化，人人都在努力适应，生怕被洪流冲到岸边，成为被革命的对象，褚时健也不例外。他家有三亩好田、十几亩薄地，虽说生活不富裕，连自己上学的费用都要靠假期烤酒来赚取，但比起没有地的农民，明显又好很多。定成分的时候，客观点儿是富农，搞不好还定个地主。褚时健把弟妹们带出来时，除了他们的生活必需品，什么都没拿，图个清白。

褚时健这么做并非没有道理，在已经开始的"减租退押"和紧随其后的"土改"运动中，政策执行者的水平在某种程度上决定了斗争的形式。斗争极端的地方，吊人、沉塘、假枪毙……都出现过。

褚时健带领的工作组有四十多号人，其中有一个叫张贵仲的队员，是个"二杆子①"。群众揭发说一户地主家有一百两黄金，他不调查，立马就逼地主交出来。地主喊冤说："我哪里有这么多金子，我这一辈子都没见过一百两金子。"张贵仲不信，非逼着地主交，领着地主去山洞里找藏起来的宝贝。地主

———————————
① 二杆子，指做事完全不考虑后果，极度我行我素的人。

没有，就想跳山洞求死。没承想跳下去没有死，又被工作组抓住。晚上，张贵仲把地主捆在柱子上，拿了一扇农民磨面的石磨吊在他的脖子上。张贵仲说："明天早上我来看，再不认，我就枪毙你。"第二天早上，一打开门，那个老头精神抖擞地说："谢谢共产党了，我一辈子还没有挂过这么大的牌牌。"张贵仲急了，又拉出去假枪毙。这样搞来搞去，地主也不怕了："大不了就是个死，你们什么都拿不到。"

听说了这个情况，褚时健皱起了眉头。他知道，在当时的那种形势下，人们往往喜欢把事情搞过火，认为这样就是党性强、觉悟高，生怕人家说自己同情地主。褚时健对张贵仲说："实事求是地讲，他有一万块钱，能拿出九千元，就很不错了。但是他有一万，你要他交十万，他拿什么交？一百两黄金，像这样的乡村地主不太可能有，你们这种做法搞过火了。过火的后果，就是工作的阻力更大，反对我们的人会更多。"褚时健找这个地主谈话："你说没有一百两，我相信。那你有多少，能交出多少，你自己说。"后来，这个地主交了十两。

褚时健说："我们那个时候，对党是五体投地地信服。当时的政策就是要地主交出浮财，交出多余的土地，这是政策，我们不能质疑。只是在具体工作中，我有自己的想法，我觉得任何时候都不能过分，地主也是人，要吃饭，他也要有土地嘛，也要发新地契，让他们自食其力才对。我们打破旧世界是要建立一个公平的社会，不能搞成新的不公平。"

盘西区有一个村叫小龙潭村，共有一百多户人家。1952年年底开展"肃清反革命分子"工作时，新上任的区长褚时健搞调研，到了这个村子。他发现田间地头没有一个干活儿的农民，就想和村民们谈谈，土地分了之后该如何发展生产。可等了半天，也没人来见他，上街去找，农户看见他就绕着走。褚时健心生疑问，这是怎么回事儿？他找到了村干部。村干部说："我们这个村子全部被定为反革命了，门都不敢出，哪个敢来见你？"褚时健很吃惊："怎么一个村子全是反革命分子，这不太可能吧？"他一了解才知道，搞"肃反"的工作组认为，既然一贯道①是反动会道门组织，那么凡是参加了一贯道的人都是反革命分子。小龙潭村的村民的确都参加了一贯道，这个结论就是这么来的。

褚时健听出了问题，农民嘛，总要种地，日子才能过，现在连地都不敢种了，还怎么活？褚时健根据自己的工作经验判断，一个村的人都是反革命分子，这在现实中不可能，如果把一个村的人都定为反革命分子，那就是把敌我矛盾扩大化了，这个评判标准肯定有问题。他急忙到县里反映，提出了自己的意见。县里领导很重视这个意见，派县公安局的同志和他一起下去，重新甄别。最后，只有一贯道的坛主被定为反动会道门头目。这样一来，群众才敢接触工作队干部，开始了春耕秋收。

"我们这些工作完成得不错，关键是什么？就是实事求是，不搞一刀切。还是那句话：办事情要讲情理。每一个过程、每一个时期，共产党的政策观念都应该是团结多数、孤立少数。如果说多数人都是我们的对头，那就要怀疑我们自己了。"

当时，有发现问题的眼光，而且还敢讲出来，并且有能力去解决问题的年轻干部可算是凤毛麟角。县里的领导认为，小褚是个朴实肯干、工作能力强、办法多的好苗子。就在这段时间，参加革命已经五个年头的褚时健，加入了中国共产党。

1953年，褚时健被组织上送进云南省党校学习，再一次走进了课堂。

如果没有1957年那场运动，时光造就的大概会是领导干部褚时健，而不是一个全国闻名的企业家褚时健了。很多年之后，当人们开始反思所经历的一切，开始从人性的角度解析人的命运时，有人这么评价他：这是一个悲剧人物，因为他有成为悲剧人物的性格特征，性格即命运。

---

① 一贯道，起源于明清时期，属于五教合一的多神教，也是中华人民共和国成立前在全国范围内流传最广、势力最大、活动最为猖獗、危害非常严重的反动会道门组织。1950年在中国大陆被铲除，其在台湾的分支到21世纪初已发展成一个宗教信仰组织。

"不适合"谈恋爱

褚时健像上了发条一样地工作，以至回忆起当年，脑中浮现的除了工作还是工作。他说："1954年至1958年，在玉溪蹲机关，先在地委宣传部管过人事，后又在行署当过人事科长。这些工作都是与人打交道，我一直认为自己善于和别人相处，也是在这个时候，开始感到和人打交道的不容易。"

在褚时健看来，蹲机关是件难受的事，因为接触基层少了。实际上，那个时候所谓的蹲机关，并没有办公室里一杯茶一份报的清闲，真在机关大院里的时间很少。几年间，褚时健担任过多次工作组组长，在玉溪所属的各县区间奔波。

翻看那时褚时健的照片，精悍瘦削，一双鹰目，一对剑眉，显得英气勃勃，这样的年轻人怎么会不谈恋爱呢？实际上，20世纪50年代初轰轰烈烈的时代大背景中，也有温馨浪漫的空间。那时，年轻人穿布拉吉①、跳交谊舞、唱苏联歌，这样的氛围足以催生绚烂的爱情花朵。精神生活的丰富和物质条件的匮乏并存之际，反而使得爱情更为纯粹，这一点，从那个时期过来的人都有体会。

这段时间，褚时健身边出现过两个姑娘，是不是爱情，褚时健说不清楚。他就是这样的人，既不善于捕捉自己细腻的情感，又不长于发现别人情绪的变化，更不习惯细腻温柔地去表达。因此，他认为自己"不适合"谈恋爱。

遇见人生伴侣——马静芬

1954年，在呈贡县当教改工作队队长时，他又遇到了一个姑娘。他们的相

---

① 布拉吉，俄语"连衣裙"的译音。

少女时期的马静芬与姐妹们

识一点儿都没有浪漫色彩。

听取县文教局的汇报时，"马静芬"这个名字引起了他的注意。这是县中心小学的一名女教师，在汇报中被当成了不听话、不服从管理、无组织无纪律、自由散漫的典型。

果真，工作组进校的时候，中心小学的所有教职员工悉数到场，这个"马静芬"缺席了。她请假到昆明看病，没有在规定的时间归队，理由很简单：玩去了。

褚时健见到马静芬的时候，这个梳着两条长辫子的姑娘，根本没把黑不溜秋的工作队队长放在眼里。马静芬是从边防局下到地方的，她身上有着明显的洋学生味道，当时称为"小布尔乔亚"，现在叫"小资"。

褚时健没有接触过这样的姑娘。以他的工作经验，一个从部队转业的同志不应该无视组织纪律呀，莫非有其他原因？他没有贸然攻破这个"堡垒"，而是采取了侦查摸底的方法。每天政治学习的时候，他都到马静芬所在的组里，不出声，坐两个小时就走。这个过程中，褚时健对马静芬有了进一步的了解。马静芬出身于富裕人家，父亲是银行的高管，原先在武汉，后来回到家乡，在昆明兴文银行当襄理①。马静芬中专毕业后参了军，从部队转业后，分配到县里当了小学老师。这样的背景造就了她率真、调皮、敢说敢做的个性，当然还有工农干部身上没有的自视清高和骄、娇二气。

---

① 襄理，旧时规模较大的银行或企业中协助经理主持业务的人，地位次于协理。襄，协助，帮助。

褚时健决定找马静芬谈话，说是让她来汇报工作，实际上是想听听马静芬的想法。他想知道，这么一个见过大世面的同志，为什么要故意做违反组织纪律的事情。

起先，心中抵触的马静芬直视着年轻的队长，她觉得队长一定认定她是落后分子，想教训她。可从褚时健的眼里，她看到的是真诚的关怀，马静芬的眼泪不由自主地流了下来。原来，从部队下来后，马静芬对地方领导的一些作风有看法，她既看不惯一些同志巴结领导、溜须拍马的风气，也看不惯有的领导任人唯亲、自以为是的作风。任性而敏感的马静芬，不知道该如何表达自己对不良风气的鄙夷，于是选择了用不合作的方式表达不满。那天两人具体谈了些什么，双方都没有对笔者详说。只是从那天起，马静芬改变了态度，很快就成了教改的积极分子。

成家：一样的婚姻，不一样的生活

褚时健发现马静芬见解独到、工作能力强的特点后，干脆把她抽调到了工作队，在通海、元江等县参加文教改革工作。褚时健没有看错，不久，马静芬的工作就显出了成效，全区的工作队员都集中观摩了她的工作方法，马静芬当上了工作组组长。

褚时健被这个美丽、活泼、聪慧的姑娘全身散发出来的浪漫气息吸引和打动了。不解风情的褚时健，有了心动的感觉。不过，他没有往更深处想，他觉得自己的条件不好，属于家庭负担重的人。母亲死后，长兄如父，他义无反顾地挑起了抚养弟妹的担子。当时是供给制，干部的收入很低，自己这么做算是理所当然，可别人呢？也愿意承担抚养、照顾弟妹的责任吗？

说实话，这是两个从生活背景到人生经历完全不同的人。褚时健干练粗犷，有着山和水的深沉和宽广；马静芬聪慧敏锐，有着花和草的浪漫与敏感。

和褚时健不修边幅、土得掉渣的生活习惯不同，马静芬喜欢雅致舒适的生活氛围。从他们家保存的老照片可以看出，花季年华的马静芬穿着裙子，扎着辫子，辫子上还系着蝴蝶结。每张照片都被她精心地贴在黑色的册页上，每一页都画有花花草草的点缀。也许这所有的不同正是互相吸引的力量，褚时健把自己的心动藏在心中，没有急切地表达。对于能不能跨过这些不同走到一起，褚时健没有刻意努力，一切随心。

他们的故事和那个年代许许多多年轻人的经历没有什么两样。年轻英俊的队长经常到马静芬所在的工作组检查，见面就谈工作，除此之外没有别的话题。马静芬已经习惯了这种谈话，这个有着宽阔肩膀的男人，他丰富的人生阅历和工作经验让她感到信任和依赖。

不过，在通海时的一次谈话让一切都不一样了。

谈话是在一间简陋的办公室兼宿舍的房子里进行的，室内只有一张桌子和一张小床。褚时健坐在桌子的一头，另一头坐着马静芬。褚时健低沉的声音有些发干，他抓起桌上的杯子喝了一口水。马静芬低着头，眼睛正巧看到褚时健的手，他的手指短而粗，显得厚重而敦实，只是指甲盖好像很短，和别人的有些不一样。除了这个发现外，褚时健好像还有些不一样，想到这儿，马静芬突然有些发慌了。

"小马，你觉得我这个人怎么样……"

"这是什么意思，难道……"马静芬的脑子一下蒙了，她甚至听不清褚时健接下来的话，心跳得怦怦响。

1991年3月23日，马静芬平静地回忆："谈过话后我吓哭了，我不知道该怎么回答，当时我还没有谈过恋爱，连想都没想过这些事。"

半年后，工作队完成了任务，两人的关系水到渠成，马静芬留在了玉溪。

1955年，褚时健和马静芬在地委举行了简单的婚礼。

婚后第三天，褚时健没有回家，这让新婚的马静芬十分疑惑，他去了哪

在地委工作的褚时健一家

里，为什么不告诉自己？她很希望丈夫能给自己一个解释。谁知道，褚时健在她的再三追问下，只说了五个字："到峨山出差。"

一种和马静芬向往的完全不一样的婚后生活就此开始。一年后，他们的女儿褚映群出生了。

疑惑："脱轨"的前兆

没从那个年代走过的人，无法想象当时的环境。运动一个接着一个，人们来不及停下来回头看看自己的脚印；整顿一次接着一次，人们进入一种集体的无意识，完全不需要个人头脑来思考。

如果你心无旁骛，当一头埋头拉车的老黄牛，可能就平安无事。而如果你想对过往进行一下反思，对事情问个"为什么"，就可能脱离轨道。当时的组织部门大概有这样一种认识：服从，代表了一种忠诚，而忠诚是一个干部必备的品质。

褚时健不是思想者，但他是个实干者，他时时会进行质疑，这种质疑源于生活，属于本能。1950年的"征粮"、1952年的"土改"、1953年的"肃反"，他提出的意见有幸被采纳，这让他颇为自得，他认为上级组织是能听取意见、纠正错误的。他并不清楚这种出于本能、出于经验的质疑，会把自己引到什么路上。

1957年，轰轰烈烈的"反右"斗争开始了。

这场运动，风一般刮遍了全国，在云南玉溪这个不大的城市里，风力丝毫没有减弱。29岁的褚时健当上了玉溪地区政法口"反右"领导小组副组长，担任组长的是当时的行署秘书长王瑞亭。

玉溪政法口有六百多名干部，各单位的名单报上来一统计，"右派"有160人。这个比例让褚时健大伤脑筋。"反右"的指导性文件上有个公式：社会上的中间派是大多数，左派占人口的20%左右，"右派"大约占不到10%。实际上，当时的中国大地，恐怕没有一个单位、一个地区是按这样的比例来划定"右派"的。仅仅几个月，原先响应党的号召给党提意见的人，坐实了自己反党的证据，统统成了反党反社会主义的"右派分子"，挨整的人和整人的人都不清楚自己是怎么走到这一步的，也不知道下一步会怎样。这一场波及全民的运动终于教会了人们：没有什么该说不该说，你要想保全自己，就什么都别说。

褚时健眼瞅着自己的同事、朋友、战友一夜间成了"右派"，实在有些触目惊心。

他在向地委领导汇报的时候提出了这样的问题："我们的比例是不是太高了？已经有24%了。"

领导说："有些单位报的高达25%，我们这个比例应该不算最高。"

"可毛主席说的只占5%—10%。"

"小褚，你年纪还轻，还要好好领会一下，这个文章后面还有五个字'而情况不同'。这五个字是很关键的。"

见褚时健仍不开窍，领导不耐烦了："好，依你说的，24%多了点儿，你去和王瑞亭商量，把比例降下来。"

组长王瑞亭和副组长褚时健研究来研究去，把他们认为明显不反党的人从名单中挑了出来，最终送出了一份八十多人的"右派分子"名单。

山雨欲来风满楼：不祥的预感

名单是送走了，褚时健心头的疑虑却更重了。他没有也不敢质疑党的政策，只是从自己的良心上迈不过这个坎儿。那些参加革命多年的老干部，投身党的怀抱的知识分子，他们说的那些话，真的有那么严重吗？他们的主观意图，真的是要反对自己的党吗？他的心头压上了一块石头。

1958年开春，名单上的这八十多人被卡车送到了位于元江河谷的红光农场劳动改造。

"反右"斗争告一段落，脚跟脚的，另一个全民运动"大跃进"开始了，要想形容它，只能又一次用"轰轰烈烈"四个字。

7月，褚时健"反右"领导小组副组长的职位被解除了，他的新任务是"大炼钢铁"，种"试验田"。既然是全民动员，玉溪地委会不能落后，也种了7亩冬季稻试验田，由负责人事的地委副书记和褚时健负责。

给这7亩地定产量时，褚时健综合了土地的肥、水、种、耕诸因素，一咬牙，报了个3000斤的指标。办公室主任一看，皱起了眉头："小褚，你咋个不想想，报纸上人家都搞10000斤，我们3000斤怎么行得通？"

褚时健说："种地我是内行，一亩地能产多少，我心里有数。我们玉溪海拔一千多米，冬季不种稻子，平常年景，一亩地也就八九百斤，我报3000斤都是冒险了。"

主任还是摇头："跃进，什么叫跃进？我明白，10000斤绝对是吹牛，能不能报个5000斤？我们搞的是试验田。"

5000斤的目标是报上去了，但它的结果如何，两人心知肚明。冬天气温低，稻子连穗儿都长不出来。褚时健看着自己的地，实在想不清楚，人家的一亩地几万斤是怎么搞出来的。他记得报纸上的文章名叫《人有多大胆，地有多高产》，还配发了照片。

褚时健说："从这个时候起，我开始真正有自己的看法了，干任何事情都有规律，要讲道理，不按规律乱来，是要出问题的。"

山雨欲来风满楼，褚时健有了一种不祥的预感。

后院灭火，前厅失火

马静芬这时在玉溪大庄街小学当老师，虽说到玉溪城只有十里地，但两人都忙，见面的时间并不多。孩子这时已经一岁多了，由外婆带着住在城里。

马静芬一个人住在乡下的学校，白天忙忙叨叨顾不上想自己的事，可到了夜里，她感到深深的寂寞。细细想来，结婚已经三年了，两口子几乎没有过面对面谈心的时候。褚时健总是在忙，回到家里，反倒很少说话。开朗活泼的马静芬，在褚时健这里碰撞不出火花，很多时候，他就像一块岩石，没有情感的岩石。

结婚后的点滴小事，就像电影一样从她眼前一幕幕闪过：

怀孕的时候，她的反应比一般人强烈，吐得什么东西都吃不下。一天中午，她下班回来，看见门口有卖鱼的小贩，回家告诉褚时健说："你去买点儿鱼，我想吃鱼煮萝卜丝汤。"正在午休的褚时健翻了个身，说："吃哪样吃？现在大家都吃食堂，你咋个吃不得？"她的眼泪当时就涌了出来，可气的是，褚时健浑然不知，接着睡自己的觉。

再有，自己工作上碰到困难受了委屈，和他讲讲，可他对妻子的絮絮叨叨毫无兴趣。

女儿这么大了，他连抱都很少抱，更别说带着全家去哪里玩玩……

马静芬越想越觉得褚时健骨子里就缺少温情，她开始怀疑，自己找一个农民的儿子，对吗？

说起来，她的质疑也有些道理。褚时健在情感上是个粗线条的人，他很少从女人的角度考虑问题。他从来不知道，一个女人，身体不好，带着孩子，工作遇到难处，会多么渴求丈夫的关爱。直到有一天，他接到妻子的来信，马静芬信中写道："我的入党转正被停止了，我成了落后分子，为了不耽误你，从此以后，你走你的阳关道，我过我的独木桥……"

褚时健不敢相信自己的眼睛，他从来没有想到妻子会在入党问题上碰到难关，也没想过夫妻为了这样的问题选择分手。这封信让他明白，他忽视自己的妻子太久了，而他的妻子现在需要他。

他立刻放下了手头的工作，直奔大庄，和马静芬进行了一次长谈。

长谈涉及了什么，褚时健没有透露，但肯定没有马静芬需要的温情。因为直到1991年3月23日的采访中，马静芬还明确地表示："到目前为止，我都不懂他的情感世界。"

他们的女儿褚映群很清楚，她有一个情感线条太粗的父亲和一个细腻敏感的母亲。她说，她从很小的时候就学会了观察和理解。

不管有没有温情，褚时健家的后院之火总算扑灭了。可在他前面，一次酝酿已久的大火几乎将他吞没。

"列车"脱轨：最后的"右派"

1958年12月，在全国"反右"斗争已近尾声时，褚时健被宣布为"右派分子"。褚时健记得，当时县团级干部属省上管，他的"右派"通知是从省里发出的。

一列高速行驶的列车突然一个急刹车，最可能的结果是脱轨。褚时健脱离"轨道"的日子到了。

他火速赶往大庄，交给妻子一个几百元存款的存折，告诉她："这是你和映群今后的生活费，一定要收好。"

马静芬从丈夫铁青的脸上看出了问题的严重性，可她不清楚到底出了什么事。她央求他："到底出了什么事？你告诉我。"

褚时健说："我可能会离开一段时间，你们母女两个要好好过。"

褚时健匆匆告别了妻女。他还要和一个人告别，那就是他走上革命道路的引路人——堂兄褚时俊。

他赶到昆明，见到在省电力局工作的堂兄。

褚时俊听到这个消息无比震惊："你不是'反右'领导小组的吗？到底为什么？"

为什么？褚时健也在问自己。在被正式宣布为"右派"之前，他的处境已经发生了变化，他不可能没想过。但这个疑问，只有自己琢磨，没有人会告诉他。那时候，人与人不能敞开心扉，人对人不能毫不设防，别人帮不了你，就像你无法帮别人。但这天晚上，对着自己的堂哥，褚时健终于可以把心里话说出来了。

褚时健分析，自己"中枪"最直接的原因，肯定是那个"右派分子"百分比。别的单位那么高，怎么你们搞的反倒降低了呢，这不是同情"右派"是什么？

听着堂弟的话，褚时俊心头一阵阵发凉。这个搞学生运动时参加革命队伍的知识分子，对现实社会正在发生的事情并不了解。

褚时健说："我堂哥从小生活条件优裕，后来一直在大城市工作，又是技术型的干部，各种运动都没受过什么冲击，对底层社会的了解并不多。我跟他讲的事情，让他很吃惊。他劝我，说党的政策肯定是好的，只是执行的人出现了偏差，这种情况可能是个别的，要想开些。他还要我相信党，一定会解决这些问题。"

那一夜，兄弟俩没有睡觉。褚时健说："我们两个一夜到天亮都在说话，第二天，我就到元江了。我们兄弟中，我和他的关系最好。他有才华、能力强、能说能干。我当'右派'的时候，他才三十几岁，已经是电力局局长的后备人选了。但他实践经验不如我，不了解党的运动。记得当时我和他谈起'清匪反霸''减租退押'时，他认为，共产党的胜利，就在于发动广大群众参加人民战争。我告诉他，我在实际斗争中的体会是，人民战争要人民自愿，人民得了利益，才有积极性，才会永远跟着共产党走。"

褚时健走了，带着堂兄的嘱托，踏上一条未知的漫漫长路。

他们谁都没有想到，仅仅半年之后，一顶后补的"右派"的帽子落到了褚时俊头上。他被解除职务，下放到阳宗海发电厂。

"他小时候没吃过苦，身体不如我结实。下面太艰苦，没有粮食吃，他得了肝炎，没有营养又没有药治，不到半年就死了，死的时候还不到36岁。"

这是褚家出来闹革命的五兄弟中第四个倒下的。之前堂弟褚时杰早在部队进藏的途中就牺牲了。

几十年后，褚时健语气平淡地说："这下，我们几兄弟就单剩下我一个了。"

第四章　山中岁月

　　"这么多年，有人消沉了，有人说浪费了，不是有句话叫'蹉跎岁月'吗？我不那么想。我觉得，经历对每一个人都是一笔财富。但一个被经历的苦难压倒的人，是无法得到这笔财富的。任何时候，我都想干事情，成绩算谁的我不在乎。我觉得，人在任何时候精神都不能垮，在任何情况下，都应该有所作为，这是对自己负责任。人不光要承受苦难，还要有战胜苦难的能力。"

哀牢山，一座位于中国云南省中部的山脉。哀牢山是云岭南延支脉，地势险峻，山高谷深。海拔在3000米与600米之间变化，形成了一种寒温带和亚热带交叉的立体气候。

1959年元旦，褚时健带着行李，来到位于哀牢山中的元江红光农场。这时，全国的"反右"斗争已经画上了句号。

红光农场的艰苦时光

一到农场，褚时健就遇到了原先的老熟人。见到他，这位过去的学校校长很吃惊："小褚，你怎么也来了……"

褚时健无语。其实，从头一年送走那80个"右派"后，他心里就没有踏实过，他一直搞不明白，"右派"的标准到底是什么。

红光农场是专门接收省级机关和各地区机关"右派分子"及"下放干部"的劳改农场，第一批"右派"就是它的建造者。这样的农场当时在全国各地都有，比如后来成为"云南红"红酒基地的弥勒红星农场。这些农场有一个共同特点：名字光鲜，但条件都异常艰苦。元江属干热河谷地区，是有名的"火炉"，气温常年在40摄氏度上下。因此，红光农场可以算是当时云南最艰苦的劳改农场之一。

褚时健被分配到了红桥一队，住在一个四面透光的工棚里。报到没几天，褚时健就病倒了。他得了种怪病，全身瘫软，手脚无力，坐不起来也站不住，只能在床上躺着。谁知这一躺，七八天都不能起床。别人都忙着出工，他初来乍到，躺在床上没人管。鼻血不断淌，他连擦的力气都没有，就由它淌，淌到嘴里，满了就咽下去。

昏迷中，褚时健感到死神的临近。他没有想到，自己刚到农场，就要在这破屋里死去，心中不甘，可又无能为力。

命运偏偏制造了这样的巧合。当年，在甄别反革命的时候，被褚时健"解救"的一个原定为"美蒋特务"的医生罗载兴，已经先他一步到了红光农场，就在场部当医生。那天正巧罗载兴到一队来巡诊，听傣族农民说有一个新来的"右派"快死了，赶忙到工棚里看看。就是这一看，救了褚时健。罗载兴一看就明白，褚时健得了严重的疟疾。他用自己保存多年的奎宁治好了褚时健，报答了当年的"救命之恩"。

其实，褚时健到农场后不久，农场就得到了玉溪地委的通知，褚时健属于错划的"右派"，可以当犯错误的下放干部看待。但在那个时候，没有人会去纠正这样的"错误"。农场从未对褚时健提起过这个通知，也没有因为这个通知对他网开一面。褚时健是在二十年后，才知道了当初的一纸通知。因此，他这个最后的"右派"，才有了哀牢山中的二十年岁月。

"找他去"：一家人在一起

和褚时健的遭遇相比，马静芬一点儿也不轻松。

褚时健走后，马静芬所在单位的领导找她谈话："你身体不好，先回昆明去休养一段时间吧。"马静芬疑惑地问："那么以后呢？"

"以后，以后也不用来了。"

马静芬怎么敢休养呢，丈夫去了劳改农场，这个家交给了自己，这份工作就是她和女儿的生活来源。她苦苦要求："我需要工作，我不养病。"可领导的意思很明确，你现在是"右派"家属，你没有提要求的权利了。

马静芬回到了昆明。没有了生活来源，褚时健留下的几百元钱花不了多长时间。她到处找工作，落脚在了一个街道的编织组。编织组计件拿收入，织一支毛线有3毛钱手工费。一个人一天最多织三支线，交了管理费，每天能挣几毛钱，满打满算，一个月有八九元收入。褚时健在农场，每月有22.8元的生活费，扣除7元伙食费，留三四元零花，剩下的全部寄给她。马静芬就用这点儿钱安排女儿、母亲和自己的生活。后来，她好不容易托人找到了一份像样点儿的工作，在毛巾厂当收发。可没干多久，她就发现有人投来了异样的目光。一个年轻的女人，带着一个三岁的孩子，还有一顶"右派"家属的"帽子"，她感到心里异常沉重。

"找他去，既然是他的妻子，就和他一起面对，不管怎样，一家人可以在一起。"她写信给褚时健，要带着孩子到元江，和他一起生活。

褚时健在离队部三四里外的半山上种地、烤酒、榨糖，借住在傣族农民的土屋里。他无法想象，妻子在这样的地方怎么生活。他劝马静芬不要来，理由很简单："条件太差了，天气又热，你过不惯。"马静芬回答："不管有多苦，一家人能在一起，我愿意。而且那里都是'右派'，好歹没人歧视。"

1960年，马静芬带着女儿投奔褚时健来了。她怎么也没想到，褚时健还没有资格和家属同住。他只能搬着铺盖卷回到山下的工棚，把马静芬和女儿留在了半山。农场不养闲人，马静芬既然来到农场，就是农场的员工，农场每月给她12元工资，要她喂养四十多头猪。当猪倌，这是马静芬这个在他人眼中是纤弱敏感的资产阶级小姐从来没有想过的。

马静芬牢牢记住了这样几件事：

一天，褚时健到队里开会，没有上山来，她哄着孩子睡觉，相伴的是盏昏黄的油灯。突然，一样东西"啪"地打在蚊帐上。拨开帐子，她看见一条锄把儿粗的花蛇，盘栖在屋顶木檩上。她吓个半死，心头打战，欲逃无路，怔怔地紧抱孩子坐在床上，直等到丈夫天亮回来。谁知道他回来一听，说："不怕，等它吃老鼠，明天再说。"

又有一次，褚时健进山砍竹子，一走一个星期。正值雨季，天漏了一般淅淅沥沥地雨下个不停。破屋不耐连天雨，地上到处流淌着小河，屋里屋外一样湿。下山打饭要走一大段山路，抱着孩子寸步难行。马静芬让女儿待在家里等，可孩子害怕，死死抱着妈妈的腿。她一巴掌甩过去，女儿的鼻子里流出的是血，母亲心头流出的是痛。

半夜，要到碾坊关闸停水。他不在，这就成了她的事。夜黑黑的，山风带着啸音缠绕林中。马静芬硬着头皮提着马灯摸到碾坊关闸，每次都吓出一身冷汗。

大饥荒：怎么活下去

马静芬记忆深刻的这几件事，褚时健早就没有印象了。他脑子里最重要的事情，是怎么活下去。当时，饿死人已经不是稀罕事儿了。中国由"大跃进"转到了大饥荒，史称"三年自然灾害"，全国多地发生了饿死人的现象，得水肿病的人更不知有多少。褚时俊就是在这样的时刻，走到了生命的尽头。红光农场也不能幸免，1960年，全场职工吃了半年稀饭，很多人得了水肿，大人孩子都处在饥饿状态。

"妻子孩子都来了，我不能让她们饿死。"褚时健时时刻刻提醒着自己。他细细盘算，自己一个月工资22.8元，妻子12元，两个人是34.8元，三个人吃饭，每人每月8元的伙食费，总共24元，还剩下10.8元，要包括其他一切花销，生活起来很紧张。但是一家人能在一起，他觉得自己比别人还是幸运些。他知道，妻子执意从昆明跑过来当山民，是怕他一个人挺不过去。既然来了，他就有责任让妻子孩子过得好点儿。

褚时健的屋子在半山坡，沿小路下山，百米开外就是红河，每天出工都要经过。望着滔滔江水，褚时健常常想起故乡的那条江。

一天，褚时健翻腾自己带下来的破木箱，不知怎的，从一堆破烂中翻出了十多个钓钩，这是当年在玉溪钓鱼时留下的。他如获至宝，连声说："天无绝人之路，有这个我就不发愁了。"

有钩没有线，他把线衣拆了一件，两口子一起扭线。天黑后，褚时健到江边去下钓钩，第二天天刚亮，他就跑去看看战果，好家伙，钩住了四五条长长的鱼。褚时健对妻子说："这个买卖好整嘛！拿得来鱼，我们就有了一条出路。"

此后，他差不多天天去钓鱼。晚上下钩，天不亮就取回鱼养在小水沟里，傍晚煮鱼汤喝。他说："那个时候，人要干很重的活计，只有稀饭充饥，那么多人得水肿病，我们家一个都没有得，想想真要感谢鱼呢。"

农场的"右派"和劳改犯不一样，工作范围划定了，节假日可以到县城里去走走，买东西，赶集。

褚映群这孩子在苦难中长大，懂事，从不对父母提什么要求，只有元江城里那两毛钱一杯的甜水，是她进城一趟唯一想着的东西。褚时健的预算里，每次都留两毛，这也是他唯一能给女儿的。

有一次到县城，碰上卖三块五一斤的高级糖。所谓高级糖，就是有糖纸包着的奶糖。这在当时的小县城里是个稀罕物，买糖的队伍排了很长。映群再也走不动了，眼睛直直地看着那些糖块。

褚时健告诉女儿："那个糖有什么好，粘在牙齿上揪都揪不断。"

可映群就是不肯走。两口子商量了半天，一咬牙排上了队。就在队伍里，两人还在犹豫，褚时健对妻子说："这要喝两毛一次的甜水可以喝多少次呀。"马静芬看看女儿那渴望的眼神，不忍从队伍里出来。最后，两口子下了狠心，给女儿买了一次糖，这是褚映群那些年得到的"最高级的礼物"。

家人：巨大能量的原动力

在劳改农场，最主要的事情就是干活儿。当时农场的一千多名"右派"，都幻想能用自己的劳动，换取早日"摘帽"的资格，褚时健也不例外。正是抱着这样的幻想，他一个人干几样工作，顶好几个劳力。

1960年，元江碰上了百年不遇的洪水，从上游林区冲下来的泥沙中，裹挟着许多原木。这些木头最长的有十多米，直径大约三四十厘米。褚时健领着他的组员来到江边，他打算下水捞木头。这时的元江水面比平时宽了十多米，湍急的水流打着漩儿，溅起的波浪都是红色的，水声大得说话都听不见。远远看去，峡谷里的江流就像一条翻腾的红龙。大家伙儿都被暴怒的江流惊呆了。在这种江水里捞木头，这想法实在太疯狂了。

可褚时健太想要这些木头了，副业组烤酒、榨糖、搭工棚都需要木材。他深信自己的水性，他让别人在江边接应，自己一人下到江里。从上午九、十点钟一直到下午，连午饭都没有吃，褚时健拖出了十多根原木，累得头晕眼花。

"一直到下午四点，又饿又累，我已经上岸了。这个时候，一根大木头漂了下来，有十来米长，四五十厘米粗。我告诉我们副业组的两个人，我下去拖出这根就走。我推着木头向江边游，离岸还有20多米的时候，我发现不好了，江水开始打漩儿，我当时全身的力气消耗完了，只有放弃木头了，心想快点儿游出来。"可是这时，褚时健已经被木头带进了漩涡。江边人们的呼喊，他已经听不见了。褚时健说："人哪，有时候家庭情感会产生巨大的力量，我看着出不来了，脑子里浮现出她们两个。我最过意不去的事情，就是把她们丢在这儿，我死了不要紧，她们今后日子怎么过？一想到这个，我突然有力量了，水流刚把我冲到一块岩石上，我一把抓住了石头，水头就折过去了。如果没有这一秒的灵光一现，我肯定出不来了。"

半个小时后，褚时健才摇摇晃晃地从滩上爬了起来。这一幕，他没有告诉自己的妻子。他说："我这一生，好几次遇着要死的坎儿，最后关头，还是对家人的牵挂让我选择了生。"

有些人喜欢承诺，因为有人看重承诺。马静芬说："我从来没有从他那里得到过任何承诺，但我清楚，这个男人是个可靠的人。同样，我也没有给过他什么承诺，我们那个时候的人，不靠这个，就凭相互的信任，托付一生。"

2013年10月19日，褚时健回忆起那些年月，说："我们那个地方环境苦，但景色很美，最困难的三年，就靠我下河钓鱼，靠全家人上山采野菜、挖竹笋，一直坚持到1961年。按人家的说法，这是叫花子养鹦哥——苦中作乐。后来，我们全家到电影院观看电影《天云山传奇》，那晚，全家人都哭了。"

畜牧场副场长：饿肚子的高山牧马人

1961年，褚时健终于等到了"摘帽"的消息。这一年，全国的几十万"右派"中，已有十多万人先后摘了"帽"。

虽然对自己怎么当上的"右派"心存疑问，但褚时健仍然渴望着"摘帽"的这一天。可当这一天到来时，他发现，生活从1958年12月拐了弯之后，再也不可能回到原来的轨道。这是一条单行道，没有回程车。

不过，他的境况还是有了些变化，他被任命为新平县畜牧场副场长。

褚时健一家离开了红光农场，走进了磨盘山中。

磨盘山因山顶平坦，形似磨盘而得名。那是杜鹃花开满山间的时候。大树杜鹃顶着一团团花朵，远观如簇簇燃烧的火把。山顶风大，草场上遍布鹅黄和淡蓝的色彩，整个山谷美不胜收。褚时健和老伴就在这里当牧马人。

现在，如果从新平县到磨盘山，路上可以看到醒目的标牌：磨盘山国家级森林公园。可当年褚时健举家搬迁时，这里人迹罕至，偌大的高山草场，只有畜牧场一个单位。

畜牧场有七十多名员工，养着几百只高加索绵羊，还有荷兰奶牛和二十多匹高加索马。别看草场面积大，但地势高峻，风势凛冽，牧草谈不上丰茂。县里每年给牧场分配40万斤草料，远不够牛羊吃饱。褚时健说："那个时候，人没粮食，饿得瘦条条的，牛羊吃不饱，不起膘，和人一样，没有一点儿多余的脂肪。"他迫切地想改变畜牧场的现状，把周围的沟沟坎坎、大小山头都跑遍了，也没想出好办法。他不明白，条件不具备，凭什么要引进这些遥远地方来的牲畜？

畜牧场几十号人，在如此空茫的山中，几近于无踪无迹。风干物燥，磨盘山年年山火不断，山上大大小小的野生动物也对农场的牛羊形成了威胁。上级给牧场配发了枪支，褚时健扛上枪，巡山成了他的主要工作。

马静芬终于回到了本行，在山村小学当上了教师。这个热爱大自然、钟情花花草草的女人，在生活的重压下，已经丧失了爱美的能力，当年的浪漫情怀被一点点从心中挤出，剩下的只有"活着"，一家人在一起平安地活着。1992年，她担任云南省插花协会会长，一件取名为《欢乐的火把节》的插花作品获得了全国大奖，那是用云南山地满山遍野的火把果为主材设计的。从这件作品中，可以看出磨盘山留在她心中的痕迹。

转战堵岭农场：又一个"烂尾工程"

果然不出褚时健所料，没过多久，这个畜牧场垮了，褚时健一家搬到了新平堵岭农场。这是一个移民农场，安置着当年从玉溪迁来的两千多口人。褚时健到的时候，农场走得只剩下四百多人。又是一个"烂尾工程"，褚时健感慨："当时的政策越来越不讲理了。这些项目为什么搞，能不能搞下去，怎么从来没有人认真想过？"

其实，比乱上项目更可怕的，是这些项目所涉及的人，项目可以一纸命令撤销，人呢？

大时代涌起过多少大风潮，普通人的命运就这么被安排、被遗忘……

农场只能种苞谷，收的赶不上吃的，所谓"三年自然灾害"已经过去，可农场职工仍在闹饥荒，肚子里没有油水，大人孩子走路都发飘。

刚到任的副场长褚时健，面临的又是吃不饱肚子的问题，不过这次不是一家三口，而是整个农场的职工。

"我又找了一条门路，下河摸鱼，上山打麂子。最多的一个月，我给食堂扛回了六只麂子。"

还有一次，褚时健从江里摸上来一条12公斤的胡子鲶，足有两米长。当地的傣族人从没见过这么大的鱼，他们抬着鱼回农场的时候，引来了一路的围观。

最让褚时健得意的是，他一枪撂倒了150米开外的两只麂子。"我一直等到小麂子和大麂子成一条线的时候才开枪，子弹从小麂子的肩胛骨穿过，直接进入大麂子的胸口。"这件事在傣族老乡口中被传成了神话，多年以后还有人记得。

半年，仅仅半年之后，堵岭农场也要搬迁合并了。当时的县委书记叫普朝柱，他后来成了云南省省委书记。他是褚时健参加边纵时的战友，在地委时又是褚时健的上级。合并搬迁的命令是普朝柱宣布的，他征求褚时健的意见，问："老褚，你有什么打算，是跟到漠沙农场还是换个地方？"

从玉溪到元江，再从元江到新平，褚时健的家，可以称得上家徒四壁，一无所有。几只破旧的木箱就装着所有家当，没一样值钱的。他再也不愿拖家带口地打游击了，不为自己想，也得为妻子孩子想想吧，况且女儿褚映群已经到了上学的年龄。他对普朝柱说："农场就算了，能不能帮我安排个固定点儿的工作？"

普朝柱说："县里的曼蚌糖厂缺个副厂长，不过亏损得一塌糊涂，你愿不愿干？"

褚时健毫不犹豫地说："干！"

扭亏为盈：糖厂副厂长创造的奇迹

1963年，褚时健到新平县曼蚌糖厂担任副厂长。

1965年，新平县产业布局调整，曼蚌糖厂关闭，厂里的职工都转到了新厂——戛洒糖厂。

在褚时健的记忆里，它们就是一个厂。褚时健的干部履历表上也写着：1963年—1979年，云南新平县曼蚌糖厂副厂长。

糖厂就在戛洒镇上，有一百多名员工。别看厂子不大，这在地处哀牢山腹地产糖区的新平，也是个数一数二的国企。糖厂靠近山脚，用溪水做动力，榨甘蔗汁熬红糖。糖渣可以用来酿酒，糖和酒是主要产品。

糖和酒，对褚时健来说太熟悉了。他从小在家乡就烤酒，在农场又熬过糖，他觉得，自己来搞这个厂很有"谱气"。当时糖厂并不赚钱，平日里百多号人，榨季加上临时工可达两三百人，一年干到头，反而亏损20万。县里没有钱补贴，都是靠省财政负责平衡。对于一个基本没有工业的特困县，这也成了领导的一块心病。

褚时健的介入，还是从摸清情况开始。他发现，糖厂所用的榨糖工艺是老祖宗传下来的，据说已经有三千年历史。土灶上有从大到小的八口铁锅，最大的直径一米多。烧锅用的是木柴，水磨碾过的甘蔗汁倒进锅里熬。因为怕熬煳了，工人们需要一边烧火一边搅锅，劳动强度非常大。褚时健算了算，出1公斤红糖用12公斤甘蔗，耗燃料5.2斤，100公斤甘蔗只能产糖9公斤，用的燃料却高达近50斤。因为燃料是木柴，用量又大，这么多年下来，厂区附近靠江边的树都被砍光了，只有上山去砍。

褚时健在生产会上提出了自己的观点：搞企业，必须讲效益。具体到一个小糖厂，就要算算一吨甘蔗能出多少糖，它的成本，也就是原料费、燃料费，还有人员、水电、机器磨损等其他费用是多少。现在这种高能耗、低产出的生产方式，怎么可能不亏损？厂里的技术人员提出："我们用这种方式生产了许多年，要想进行技术改造没有资金行不通，厂里年年亏损，哪里来钱搞改造？"褚时健说："最现实的做法就是先从改灶和改燃料入手，花钱少，见效快。"

那段时间，褚时健天天穿着背心短裤泡在灶火边。新平天气热，他成天在火边烤，汗流浃背，全身就没干过，人又长得又黑又瘦，真有点儿钢筋铁骨的味道。糖厂的员工都觉得这个副厂长不同寻常，就凭他肯吃苦的劲头，肯定能搞出名堂来。

糖厂的主打产品是红糖，但糖的质量一直不过关。厂里过去的方法是高温煮、高温蒸发，不是煮过了头颜色太深，就是蒸发后的结晶太硬，打都打不烂。褚时健琢磨出一套方法，把白糖厂生产的基本原理引到红糖厂来，用低温煮、低温蒸发来提高红糖的质量。正是这一改革，促使红糖的一级品率大大提升。

正赶上榨季，厂里的锅炉坏了。大家都不会修，围着锅炉七嘴八舌，可谁也想不出办法。如果进城去请师傅来修，一来一去要耽误好几天。褚时健不吭声，围着锅炉琢磨了两个小时，然后爬进了还带着高温的炉膛。几分钟后，全身冒着热气的褚时健出来了。令人称奇的是，罢工的锅炉好了。这一情景十多年后再次重演，只不过那时的锅炉已经是玉溪卷烟厂的大锅炉了。

当副厂长的第一年，褚时健的改造就见了成效。燃料由木柴改为甘蔗渣，每公斤糖所耗的燃料从5斤2两猛降到了8两，节省燃料80%；糖榨三回，百公斤甘蔗出糖量达到了12公斤；低温蒸发，糖的一级品率从10%一下子飙升到85%。

这一年，糖厂赢利了，不但填平了20万元亏损，还有了8万元的盈利。

这28万元对于新平县财政来说，是件惊天动地的大事。

无尽的创造力：一手抓三样

褚时健的名声传开了，人们对这个"摘帽右派"刮目相看，原先觉得他不像个副厂长的人，这时也跷起了拇指。

糖做好了，褚时健着手攻克造纸的难题。厂里当时有台日生产量两吨的老旧机器，生产人称"草纸"的低端产品。褚时健这个副厂长管生产流程，他提出，把原先四吨的锅炉改成十吨，这样可以提高造纸的水平。这样的事情厂里的人想都没有想过，更何况一个有"案底"的新厂长。一位姓刘的工程师悄悄劝他："老褚，你想过没有，这可是国家财产，你搞好了没有功，但如果失败了，只怕会有杀身之祸。"

其实，当时褚时健这个副厂长的任命并没有宣布。原因很简单："摘帽右派"。褚时健带点儿调侃地说过："'右派'帽子给你摘了，拿来挂在墙上。什么时候运动来了，把它拿下来给你戴，你就得戴上，就像孙悟空头上的金箍。"他是个明白人，完全知道失败可能带来的后果，可他的回答只有四个字："我有谱气。"

马静芬这时候也调到了厂里，负责检验和化验。褚时健回忆："我们两个人这一段成了搭档，她进入状态很快，也善于发现问题。很快，我们就做出了纸，而且是办公用纸。纸样送到了省轻工厅，轻工厅的人说：'你们那种烂机器可以做这种纸？是不是拿别人的产品冒充的？'我说：'你不信，你可以瞧瞧去。'"不光分管的技术干部不信，就连厅里的领导也不相信。

不久，轻工厅果真派来一位副厅长。他亲眼看到纸从机器上拉下来，笑着说："我相信了，谁说小厂不能创造奇迹？"

糖和纸的生产上了台阶，褚时健开始了他的另一种改变，这就是职工福利。褚时健说："那个时候我就摸索怎样把国家和个人利益结合起来，只是这种话当时不敢讲。工资那么低，又不准发奖金，职工的生活很艰苦。我说，别的做不了，我们可以改善生活。别总喊口号唱高调，如果生产搞好了，职工一点儿好处都得不到，他的干劲从何而来？"

褚时健提出，制糖的下脚料，那些黑黑的东西，其实还含有很多糖分和营养，完全可以当饲料。副业组按他的想法搞了两三百吨，一吨喂一头猪，结果厂里的三百多头猪都养得胖乎乎的。同时，褚时健组织了几个职工，重新开挖江边被水冲毁的荒地，搬开上面十几厘米厚的石头，把底下的好土翻过来，翻出了十几亩菜地。当地人过去不种菜，认为热地方长不出好菜。副业组这十几亩地让人开了眼，种的番茄、辣椒、青菜、白菜都长得很好。副业上去了，食堂就有了起色。过去厂里的员工食堂一个月吃不上一次肉，现在每星期吃一次，一家只要出五毛钱，就可以用浇菜的那种大铝瓢，打满满一瓢肉。两年后，肉可以敞开吃，一个月7元生活费，可以吃到五六公斤肉。员工的生活改善了，收入增加了，干劲也大了。

"当时新平县江岸两边有很多集体单位，就数糖厂的职工食堂办得最受欢迎。"

就在褚时健的改革实践初见成效时，"文化大革命"到来了。

新平地方小，但大地方闹什么病，这地方也哆嗦。其他地方的"摘帽右派"，但凡来个运动，就被揪出来斗几回，很多人都反复经历过。"文化大革命"一来，不光"右派"，就连当时的革命干部都成了批斗对象。糖厂有点儿例外，不管外面怎样轰轰烈烈地闹，厂里相对要平静许多，褚时健基本上没挨过批斗。

褚时健对此很知足，他称这是"大潮流中的小天地"。当然，想整人的人什么时候都有，想干事就有风险。褚时健这片相对平静的小天地，是他自己创造的。为什么？因为他改变了工厂的经营状况，改善了职工的生活，糖厂年年赢利，职工福利在新平算是第一，把他整下去容易，要做到这两点却很难，这样整他的人就有了顾虑。

褚时健说："我们这套低成本、高质量的生产周转，别的人都做不到，所以哪一派斗胜了上来，他就得找我。写个大字报，会上点你的名，别计较。喊你靠边你就靠，过两年风水转了，还要来找你的。虽然这个'文化大革命'真的是很多人都被斗，有些还被斗得很惨，我却没有被斗过。"

当时有个口号叫"抓革命、促生产"，造反派们甚至对褚时健表示："我们在前边抓革命，你在后边把我们厂的生产搞好，这样我们不会被抓辫子。"

有了这样的环境，褚时健得以安心搞企业，很少在批斗会上露面。他对一些同样境遇的"走资派""摘帽右派"说："写个大字报，会上点你的名，别计较。喊你靠边你就靠，过两年风水转了，还要来找你的。生闷气不解决问题，我的心态是把事情做好。"

就在这个小糖厂，褚时健实现了搞企业的梦想，也看清了自己拥有的无尽创造力。

褚时健自豪地说："我们搞了三个品种——糖、酒、纸，三种产品都搞出了名堂。不是我有什么神奇之手，而是善于学习，从小就这样。我所到的地方，一路的记录都是一两年就有起色。我一直有个意识，人活着就要干事情，干事情就要干好。干得好不好，有三个标准：第一个，把事情做好，事情做好的关键是利润要增长；第二个，做事情，钱花多了也不行，那些年我们是帮国家搞企业，帮国家搞就要替国家算账；第三个，干事情就要对大家都有利。可以说，新平的实践为我后来管理玉溪卷烟厂打下了基础。"

追忆哀牢山：承受苦难和战胜苦难的能力

"在元江、曼蚌，一直到戛洒这20年，差不多占了我一生的一大段时间。"

就在这段时间，儿子褚一斌出生了，褚时健有了一个美满的四口之家。

褚一斌有幸在昆明出生，可他出生没几天，褚时健牵挂厂里的生产，催促马静芬回新平。褚时健的话就是命令，马静芬抱着儿子，和丈夫一起坐了三天汽车，回到了新平。不巧正赶上修路，车堵在漠沙江边等渡轮，一等几个小时。

褚时健归心似箭，不耐烦了，他说："不等了，我们走回去。"

一听这话，马静芬眼泪流了下来。还有十几里路，抱着出生没几天的孩子，怎么走？褚时健对妻子的眼泪有些无奈："在农村，女人路上生完孩子抱着就回家，哪有那么复杂？"

当年谈起这些事，说一次两口子就吵一次，为了这，马静芬不知哭了多少回。当光阴把记忆压成碎片后，她终于能够平静地回忆往事了。

"我这一生，大小产一共有五次。我的身体不好，每一次的反应都让人死去活来。生映群时，他来医院守过，以后就不来了。有一次我动大手术，他干他的工作，没来。手术完了，他到病房看了看，给我倒了杯水就走了。

"在磨盘山时，我在山区小学教书，映群每天跟我到学校。有一次，晚上下班遇上瓢泼大雨，我们两个在山路上走，全身搞得和泥人一样，回到家连裤带都是湿的，他都没想起来接我们一下。

"那段时间我流过一次产，他没时间管我，十几里山路，我一个人走去做手术，中间还要蹚水过一条河。我觉得他是身体太好了，体会不到我这种老病号的难处。

"你别看他跟当地的农民、跟厂里的工人处得来，回到家和我跟孩子却没有话讲。我们两个孩子，他一个都没有抱过。在新平时，有个邻居偷偷问过我妈，映群是不是老褚亲生的？搞得孩子都怕他。映群在县城上学，离家几十里，他去开会，顺便到学校去看她，映群没钱花了，都不敢开口问他要点儿钱。

"戛洒天气热，每天晚上都要洗澡。他肩上搭条毛巾，叫声'走，儿子，洗澡'，自己就往前走了。一斌才多大一点儿，吧唧吧唧地紧跟着赶，他连头都不回。

"我在戛洒小学教书时，因为是'右派'的妻子受人欺负。我忍不住告诉了他，他咬着牙说：'谁再敢欺负你，我就杀了他。'老褚是个说话算数的人，我以后就不敢跟他讲这些事了。"

妻子记忆里的戛洒生活，带着太多的无奈和心酸，那么，女儿褚映群的记忆呢？

褚映群从小就没过过几天好日子。父亲命运的改变，不可避免地也改变了她的生活环境。爸爸从国家干部变成了大山深处接受劳动改造的"右派"，她童年和少年的悲喜悠游，都与艰辛困苦紧紧相连。甚至她的童年和少年教育，也是在条件简陋的学校完成的。

生活的经历，让她从小就知道隐忍、懂得体贴、善于观察。她说过，有些时候，她是妈妈和爸爸之间的黏合剂，在这个四口之家有着不可或缺的作用。

当年的采访中，她很少谈到自己，只是用一种冷静的语言谈及父母。

她说："那些年我不记得过过什么好日子。有几年我和妈妈、弟弟在一起，我上小学的时候就帮我妈带弟弟。对我老爸，我从来不会提要求，不会诉苦，因为我的老爸太坚强。我觉得，他甚至连表达感情的话都不会说。现在到我们家，你会看到他做家务、逗娃娃，对我的女儿和侄女很好，我觉得，他好像是把没有给我们的给了第三代。"

　　问起她的爱好时，她说她爱读书，小时候就喜欢，即使在新平傣族寨子里当知青的时候，她也坚持了读书的习惯。所以恢复高考后，她第一年就考上了昆明的大学。

　　这些事情在褚时健的记忆里是不是完全没有呢？不是。

　　1991年的采访中，褚时健说："我这个人太粗，当然，因为我的粗，很多时候也得罪了我的家人。我不是有意的，希望他们不要计较。在我看来，我们这个家庭是高层次的。从困境中一路走过来，最后统一到对事业的追求上，很难得。虽然不表达，但我对家里的感情很深，如果没有他们，有时候我会想，干不成就算了，有了他们，我就一定要干好。"

考上大学的褚映群与妈妈

　　几年后，褚时健的话得到了证实，他让妻子看到了他对她的爱、对这个家的负责、对女儿的痛惜、对儿子的牵挂。

　　1978年，"右派"问题得到最大力度的解决，大部分人"一律摘帽，回到人民的队伍"。

　　1979年，褚时健在戛洒镇上看到了十一届三中全会的文件，他对老伴说："一切该结束了。我是搞经济、搞技术的，我们这些人又有用武之地了。"

　　此一去，山中二十年；此一去，青丝掺白发。

　　1979年，褚时健终于要离开哀牢山了。他将二十年山中生活的所有痛苦回忆打包装进了记忆深处……

他感慨："这么多年，有人消沉了，有人说浪费了，不是有句话叫'蹉跎岁月'吗？我不那么想。我觉得，经历对每一个人都是一笔财富。但一个被经历的苦难压倒的人，是无法得到这笔财富的。任何时候，我都想干事情，成绩算谁的我不在乎。我觉得，人在任何时候精神都不能垮，在任何情况下，都应该有所作为，这是对自己负责任。人不光要承受苦难，还要有战胜苦难的能力。"

送别褚时健时，戛洒糖厂的职工依依不舍。在他们眼中，他们的厂长是个有着无穷动力和能力的人，用句最普通的话形容：只要他沾手的事，就能干好。

因此，他们对来接褚时健的玉溪卷烟厂的人说，戛洒糖厂的福气要被带走了。

1979—1995

巅峰时刻

1979年10月接手玉溪卷烟厂时，褚时健已年过半百。

面对卷烟厂资金短缺、技术落后的重重困境，褚时健转守为攻，平衡各方利益，在硬件和软件两个方面层层突破，通过重新改进生产工序、严控质量管理、更新经营思路、拓展市场布局，使玉溪卷烟厂迅速扭亏为盈，并带领它走到了亚洲乃至整个世界的前端，成为"民族工业的一面旗帜"，同时，为国家创造税利991亿元。

从"知命"到"古稀"的17年，褚时健遇到了无数难题，也解决了无数难题，创造了属于他的新的奇迹。

第五章 玉溪卷烟厂的风和雨

整顿进行了几个月之后，玉溪卷烟厂的境况有所好转。1980年，生产并销售卷烟34.38万箱，比上年增长了11.87万箱；税利实现了1.1844亿元，增长了9.14%；利润也实现了大幅度增长，达到804万元，增长了280.14%，这可能主要得益于褚时健加强管理之后成本的降低。到了1981年，玉溪卷烟厂税利实现了1.5472亿元，增幅高达30.63%。

"知天命"之年受命

不搞行政搞企业

去煤矿还是去卷烟厂？

任前摸底、谈条件

初到"玉烟"：破旧而杂乱

"玉烟"印象：政治高亢，情绪低落

"见面礼"：派系的明争暗斗

下马威：涨薪风波

考试：锅炉事件

"霸道"名声的由来

"知天命"之年受命

时光荏苒，日月如梭。

从1958年褚时健被划为"右派"，到1978年摘除"右派帽子"，二十年时光过去了。

1978年，在中国历史上是具有转折意义的一年。这一年，是中国共产党执政的第三十个年头。这一年，中共第十一届三中全会召开，邓小平等革命老将重登政治舞台。在这次会议上，特别提出了"以经济建设为中心"的战略决策。

1928年出生的褚时健，此时已经年过半百，到了孔子所说的"知天命"之年。然而，褚时健似乎还不愿意"知天命"，不愿意接受命运的安排。

十一届三中全会后，他被安排到中共云南省委党校学习，并得到了关于这次全会精神的文件传达。褚时健久久盯着这份红头文件上的白纸黑字——"以经济建设为中心"，这份红头文件给他带来了久违的兴奋，他想奔跑，想大声喊："只要这个国家还要搞经济建设，我们这些人就大有作为。"

不搞行政搞企业

在党校学习期间，玉溪地区主管干部工作的副书记白水鱼找褚时健谈话。二十年前，白是褚时健在玉溪行署工作时的老同事，他们都很了解对方。白提出让褚时健重回地委工作，从地委组织部部长干起——这是褚时健被划为"右派"前的老职务。

此时，褚时健已经厌倦了机关工作，对党政机关的明争暗斗丝毫没有兴趣，因为，他在企业的经营和管理中找到了乐趣。

褚时健一口回绝了白水鱼："我不愿再搞行政了，伤心了。当年，就是在行政职位上惹的祸。我干了十几年企业，已经上路了，您还是让我继续搞企业吧。"

此时，褚时健带领下的戛洒糖厂，正准备上一条新的白糖生产线，机器调试已在进行中。

没几天，新的"说客"又来了。这个说客，正是玉溪地区一把手、地委书记胡良恕。

胡告诉褚时健："组织部门研究过你的档案，认为你比较懂经济，而能抓好一个地区经济工作的领导干部非常缺乏，你过来，先做副专员，分管经济，我们做搭档，把玉溪的经济搞上去。"

只要研究过褚时健的档案，都清楚褚时健这二十年的"右派"经历：从红光农场到堵岭畜牧场、曼蚌糖厂，再到戛洒糖厂，他一路待过的企业，之前总是很差，破破烂烂，但交给褚时健带路之后，这些企业都大有改观。

"胡书记，您可别弄反了。"褚时健笑呵呵地说，"如果没有几个效益好的企业，地区的财政收入上不去，那么，再能干的书记、专员，日子也难过，也不好当；反过来，一个地区有几个好的企业，每年有几百万、几千万的税利，地区财政上去了，地委、行署的日子也就好过了。我干了将近二十年的企业，对此还是有谱气的，如果您让我去干企业，肯定能干好。"

"有道理呀！"听完褚时健的话，胡良恕像发现什么新事物一样兴奋地看着褚时健。之前，从没有人跟他说过这样的话。胡良恕答复，他会在常委会上研究褚时健的意见。

实际上，上级部门想调褚时健到政府工作的念头，一直持续到1981年。这时候，褚时健已经在玉溪卷烟厂站稳了脚跟。

新到任的玉溪地委书记李孟北也找到褚时健。李孟北算是云南干部中文化水平很高的，思路也很开阔，据说他从《云南日报》总编辑调任玉溪地委书记，是准备再往红河哈尼族彝族自治州过渡一下，然后接任云南省委书记。越级提拔干部在改革开放初期是常有的事，因为十年"文革"造成建设方面领导干部短缺。李孟北对褚时健说："现在我们整个省的工业都困难，听说你对这方面还有一点儿谱气，要不，你来当管工业的副专员？"

褚时健还是那句话："您别让我搞那个，我不会搞，做机关的事不是我的长项。你们要想把地方财政搞上去，我可以帮你们把烟厂搞上去，搞上去你们日子就好过了。让我去做副专员，您不如把我放在烟厂，让我搞下去吧。"

"我倒没有想到这些，好的好的，不动了，你就在这儿。"李孟北还比较容易听取意见。

直到那时，领导们想让褚时健从政的念头才算平息。李孟北后来履职红河哈尼族彝族自治州州委书记、候任云南省委书记期间，不幸患癌症撒手人寰。

去煤矿还是去卷烟厂？

玉溪地委领导终于被褚时健说服了，让他继续在企业工作，但肯定不再是戛洒糖厂了。在褚时健的领导下，即使是在"文革"期间，戛洒糖厂也取得了不错的成绩，职工得到了前所未有的福利，而一条新上的白糖生产线也即将竣工。

地委领导的意见是，调褚时健到玉溪卷烟厂任厂长，这家烟厂是当时玉溪规模最大、效益也较好的企业。但褚时健回绝了。

褚时健有顾虑："文革"时期，玉溪卷烟厂是全玉溪武斗最厉害的地方，"文革"期间云南的两个派系——"炮派"和"八派"，斗争非常厉害。"文革"结束后，两派的斗争仍未结束。

不去玉溪卷烟厂，他还有一个选择：去玉溪另一家大型企业——位于玉溪峨山的塔甸煤矿当党委书记。这比较符合他的胃口。

说去就去。地委领导找褚时健谈过之后，他就来到塔甸煤矿做"任前考察"了，考察这里的地形地貌、自然条件，观察矿工的生活。他看到这里的矿工没水洗澡，生活非常苦。但也有令他满意的地方：这里山大，山林多，能满足他打猎的爱好，秋天还可以拾点儿菌子，四野都是鲜花。褚时健想，老婆孩子肯定会像他一样高兴。

他甚至想好了如何改善这些矿工的生活条件，他发现煤矿后面的山上竟然有天然的蓄水塘，而且水还很清澈。褚时健脑海中马上浮现出计划：无论如何都要克服困难从这里取水，让每个矿工一出井就可以舒舒服服地洗个澡。他还想买几辆大客车，周末接送矿工到玉溪和家人团聚。

令褚时健没想到的是，这个时候"后院起火"了。妻子马静芬和女儿褚映群死活不肯再进大山沟。

马静芬说得也有道理："我和女儿跟你在大山沟已经生活了二十年，好不容易回到城里，你又要把我们母女俩带到山沟沟里去。要去，你一个人去！"

面对妻子的肺腑之言，褚时健也不好坚持。但他不甘心，就找了一辆大卡车，连哄带骗地把马静芬和女儿骗上了车，让她们去看看矿山环境，或许能够改变她们的想法。但马静芬和女儿到了那里，看到满脸煤灰的矿工都一脸愁苦地上下班，大风扬起的漫天灰尘中，家属们在供水站前排队取水，孩子们在脏兮兮的泥地上玩耍。

勉强待了一个晚上后，妻子和女儿坚决不肯再住一个晚上。

但褚时健还是向她们大力"推销"自己的未来规划，哪里要建一条柏油路，哪里要盖一座电影院。妻女哪里听得进去："你就是把这里建成天堂，我们也不来。"

纠结了一整晚，褚时健不再坚持原来的想法，他决定去玉溪卷烟厂，用他的话说："一家人有两个人拗着（不同意）也别扭。"

任前摸底、谈条件

决定履新玉溪卷烟厂，褚时健自然少不了要摸摸这家玉溪最大的企业的底。情况和他之前知道的差不多，对褚时健而言，这家国有企业最让他头疼的，既不是它的生产能不能上去，也不是它的品质能否改进，而是"文革"遗留下来的派性斗争，以及围绕着派性形成的盘根错节的人际关系。这种派性斗争，并不仅仅局限于玉溪卷烟厂内部，在外部也有很大的延伸。

褚时健知道，要在内部卡住这些斗争，就要掐断权力上层的支持。上任前几天，褚时健专门去找了一趟玉溪市地委书记胡良恕。

褚时健开门见山地说："胡书记，我接受地委安排我到玉溪卷烟厂的工作，但是地委必须答应我一个条件。"

"什么条件？"胡良恕问，"如果地委能做到，多少条件都行。"

褚时健给胡良恕分析了玉溪卷烟厂遗留下来的派性斗争对生产的不良影响，他提出了自己的要求："像我这种情况，一个人从外面来到玉溪卷烟厂，心里最害怕的，就是玉溪卷烟厂两派都很有势力，如果这两派闹起来，我就没有办法了。希望诸位地委领导不要支持造反派。有什么事情领导们叫我来说，我不对，领导们可以批评我。但如果领导们支持造反派，我的工作没法儿做。"

胡良恕哈哈大笑："我还以为是多大的条件呢，好！"

褚时健接着说："给我一年半载的时间，等我站稳脚跟后，自己就能应付了。在此期间，凡上访、告状、请愿、闹事的，请领导们一律驳回，由我处理。"

胡良恕随后召集地委领导开会，并把这一条件达成共识，还做了会议纪要。这一支持，为褚时健在玉溪卷烟厂扫除了第一个大大的障碍。

初到"玉烟"：破旧而杂乱

1979年10月的一天，褚时健举家迁往玉溪。这一天，玉溪卷烟厂派了三名员工，开着一辆载重五吨的大卡车来接他们。

从1958年褚时健被划为"右派"离开玉溪，到今天重回玉溪，整整21年。21年中，褚时健差点儿因疟疾丧命，也差点儿命葬红河，还有可能被斗死，或因营养不良而死，就像他堂哥褚时俊那样。但他一路走过来，从红光农场、新平县畜牧场、堵岭农场，到曼蚌糖厂，再到戛洒糖厂。褚时健以"流放右派"的身份，在如此狭小的空间里生存，促使这些地方一个接一个变好，奇迹一个接一个发生。

此时，女儿褚映群已经在恢复高考后考上大学，到昆明读书去了，尚在身边上学的儿子褚一斌也已经16岁。

三名来接褚时健的玉溪卷烟厂员工，动作麻利，一会儿就把褚时健一家人的家当全部装上车了。其实，这些家当少得可怜：除了一只大箱子，几乎就没什么了，更别提什么家具了。在褚时健和马静芬的指挥下，工人们把褚时健临时做的木箱，甚至柴火都搬上了车。这也让人大惑不解："褚厂长，这些就不用装了吧？这种木箱我们那儿多的是。"褚时健只好告诉他们："这些东西以后都用得上，可以拿来做家具、做大沙发嘛。"好嘛！这辆载重五吨的大卡车也算装得满满当当了。

戛洒糖厂的职工得知褚时健今天就要离开，自动站成一排，和褚时健握手告别。很多职工眼里噙着泪，其中一位职工拉着去接褚时健的玉溪卷烟厂员工的手说："褚厂长是我们的福气，这下子，你们把我们的福气也接走了。"

这辆载着褚时健一家三口和满车柴火的大卡车，经过五个多小时的颠簸后，离开了哀牢山，驶入玉溪。

到达玉溪卷烟厂时，已近日落时分了，抬头能看到美丽的晚霞，但低头从车窗看出去，却是另一番景致：破旧而杂乱的房屋，坑洼不平的路面，工人们呆滞无神的眼睛和灰暗的身影。厂区大部分房屋是用土坯建的，因为年久失修，放眼望去一片萧条景象。

卡车开到一排砖砌平房前停了下来，司机指着其中的一间对褚时健说："就是这一间。"

这是一间14平方米的房屋，里面只有两张高低床和一张旧桌子。褚时健一边乐呵呵地往房间搬东西，一边吩咐褚一斌："一斌，你和我睡上铺，你妈和你姐姐睡下铺。"马静芬则充满了愤怒："他们在故意收拾我们！"

第二天，玉溪卷烟厂负责分配房屋的人重新给他们分配了一间28平方米的房间，总算可以把它分成两个房间了。

话说回来，当时整个玉溪卷烟厂的生活条件都很差。普通员工一间土坯房隔成两间，两个人或两家人住，职工们经常开玩笑说："这边的孩子撒尿，就冲在那边的床上了。"里面这家的通道要从外面这家中间过，拿草席隔着，有时候外面这家的男人出差了，难免生出很多尴尬事。有几个住外面的干脆把通道给堵死了，里面那家只好从后面另外挖个门、搭个桥绕出去。房檐上下还有很多鸡窝，这些鸡窝在褚时健站稳脚跟后，被马静芬用棍棒给取消了。

而最奇特的现象是，每个职工上下班都提着一只瓦罐。褚时健后来得知，这些职工实在穷得买不起保温水壶，只能在下班的时候，用瓦罐接一罐热水带回家。

褚时健刚就任，就挨家挨户登门拜访工人。当他走进一位老工人的家时，发现祖孙三代都挤在一间不足18平方米的房子里，他的心被深深地刺痛了。而当时全厂有1/3的职工都处于这样的困难状态。

"玉烟"印象：政治高亢，情绪低落

云南烟草种植和生产的历史并不长，在辛亥革命前后从美国引种进中国。1922年，在唐继尧的支持下，云南省第一家卷烟厂——昆明亚细亚卷烟厂建成，生产一种以"999"为牌号的香烟，为了纪念云南响应辛亥革命而发动的"重九起义"。1949年，将"999"改名为"大重九"。

19世纪30年代末、40年代初，传奇的植物学家蔡希陶从美国引进了革命性的烟叶品种"大金元"，成规模的烟草种植就从这个时候开始。由于云南得天独厚的自然条件，种出的烟叶色泽黄润、味道醇厚，20世纪30年代，"云烟"的名声就传遍了中国，而玉溪则有了"云烟之乡"的美誉。

不过，玉溪卷烟厂的历史是从1956年玉溪烟叶复烤厂开始的。1959年，国家轻工部进行工业布局调整。从一家名叫"华美"的上海私人卷烟厂调来30台"永进""新中国"卷烟机到玉溪烟叶复烤厂，一同前来的还有36名上海师傅。为了尽快生产出卷烟，很多工序都是手工进行。它最早生产一种叫"人民公社"的香烟，但似乎不那么受欢迎，此外还生产了"红梅""翡翠""恭贺新禧"等。后来名满全中国的"红塔山"，名字源自"大跃进"时期被人们刷成了红色的元代古塔，古塔所在的那座小山原本叫白塔山。1959年正值新中国的国庆10周年，为给10周年献礼，"红塔山"香烟诞生了，当年生产了80箱。玉溪卷烟厂还精挑细选了一箱"红塔山"，在上面写上"送给毛主席"，托人送往中南海。

褚时健来玉溪卷烟厂前，玉溪卷烟厂的卷烟机器已有68台，但都是国外早已淘汰的20世纪三四十年代的产品。

这个烟厂当时的情况是，政治高亢、情绪低落。人们的状态也是如此，口号叫得很响，但精神萎靡不振。褚时健的记忆是：生产环境很差，机器响、温度高、烟灰呛，工人上班浑身汗，下班一身灰。

1969年师范毕业进入玉溪卷烟厂的邱建康，算是其中的佼佼者。他从普通的体力工干起，在褚时健进入玉溪卷烟厂的时候，已经晋升为技术员。那时候，一个车间只有一个技术员。虽然入厂10年，但是，邱建康从来不认为自己可以改变什么，也没有感受到有什么改变。反正天天上班、下班、干活儿，没有什么低效率、高效率之说，工人们把那些制好的烟丝入库，天天就干这个。在他看来，一年又一年，什么也没有变，什么都不会变，好像就只能是这样了。

褚时健来到烟厂后，工人和家属找他说情最多的事情，不是请他安排工作，而是请他手下留情，放他们到其他单位去，其中不乏他的老同学和老领导。他的一位同学找到他，请他同意放他儿子到物资局去，因为他担心儿子找不到对象。褚时健对这位同学说，要相信烟厂会好起来，但同学哪里听得进去，最后，褚时健只好放人了事。

因为太穷，厂里有三十多个职工找不着对象，姑娘们都不愿意嫁给这里的职工。像邱建康那样的技术员，月工资也就28块，一般职工就更低了。这些没找到对象的老职工中，还包括后来升任云南省委书记的普朝柱的侄子。后来，褚时健打听到，当年国家在西双版纳建橡胶厂，为了解决男女平衡问题，特地从玉溪招了大批女工到西双版纳去。但这些女工不愿留在当地，一直不肯结婚。褚时健让烟厂工会别出心裁地组织了几次"联谊会"，并对那些姑娘以各种条件相诱，这些老职工才一个个地解决了婚姻问题。

玉溪卷烟厂在1978年完成的生产指标是27.5万箱，利润完成9000多万元，其中可支配利润145万元，"红梅"占了这27万多箱的大头儿，"红塔山"只有4000多箱。当时最大的问题是烟卖不出去，退货严重。1979年玉溪卷烟厂的总产量是30万箱，却有6万箱积压在仓库里。玉溪卷烟厂有个电影院，星期六晚上大家都希望能看看电影，但退回来的烟实在太多了，只好把电影院也当作仓库用。

和西方企业的董事长、CEO不同，中国国有企业是由共产党来领导的，企业决策的核心人员都是共产党员，并由他们构成"集体领导班子"。褚时健进玉溪卷烟厂时，领导班子共有12名成员，称为"党委委员"，加上他一共13名。这13名成员里，有两名是老干部，属于以前跟共产党打天下的功臣，另外10人全是"文革"造反派起家的。有趣的是，这10名成员中，长期在玉溪卷烟厂武斗的两派——"炮派"和"八派"又各占5名。由于两派势均力敌，上边的领导也知道其中厉害，任命领导时就"一碗水端平"了。

褚时健发现，开党委会时，无论什么样的方案和议题，也无论是正确还是错误，至少总有5人支持或反对。很多问题议而难决，有时候开会，从早开到晚，甚至开到深夜，也解决不了什么问题。而且，不仅在领导层中存在着这种情况，下层也一样弥漫着这种斗争氛围。

"见面礼"：派系的明争暗斗

玉溪卷烟厂给褚时健的"见面礼"有点儿尴尬。

1980年初，也就是褚时健刚来玉溪卷烟厂不久，云南省有关部门组织了一次香烟评吸会。这次评吸会由专家对香烟的品质、味道进行现场品吸、评论，再由相关部门根据抽查结果指出存在的问题。评吸会，往往成为糖烟酒公司的订货风向标。

"辣！苦！呛！"这是专家们对"红梅"烟的一致评价，这些专家不愿意多吸一口，就给它定调了。在主持人宣读抽查"红梅"过程中发现的问题的时候，台下不时发出哄笑，这些问题包括：一包烟只有18或19支，而且竟然不是少数，有的一条烟中只有9包烟……

"红梅红梅，先红后霉。"这句市场对"红梅"的流行评语，也夹杂在评吸会的哄笑声中。

因为凭手抓，工人们又都不大用心，差错率自然高，因而这种一包烟十八九支的情况很正常。而包装更是糟透了，用来做烟箱的纸又薄又差，人们称之为"马粪纸"，很多时候，烟还没送到零售店就散架了。

褚时健硬着头皮站起来，请主持人别念了，给他留点儿面子。"我听懂了，情况很老火①。我们回去整顿，产品质量一定会提高，等专家们下次来的时候，我们的情况一定会好得多。"

褚时健带着沉重的思索离开，他下决心一定要整顿这家烟厂。而作为整顿工作的第一步，他又恢复了抽烟。二十年前，他被划为"右派"时，工资从每月90多块骤降为每月20多块，为此他不得不戒了烟。现在，他需要用自己的舌头来帮助他辨别哪些香烟的品质是优良的、令人舒服的，哪些香烟的品质是恶劣的、让人不快的。

到底是怎么生产出一包烟只有十八九支、一条烟只有9包的？褚时健要求增加抽查频率，并按比率定下制度，每千包（条）应该有多少必须抽查。

他认为，之所以会出现这些低级问题，主要是人的责任心问题，他要求各车间根据实际情况建立和完善不同形式的责任制。

褚时健还定下一项制度，发霉的烟叶一律不得进入生产环节，对入厂的烟叶全部进行复烤，包装重新选纸，设备进行一次彻底的大检修。

---

① 老火，云南方言，严重的意思。

接下来，褚时健决定在玉溪卷烟厂上滤嘴烟。之前昆明烟厂已经开始生产这种看起来挺时髦、卖价不错的香烟，市场反响非常不错。工作刚布置下去，滤嘴车间的车间主任就找上来了。原来，不知谁造谣说滤嘴棒的金粉有毒，车间主任调了一个"炮派"的成员到这个岗位，但他死活不去，要求调一个"八派"的去。车间主任只好来找褚时健。

"他们说怕金粉，不去上班。"

"怕金粉？别的人去也有金粉。他不去你不要强迫他去，月底算工资你按岗位算，他没到岗位，不要给他算工资。"

褚时健知道玉溪卷烟厂"炮派"的头子是谁，就是烟厂党委成员杨副厂长。车间主任走后，褚时健找来杨副厂长直接说："老杨，招呼好你的弟兄们，你闹了我最先收拾你，如果你支持他们闹，你就没有好下场。"

如此单刀直入。

威风八面的"炮派"头子，从来都是厂长、书记要用甜言蜜语拉拢的对象，哪里受过这般奇耻大辱。杨副厂长跑到玉溪地委找他们"炮派"的头头儿去告状，控诉褚时健的独断专行。没料到，这个领导听完后当场翻脸，没有像以前给他撑腰的样子，并让他赶紧乖乖回去上班。杨副厂长灰溜溜地跑回来，只好对那些"造反派"兄弟说："不能闹了，这回来硬的啦，快点儿去上班。"

褚时健的"任前条件"起了作用，他和胡良恕订下的"约法三章"，关键时刻果真帮到了他。

月底，那个没按车间主任安排去滤嘴岗位上班的职工真的没领到工资，几个"炮派"兄弟带着他来告车间主任。褚时健告诉他们："你没有到车间主任安排的岗位去上班，按旷工处理，我支持他。"

他们没想到，新厂长这么强悍。僵持了一会儿，这几位职工知趣地走开了。之后，烟厂因为派性发生的闹事也慢慢少了。

下马威：涨薪风波

中国进入20世纪80年代，经济改革的氛围越来越浓厚，它带来的变化，也让玉溪卷烟厂这个之前几十年如一日的老国企开始显露出生机。

好消息！要调工资了！这是烟厂职工二十多年来都没有听过的消息。但也有一个难题，调工资的名额比例只有40%，怎么调？其实也没加几个钱，但这不仅是增加工资的问题，还涉及对职工工作的肯定，这可是让人头疼的问题。人性常常如此，没啥盼头的时候，人们都相安无事，有点儿盼头了，反倒像打开了潘多拉盒子——麻烦来了。

褚时健对此极为重视，他本想请党委书记林某某来定这件事，但林书记在玉溪卷烟厂比褚时健多待了四五个年头儿，他知道这里的麻烦。这一次，林书记干脆住院去了。于是，褚时健请一位副厂长专门管这事儿，挂牌办公，接待反映调资问题的职工。

上级定的调资比例很滑稽，调40%，意味着可能失掉60%的人心。果然，在第一榜公布后，风气好转没多久的厂子又乱了起来，榜上无名的职工开始集体怠工，发泄不满情绪。

眼看就是一次工潮，褚时健着急了，他去医院找林书记商量对策，却碰了一鼻子灰，只能气急败坏地回到厂里来。一位副厂长甚至带着嘲弄的口吻对他说："褚厂长，您怎么急成这样？别急坏了身子。"

国有企业的领导层也免不了明争暗斗，党委书记关系网中的一帮老队伍，那些褚时健来了之后被迅速边缘化了的派系头头儿，也正希望借这次内乱赶跑褚时健。

烟厂第一车间的制丝车间已经闹出了事，职工群起围攻车间主任，褚时健闻讯从医院往回赶。大家把车间主任围在中间，看到褚时健出现，大家围了过来，闹得最凶的竟然是年轻的技术员邱建康。褚时健纳闷儿，邱在调资的名单内，他闹什么呢？

从群起的议论声中，褚时健知道这次调资确实问题不少，有点儿职权的都拉拢扶持亲信，邱建康是出来打抱不平的。褚时健一言不发就离开了。回到办公室，他让人通知邱建康来见面，同时让人把调资的所有资料拿来研究。

邱建康来了，这是他们俩第一次近距离接触。这个后来唯一得了褚时健真传的年轻人，最终做出了一番大事业，但当时的他像个愣头儿青，在褚时健面前直言无畏。褚时健和声细语地和他聊了一会儿，了解了个中情况。他明白分配是一门大学问，尤其对国有企业来说更是如此，但此时，他也找不到良策。

研究资料，寻找对策，褚时健一宿未眠。第二天，褚时健决定，将40%作为全烟厂整体的调资指标，而不是把这个指标僵化地执行到每一个车间。这样，他就有了一定的空间，尽量把机关和后勤的名额让给一线的员工，一线车间可以突破40%，达到60%，甚至是70%。

最后的方案出台，大多数人表示接受，职工的情绪慢慢缓和下来，这场风波总算过去了。这时候，生病住院的林书记也病愈出院了。

考试：锅炉事件

最大的一场考试终于在1981年8月来临，这就是当年的"锅炉事件"。这件事之前的褚时健和这件事之后的褚时健，对玉溪卷烟厂来说完全不一样。这件事之后，褚时健算是赢得了"大考"，彻底征服了玉溪卷烟厂的职工。

玉溪卷烟厂有两台六吨半的锅炉，一台坏了。当时玉溪卷烟厂整个的复烤和卷烟全都依靠这两台锅炉，坏了一台就意味着那些新入库的烤烟无法复烤，不仅烟叶有变霉的危险，而且可能导致停产，那样的话，锅炉坏了就会演变成一个全局性的问题。但是，这些国有企业的员工和领导似乎早已习惯了这样的"大场面"，丝毫没有惊慌失色，而是处变不惊，大多数人甚至带着"和我无关"、等着看好戏的心情。

那时，玉溪卷烟厂刚刚有起色，头年缴纳的税收也大幅增加。为了让这些财税大户理顺生产，云南省经贸委还在下面专门成立了一个生产指挥部，而锅炉一停，必然影响到地方政府的财政收入。所以，云南省经贸委一位分管生产指挥部的副主任盯着褚时健，要求每半小时汇报一次修理进度。

褚时健到现场看了看坏掉的锅炉，就先找修理组的人商量，把计划定下来，希望尽快修好，不然造成的损失很大。他提出，要用四天时间把锅炉修好，但修理组的职工认为不可能。双方发生了如下对话：

"四天？不可能。"

"那要多久？"

"40天。"

"那个耐不住（受不了），烟叶要霉掉多少？烤烟我们也要停掉，你40天会了得？"

"那我们不敢整（修理）了。"

修理组的员工想撂挑子走人。他们告诉褚时健，上一次锅炉坏的时候，原来的厂长（那时叫革委会主任）张某（后来当宣传部长去了）亲自指挥，48天才修好。

"我们看您稍微懂点儿，让您八天。"

语气中充满了挑衅。

褚时健不像一个企业的领导人，反倒像一个外交部的谈判官，此时，谈判陷入了僵局。

但褚时健没有停下来，与此同时，他让分管设备的副厂长去找厂里唯一的工程师，要分给他一项工作，因为锅炉管子弯的幅度不同，安放这个弯管要懂技术。

"我不会做。"

"不会做？你大学不是学机械的吗？怎么连这个都不会做？"

工程师和副厂长吵了起来，他只有回来找褚时健。

"他不懂，从下面找个懂的来。"褚时健说。

褚时健准备行动了，其实他心里有谱，在戛洒糖厂的时候，他自己就修理、改造过锅炉，并曾把一个四吨的锅炉改造成了十吨。

"好了。张主任是亲自指挥你们，我也要来亲自指挥。你们是不是要请假？要请假，准你们假。"

整个修理组一共18人，他把他们分成五个工种，24小时轮班。

三天半后，锅炉重新烧起来了。

不过褚时健并不高兴，他有种不太对头的感觉。他找来修理小组的头头儿，劈头就骂：

"小杂种，你怎么哄我？你说要40天，张主任亲自管48天，怎么没四天就修好了呢？"也许，这是褚时健在玉溪卷烟厂17年唯一一次如此失态地骂人。

"哎呀！这个事情您也怪不得我们，从前我们苦战十个昼夜，连稀饭都喝不上一碗。现在您亲自组织抢险，晚上还买来大碗米线，凡是加班的全有得吃，大家也就卖力了。"

末了，他还补了一句："您这样对我们，以后我们也不闹什么了。"

褚时健也消了气，说："好了。现在不计前嫌了，锅炉修好了，放你们四天假，工资照常领，另外还给每人四天加班工资。"那个时候，工厂已经可以批一点儿加班工资了。

褚时健后来回忆说："这些小子，包括全玉溪卷烟厂的中层干部，眼睛都盯着这台锅炉，这些车间主任、支部书记要考考我嘛，就只有这几台锅炉可以考了，这些题目都考不倒我，三天半修好了以后，他们也不想再考我了，觉得这个厂长看来还是有两下子的！他们之后不敢跟我闹了。不然他们一个个都还是老火的。"

这台锅炉从修好之后，一直到它的历史使命结束的1992年关索坝大改造，再没有出过问题。

"霸道"名声的由来

整顿进行了几个月之后，玉溪卷烟厂的境况有所好转。1980年，生产并销售卷烟34.38万箱，比上年增长了11.87万箱；税利实现了1.1844亿元，增长了9.14%；利润也实现了大幅度增长，达到804万元，增长了280.14%，这可能主要得益于褚时健加强管理之后成本的降低。到了1981年，玉溪卷烟厂税利实现了1.5472亿元，增幅高达30.63%。

从外部而言，这样的成绩完全能让褚时健站稳脚跟了。而在内部，锅炉事件是个转折点。他可以腾出手来做一些动作了，说白了，就是对老班子进行一次大规模的清理改组，尤其是他决定要让党委书记林某某离开玉溪卷烟厂。

他之所以要这样做，不仅因为林某某一直在背后网罗旧部、借机夺权，也不仅因为每当玉溪卷烟厂遇事时，这位党委书记总是观望，显得深不可测，哪怕遇到因锅炉坏了而停产这种影响生产的大事，他也是手拿报纸，端着茶杯，一言不发。让褚时健决定不再容忍下去的事情是，他还拉拢了一伙人在背后告他，告到玉溪地委没人理，他们就到省里告。

为了解决厂长和党委书记之间权力平衡的问题，即谁大谁小的问题，改革开放之初，国家确定了一条模糊原则：党委书记领导下的厂长负责制。名义上，党委书记还是一把手，而在实际运作中，又是厂长说了算。所以，二者谁主权，谁也说不清。

当时，云南省轻工厅是玉溪卷烟厂的直接领导，林某某到了轻工厅，列举了褚时健的种种毛病，最重要的一条是：老褚脾气怪、霸道，不团结同事，职工都怕他。这样长期下去，烟厂非垮不可。他的诉求很简单，希望领导明察，并撤换褚时健。

林某某到轻工厅告状的消息传到褚时健耳朵里的时候，他简直怒不可遏。实际上是轻工厅的人把这个消息透露给了褚时健："你这个人，只顾埋头干，人家来这里告状你都不知道。"

几乎是在得到这个消息的第一时间，褚时健就决定摊牌。他找到玉溪地委书记胡良恕，告诉他："他老兄不但不解决妨碍生产的疑难问题，还给我设很多困难，让你拿着难办。"胡临时召集了几个地委的领导，褚时健直接对他们说："像老林这种，每天给我找麻烦，不但不干工作还设难题。你们衡量一下，要么他留，我走；要么我留，他走。随你们选择。"

还是如此单刀直入。玉溪地委领导也几乎马上做出了决定，褚时健留下，林某某调往玉溪地区下面的通海县做政协主席，同时决定派老专员杨政华和褚时健搭班子。褚时健借机把班子里"文革"时的派系头头儿也给清理了。

由此，褚时健"霸道"的名声就传开了。

其实，当时褚时健敢于摊牌，还有一个原因，昆明市分管烟草的领导早就注意到了他，并且找过他，如果他不在玉溪卷烟厂干了，昆明烟厂欢迎他来当厂长。

第六章　等待变化的日子

　　褚时健还具有一种与生俱来的商业算术天分。它与一般的数学计算不同，而是一种直觉性地把握事情要害的能力。褚时健总能迅速明白商业活动中的成本和效益要素何在，然后再进行简单的计算。一般人不明白，以为褚时健数学很好，恰恰相反，褚时健的数学很糟。其实这完全不是数学，而是一种商业直觉。

串换：先让生活好起来

败于质量：铩羽而归的销售之旅

国外先进技术的激励

不提团结，大谈竞争

核心竞争力：管理的特殊基因

串换①：先让生活好起来

先过好生活，这是褚时健一贯的原则。

在他看来，职工在国有企业为国家工作，至少得有一条底线：让职工生活得好一点儿，这也是公有制的基本道义。他每到一个地方，无论多艰难，都首先要把这个地方的伙食弄得好一些，先让生活好起来。

1980年6月，在全厂的职工代表大会上，他承诺要为职工增收创造条件，职工当年人均增收不少于100元。另外，他还提出要在半年内为一线职工建三栋公寓，并对领导班子进行分工，以达到一手抓责任制，一手抓建房和福利，并由一位副厂长负责建新房事宜。

这个承诺让玉溪卷烟厂的职工都沸腾起来了，但没过几天又转入沉寂。原来，大家兴奋过后，都不把这当回事儿，以为褚时健像以前的领导一样爱吹牛。再说，即使建新房，首先安排的也是领导和领导的亲信。

不仅普通职工不信，就连基建科科长也不信。职工大会定下来的事情就像

———

① 串换，互换的意思。

没发生过一样，在褚时健的反复催促下，基建科科长和该科的另一个职工却给他递上了一张长假条。褚时健大为光火，他当即将基建科科长撤了职，几乎解散了这个科。他找来一支农民工建筑队，这支建筑队由附近一个村庄的农民组成，他们在几个不到30岁的年轻人的带领下干得又快又好。四个月后，三幢楼房竣工，96户一线职工领到了新房的钥匙。

褚时健开始有威信了，大多数职工开始相信他是一位说话算数、为职工利益考虑的领导。很多年后，褚时健在一篇文章中回忆到，当时有欣喜若狂的职工对他说："领导心中有'人'字，我们心中就有'家'字，工厂就是家。"这种满是修饰的语句看起来不是那么真实自然，这大概是员工在计划经济体制下不断被教育的结果，这种教育使得他们在表达感谢的时候也总是小心翼翼，不自觉地拔高意义。但是，相信在他们眼中，褚时健是一个不一样的人。

帮褚时健给职工盖房子的这支建筑队，给褚时健留下了非常好的印象。后来他把玉溪卷烟厂的一些配套项目也给了这个村，帮助他们发展乡镇企业，使这个村后来成了"云南第一村"，而褚时健晚年也落脚于此，成了这里的一个村民。此是后话。

此外，他通过建筑民工了解到，这个村庄每天向市场提供40—50头肥猪，是玉溪周边市场占有率最大的猪肉供应商。褚时健立马和他们商量，让他们每天把一半猪肉直接送到玉溪卷烟厂来。这样，他按每人每月八公斤肉食的营养标准来给职工配置伙食。像邱建康那样经常感到饥饿的人的苦日子从此结束了。

在之前的一段日子，云南肉类供应不足，职工食堂鲜见肉星儿。而邻近的四川省，在改革开放未启之际就率先发展粮食生产，不仅粮食增产，猪肉也出现了大量过剩。于是，在双方的协商下，四川烟草公司把四川的火腿拉到玉溪，玉溪卷烟厂用香烟和他们进行串换，之后再低价把火腿卖给职工。这个时候，"红梅"已经开始有点儿紧俏了。

此外，褚时健还用香烟和广东商人换来家用电器，也是低价卖给职工。

说是串换，其实不然。他们按国家标准定下出厂价，把香烟卖给这些商人。国家定价和市场价之间有一个不小的差价，这些商人当然乐得要烟。而褚时健也有相应要求，对方的产品必须给一个不错的折扣，无论是丰田汽车，还是四川火腿、广东家电，都是如此。

褚时健实际上没花几文钱，玉溪卷烟厂职工的生活就变得今非昔比了。

败于质量：铩羽而归的销售之旅

经过几个月的整顿，1980年下半年，新出品的"红梅""红塔山"看起来有了许多改进。褚时健要求大家都到市场上去体验，从党委书记、副厂长到一线员工，大家都背上新出品的"红梅"和"红塔山"，到昆明的大街上吆喝路人免费吸，并保证次品包换。

褚时健自己也不例外，他选择了得改革开放风气之先的广州市。他听说这里的香烟能够随行就市，而昆明卷烟厂生产的"大重九"香烟在广州就很受欢迎。

有一天，他走进了广州一家友谊商店，想看看能否通过这些外国人经常光顾的商店买些"兑换券"。这种券类似于美元，是当时进口物品最好用的"货币"，玉溪卷烟厂购买进口辅料正急需外汇。这家店主告诉他，"大重九"有多少要多少，而当他把随身带着的"红塔山"和"红梅"拿出来的时候，店主就用客套话来打发他了。他给这家店的主人发了几支"红塔山"和"红梅"，希望他和顾客能品吸一下。但让他深受刺激的是，当他过了一会儿返回来的时候，"红塔山"和"红梅"被当作垃圾扔到了地上，正等着被清理。顿时，褚时健感到了前所未有的刺激和羞辱。

这绝对是一趟铩羽而归的销售之旅。

很多年后，褚时健回忆起这件事，还是记忆犹新。他认为这件事是两方面的，一方面被羞辱，被深深地刺痛了；另一方面，更使他下决心一定要把产品的质量搞好。

国外先进技术的激励

玉溪卷烟厂的状况开始好转起来。"红梅"慢慢开始卖得动了，高档烟"红塔山"的销售也有了些起色。

1981年开春，褚时健用"红梅"换了一辆丰田皮卡车，1.6万元的现金加一些香烟成交，丰田公司还给了他一点儿折扣。这是云南省改革开放后的第一辆进口汽车，算是褚时健的专驾了，它成了玉溪卷烟厂发展早期最为重要的交通工具。以前，褚时健外出办事总是坐一辆小货车，不出故障的时候非常少，没少误事。自从有了这辆小丰田车，他心里踏实了很多，以前去昆明开会总要提前一天出发，现在他只要一大早出发就行了，行驶四个小时，他就能在会议开始前15分钟到达会场，并能在会议结束后立刻赶回玉溪。

褚时健对国外的先进技术羡慕不已，甚至有点儿迷恋。此外，他还有一种奇特的感情，一方面，他为中国落伍的制造业感到难过；另一方面，这对他又是一种莫名的激励。虽然年过五旬，但褚时健有时候就像个好奇心很强的孩子。当然，褚时健是见过一些世面的。他记得自己小的时候，看到法国人从滇越铁路上的火车车厢里抛下的空饼干盒竟然如此漂亮，孩子们相互抢，捡起来也舍不得扔掉。另外，他发现很少的几个法国人就能把滇越铁路的一个车站管理得井井有条、干干净净。这一切，都对他触动很大。

不提团结，大谈竞争

褚时健开始在玉溪卷烟厂进行观念布道，他意识到了观念革新的重要性。

他认为职工如果一直保持"吃大锅饭"的老观念，还认为"国家会养我们"，干多干少都一样，那么，玉溪卷烟厂就不会有什么希望。

所以，他认为必须让职工认识到：企业败了他们会很惨。这是来自他内心的观念。虽然长时间的懈怠让大家都变得麻木了，思维僵化了，"吃大锅饭"的思想还是很浓，但他发现这些职工一旦被唤醒，他们对此的认识不比他这个领导差。他们都说，工厂搞垮了当然首先是当工人的吃亏，当国家干部的还好办，还可以调调工作。

褚时健对大家说，企业好了，哪怕有再多的"硬杠杠"，也有改善的空间；如果企业坏了，每个人的生活都只有变差的可能。他有过这样的亲身体验：虽然都是国有企业，但国有企业的职工生活也会有很大不同，比如他在夏洒糖厂时候，周边的国企职工是何等羡慕他们的生活。

褚时健给大家强调了两种竞争：一种是市场的竞争，是玉溪卷烟厂和其他烟厂的竞争，谁有好产品谁得市场，谁得市场谁有好日子过；另一种是企业内部的竞争。以前大家既不讲外部竞争，也不讲内部竞争，尤其不讲内部竞争，只讲内部团结，但现在两种竞争都要讲，并且都要落实。

褚时健不提团结，却大谈竞争。今天看起来再正常不过，但在那时是"大逆不道"的，至少可以确定没有几个知音。虽然这个国家已经开始了改革开放之路，但怎么改、朝哪儿改还是很迷惘，所以才有了邓小平提出的"摸着石头过河"的说法。

但仅有"观念"的力量是不够的，褚时健知道趋利避害是人性的基本法则，也是人类能够不断进化的原因，因而，必须在现实中体现出工人的利益。作为企业的领导人，如何让工人在追求自身利益的同时扩大企业的利益，从而也扩大国家和社会利益，这些正是他作为管理者要完成的课题。

褚时健相信有一种比过去30年更好的经济模式，他不喜欢空谈政治、喊口号，而是喜欢探索实际的事物。过去烟厂领导常用的那些手段：动辄让职工写检讨、当众认错等等，褚时健都不喜欢用，他讨厌议而不决、决而不行，并漠视那些不解决实际问题也从来不会被认真执行的条条框框。

玉溪卷烟厂的职工开始感受到褚时健的不同风格，他们说不出他是什么风格，但就是感觉非常特别。而像邱建康这样想要有所作为的年轻人，则从心里生出一种从来没有过的期待感，很久之前，他就特别期待有一个能够改变现状的人出现。当然，邱建康不像褚时健，曾见过1949年之前那些私人企业怎么做，外国人怎么管企业。邱建康这一代几乎什么也没见过，从他一出生，这个国家就只有几乎完全一样的国有企业，除了种地的农民，其他人都在这样的国有企业里工作，看不到有什么不同。他甚至认为所有的企业都是这样管理的，管理者不需要有多高明，跟着政治跑就是了。唯一不满的是，他感受不到书本和报纸上说的"专家治厂"。褚时健的到来让这个敏感的青年突然意识到，企业的管理原来是完全有可能不同的。

而对褚时健来说，到烟厂以来经历的几件事，尤其是加薪风波、锅炉事件、明争暗斗，让他领悟并总结了很多东西。

这些事件给他的教训是两方面的：一、要想让工人有积极性，有利益是必需的，甚至是第一位的；二、利益对人的驱使往往比荣誉感更有效，在利益的驱使下，职工是愿意付出的。

锅炉事件还给了他另外的教训：一个管理者要想不被手下人蒙，自己得懂七八分。以前的厂领导为什么总被蒙，原因就在这里：既不给人好处又完全不懂业务。

加薪风波则让他明白了机制设计的重要性，如果不是那么僵硬的40%，或者如果不做从上到下的硬性规定，而是把权力下移，比如，加薪的40%由每个车间或者小组的职工自己来决定，相互竞争，信息相对对称，就会合理很多。

但是，历史的惯性让很多不合理成了一种常态、一种思维习惯，要做好，就得按另一种思维方式出牌，这就产生了一种强烈的撕裂感。这种撕裂感在褚时健身上体现得尤为明显，有时候是他撕裂现实，有时候是现实撕裂了他。这成了他性格中的某种悲剧因素。

核心竞争力：管理的特殊基因

既没有读过正规大学，又没读过商学院，甚至也没有见过别人具体怎么管理企业，褚时健经营企业的基因到底来自哪里呢？

他不仅没上过大学，而且数学成绩一直不好，这使他对继续上学慢慢失去了兴趣，之后才投身中国共产党领导的革命运动。

他在企业经营中运用得最出神入化的就是"利益平衡"和"经济效益"，这成为他在企业经营中频频获胜的关键因素。他所有的经营管理方法几乎都围绕着这两个因素展开。这两个因素的形成则和他的经历息息相关，最后成了他思维习惯的重要部分。

"利益平衡"理念的起源，要追溯到他很小的时候。他常常回忆起，每遇荒年乞丐到他们家要饭的情景，家里本不宽裕，但妈妈还是要给乞丐半碗饭。五六月青黄不接的时候，妈妈也总要接济一下困难的村邻。

这两个事例在他心里形成了很强的暗示，而不仅仅是一个善举，这对他后来不断强调的"利益平衡"起到了启蒙作用。

如果说少年时期的经历更多是一种潜意识，那么他在青年时期所亲历的"征粮"和"减租退押"，则促成了他对"利益平衡"的理性思索，并固化成了他的企业经营理念。

那两次运动中，褚时健都是最出色地完成了任务的人，他的法宝就是利益平衡。征粮的时候，战友朱某某因为行为太过火，向农户要的粮食数额太高，并动用武力，最后不仅没能完成任务，反而被袭身亡。褚时健具有一种特别的现实主义性格，很好地揉进了利益平衡原则。他说，田是跑不掉的，用尺子一拉，亩数就出来了，然后，根据土地的税利、肥瘦条件定出单产，再除以人口，剩余的粮食就算出来了。即便如此，也不能把人家的剩余口粮全部收走，要留一点儿，这就是利益平衡。双方协商，都有好处和出路。征高了，农户不干；征低了，他完不成任务。取得平衡就好了。所以，他总是在别人还没有动静的时候，或者还在抓人、打人的时候，就已经完成任务了。"单顾我不行，单顾你也不行"，这就是他的利益平衡哲学。所以，他年纪轻轻就当上了区长。

"减租退押"，针对的人群是地主。政府财政困难，要求把地主的那些财产——"浮财"统统挤出来。这个比征粮要困难，征粮看得见土地，"浮财"却是看不到的，信息处于严重不对称状态。褚时健的方法还是"利益平衡"。因此在"减租退押"过程中，褚时健没有使用粗暴的方法就完成了任务。

这些经历成了他一生的烙印，养成了他顽强而特别的现实主义性格。这种现实主义性格有几方面要素：与人合作，必须给人利益；利益的产生是个相互作用的过程，没有只有一个人赚钱的生意；适当让渡利益，常常会获得更大的利益。这种现实主义色彩浓郁的个人风格，是褚时健管理哲学的基因。

他的"经济效益"理念，最早的源头要追溯到他小时候在家里蒸酒的经历。他从小学会计算一百斤苞谷要出多少酒，烧多少柴才能赢利。如何多出酒少烧柴，他要找方法。"经济效益"是一个动态关系，它反映的是投入产出比。褚时健很早就掌握了这个动态模型，不能只强调收益，也不能只强调成本，而是应该寻求一个最好的比值。在后来的很多实践中，他总是加大成本，收益也随之翻倍增长，像神奇的乘法一样。这就是他所追求的经济效益。

少年时代早期的经历，加之在"大跃进""三年自然灾害"中的经历，使他对经济效益格外看重。到他在曼蚌糖厂和戛洒糖厂做管理者的时候，他对效益理论的运用已经炉火纯青，无出其右了。

褚时健还具有一种与生俱来的商业算术天分。它与一般的数学计算不同，而是一种直觉性地把握事情要害的能力。褚时健总能迅速明白商业活动中的成本和效益要素何在，然后再进行简单的计算。一般人不明白，以为褚时健数学很好，恰恰相反，褚时健的数学很糟。其实这完全不是数学，而是一种商业直觉。这种商业直觉是无法拷贝的东西，外人无法知晓其中蕴含的核心竞争力。

他有一种特殊的思维结构，大多数人，尤其是大多数国有企业的企业家，都是一种约束性思维模式——能怎么做，首要考虑的常常是"约束条件"，包括那些不合理的约束条件。而褚时健是一种应然性思维模式——该怎么做，他往往首先不考虑约束条件，尤其是那些不合理的约束条件。在"应然性"和"约束性"之间碰到问题的时候，他再想办法来补台，这是他能先人一步的重要因素，而这一步，在大多数人眼中常常是触目惊心、心惊胆战的，而他走得自信而踏实。这是一种领导者和变革者的天然气质。

他还拥有另一种特质：在反对声中前行。很多时候，反对声往往使他的思维更加清晰，成为他思考和前行的营养。他不是赌徒，而是一个富有冒险精神的企业家，当他自信的时候，再强的反对力量也很难阻止他。

这就是褚时健的管理基因。

第七章　1982年——褚时健元年

褚时健是一个彻底的市场信徒，当市场发出哪怕不那么强烈的需求信号时，他也能敏感地捕捉到，并带着信徒般的狂热和兴奋投身到市场中，还能从对市场需求的供应中得到快感和成就感。

转守为攻，负债经营
新机器罢工
串换辅料，增强竞争力
彻底的市场信徒：鼓足干劲，争夺市场
牛刀小试，利益激励

转守为攻，负债经营

在褚时健站稳脚跟并熟悉了玉溪卷烟厂的情况后，他已经决定转守为攻。之前，他更多是处于一种防守的状态。他说："一开始，我们也没有一套很完整的计划，都是在生产经营过程中，碰到阻碍生产力发展和效益提高的一些旧规定、老想法，再力争去排除和突破。"但是，进入1982年，开始有点儿不一样了。

1981年早些时候，褚时健带领玉溪卷烟厂的技术人员参观了几家率先引进国外先进设备的兄弟公司。他们引进的英国制造的MK9-5型烟支卷接机非常新奇，让褚时健备感震惊。它每分钟能生产5000支烟，生产效率是玉溪卷烟厂的"新中国"牌卷烟机的五倍，但价格也很惊人——261万元一套。

褚时健决定通过云南轻工厅来争取政策，通过贷款购买一套MK9-5型卷接机设备。但是，云南省政府在之前一位分管副省长的主导下，把昆明卷烟厂作为云南卷烟工业现代化的优先改造目标，一切政策都向它倾斜。褚时健认为，政府的政策应该以市场为导向，择优选择，让这些企业竞争，而不能刻意支持某一家的发展。正是在他的不懈争取下，云南省轻工厅接受了他的意见，同意支持玉溪卷烟厂贷款购买设备。

但他还需要说服玉溪卷烟厂内部的管理层。毕竟是第一次引进设备，大家都有很多担心：一是价格太高，仅仅一套设备的价格，就相当于60台玉溪卷烟厂目前正在使用的"新中国"的价格，差不多是当时玉溪卷烟厂卷烟设备价格的总和。MK9-5单位时间的产量虽然是"新中国"的五倍，但按一般经济账目计算，也并不是多么合算。二是是否有能力操作进口机器，大家没有信心。当时有报纸报道，某厂高价引进的进口设备因工人操作不熟而被搁置。而更重要的一点是竟然要贷款，要还利息，负债经营。这是过去玉溪卷烟厂从来没有过的事情，大家接受不了。

但这套机器的优点也是显而易见的：每分钟卷烟5000支，效率是原来的五倍；省原料，单箱卷烟耗烟丝45公斤，可以节省差不多15公斤；同位素射线测量重量；自动检测烟支质量；此外，卷出的香烟在外观和口味上都要比"新中国"卷出的好太多。

决策会上，褚时健请卷包车间副主任乔发科给大家算账：这种设备每箱烟能节省15公斤烟叶，按每公斤5元计算，一箱就节约75元；这种机器的折旧费是每箱35元，而旧机器的折旧费是每箱17元。这样，各项相加，使用这种设备每生产一箱烟将带来57元的利益，它每天生产50箱烟，每天将节约2850元，每月就将节约8.55万元。更重要的是，用它来生产"红塔山"，仅加一个过滤嘴，每包的价格就能从5毛1分涨为8毛1分，每包能增加3毛钱，一条烟就能增加3块钱。

按乔发科的计算，即使不计算节省下来的人工成本，使用这台机器不超过三个月就能收回投资，还清本息。

在褚时健的主导下，班子成员达成共识，同意贷款引进一套MK9-5型设备。经过几个月的周旋折腾后，这套让人翘首以待的设备在两名指导安装和调试的英国专家的陪伴下来到了玉溪。

新机器罢工

改革开放之初的中国，进口设备的引进总是会刮起旋风，人们之前麻木的神经、呆滞的眼神，被一种好奇、羡慕、冲动所取代。他们比较进口货和国产货的异同，惊叹进口货的外观设计与时尚功能，议论纷纷，啧啧称奇。

玉溪卷烟厂的职工和褚时健一样，盼着这套进口设备能给烟厂带来奇迹，结果却事与愿违。

这台机器安装好后，三天两头闹病，再怎么调整，它的日产量还是只能达到设计产量的一半，并经常莫名其妙地停机，弄得两位英国专家非常难堪。褚时健也整天围着这台机器转，观察专家们如何操作，寻找故障的规律。经过一段时间的观察和思索后，英国专家告诉他，故障不是机器的问题，而是原料的问题。因为这台机器有一个电子质量监控系统，只要有一项原料不合格，或者中间出现任何质量问题，机器就会自动停下来。而玉溪卷烟厂目前的条件，根本满足不了这台机器的要求。看样子，这台机器还是一个"自动质检员"。

这个结论让褚时健非常惊讶，他把卷好的烟和卷烂的烟带回办公室，撕开、揉碎，放在放大镜下认真观察。几天后，他告诉英国人，他同意他们的结论。

但褚时健需要的是如何解决问题。

英国专家告诉他，最简单的办法是放弃电子质量监控系统，用人来管理卷烟质量，或者调低质量监控系统的指标，让质量差一些的原料也能进入下一道工序。但是，这样产品的质量就不能达到机器设计的标准了。

另外一个办法是全部使用进口的烟丝、滤棒和盘纸，或者再进口一台他们公司的制丝设备，生产高品质烟丝。

褚时健告诉这两位英国专家，机器的质检系统任何人都不准动，包括他本人。他打算滤棒、盘纸等全部采用进口产品，但烟丝只能使用国产的，要不然卷烟产业再发达，也不能带动中国的烟农变富。他同时委托这两位英国专家：帮助烟厂提高烟丝质量，让这台设备在质量合格的情况下也能"吃"中国原料。

这套机器设备整整调试了45天才投入生产，褚时健承受着巨大压力。

串换辅料，增强竞争力

在这台MK9-5调试好之后，褚时健深知，只要把原料问题解决好，离生产出当时中国最好的香烟就只有一步之遥了。

那时候，全中国的卷烟厂大同小异，设备差距不大，各方面条件也差不多，唯一的差距就是政府要扶持哪一家。决定一家卷烟厂发展的几个要素：原料、设备、辅料、市场，尤其是辅料，当时都被严格控制着。

褚时健说："盘纸我们不够用，所有生产的这些纸张我们都不够用。束丝要进口，全国都紧张，国家专卖局只能满足我们一半，就不能搞过滤嘴烟，而过滤嘴烟的效益最好。"

但是，如果从竞争角度看也有一个好处：既然大家的条件都差不多，而大家都没有刻意想去改变，那只要比别人在某方面好上一点儿，就会获得竞争优势。而褚时健是一个渴望改变的人，所以，当那些串换过家电的广东人再次出现的时候，他牢牢地抓住了。

这些嗅觉敏锐的广东商人了解了中国烟草业的状况后，开始寻找这些卷烟厂兜售他们能搞到手的辅料，当然，前提条件是串换。这个时候，香烟两级市场的差距已经很大，香烟串换能获得诱人的利润。

在发现"红塔山""红梅"等香烟品牌初步畅销后，他们很快就找上门来了。之前他们也登门找过别的卷烟厂，但都被拒绝或冷落了。他们为玉溪卷烟厂拉来进口的束丝、盘纸、白卡纸等紧俏辅料，这是褚时健求之不得的事。玉溪卷烟厂出品的优质香烟，尤其是"红塔山"在两级市场上巨大的价格差使这些广东商人愿意付出任何东西。他们从美国、欧洲弄到这些紧俏辅料，转口香港，再把它们运到玉溪。

这些商人和褚时健都是利益协调的高手，他们很快就达成了价格协议：玉溪卷烟厂给他们的香烟按出厂价算，而他们卖给烟厂的辅料也低于市场价，尤其远远低于国家调拨供应给玉溪卷烟厂的价格。于是，这成了一桩对双方都非常划算的买卖：这些商人让渡出来的价格很快能通过二级香烟市场几倍地补回来，因此，他们带着愉快而感恩的心情和褚时健做起了这些生意。

褚时健身上超前的市场意识开始展现出竞争力。

他把那套进口的设备和这些串换来的辅料，全部投入了过滤嘴香烟的生产过程中，发现什么品牌的香烟短缺就生产什么香烟。有了串换帮忙，这台261万元的天价机器在投入生产几个月后，就收回了投资。

彻底的市场信徒：鼓足干劲，争夺市场

褚时健是一个彻底的市场信徒，当市场发出哪怕不那么强烈的需求信号时，他也能敏感地捕捉到，并带着信徒般的狂热和兴奋投身到市场中，还能从对市场需求的供应中得到快感和成就感。当他得知MK9-5生产出的"红塔山""红梅"受到市场前所未有的欢迎时，他调集了所有的力量来加强生产。

设备少，人力多，如何提高机器设备的效率？褚时健要求大家想办法。熟悉机器运作的乔发科通过调查发现，要实现目前条件下的最高生产率，必须改变工人上班的节奏，变"三班倒"为"两班倒"，变8小时工作制为11小时工作制，中间留下两小时来换班和检修机器。因为减少换班频率能增加生产，最大限度地把人的力量和机器的能量发挥出来。

经过试验，这个建议果真能够增加产量。于是，褚时健毫不犹豫地采用了。他认为既然市场有了机会，就应该鼓足干劲干。在严格的劳动纪律约束

下，2400多名职工都被动员起来了，他们遇到了前所未有的劳动强度，以前一天松松垮垮只上8小时的班，现在必须紧紧张张地干足11小时。在褚时健的带领下，整个卷烟厂都被一种热情点燃了。

褚时健回忆说："工人们确实干得够苦，连那些年轻的职工都有点儿顶不住了。不过，既然我们设备不如人、规模不如人、市场不如人，职工的技术也不如人，我们的干劲就必须比别人强。市场给予的机会是短暂的，只有拼命才能抓住。"

这样拼命工作的结果是，到当年的9月份，烟厂就把上级下达的生产任务完成了。在当时中国"承包"一词风靡的年代，国家、云南省、玉溪卷烟厂之间形成了一个"分成制"契约：在完成国家指标后，超产部分由省里支配，而超产的那部分销售收入，在扣除成本后，云南省又和玉溪卷烟厂进行再分配。这样，加班加点的成果，很大一部分就转变成了玉溪卷烟厂可支配的利润。

可是，时间一长，那些指责褚时健透支职工体能、违反国家劳动规定的言论就开始出现了。慢慢地，一场针对褚时健的规模不小的告状、上访开始了，他们从玉溪告到云南省委，并联名告到全国总工会、妇联，最后告到了国务院。这么长的劳动时间和这么大的劳动强度，确实违反了当时的国家劳动管理办法，对全厂2400多名职工的利益构成了损害。

在玉溪地委和云南省委一直保持沉默的情况下，这件事最后惊动了中南海。在一名中央政治局委员的带领下，全国总工会、全国妇联组成了一个调查班子进驻玉溪卷烟厂。褚时健解释了这么做的两个理由：一是抓住转瞬即逝的市场机会，为国家、为企业也为职工创造效益；二是现在多投入的时间，3—5年后一定还给大家，现在每天工作11小时，未来每天也许只要工作6小时，甚至5小时。

当时，中国的国有企业在整个国家改革氛围的感染下，正有点儿改革的苗头，也许是为了不破坏企业刚刚获得的自主权，最后的意见是由玉溪卷烟厂自己来处理这场危机。这些前来调查的"京官"，给那些意见较大的职工做起了思想工作：既然领导已经承诺以后会把时间还回来，那今天苦一点儿就算了嘛。

牛刀小试，利益激励

接受调查这件事也给褚时健带来了很大的触动，使他不得不重新思考国有企业的劳动者关系，而他本身是一个市场利益的信奉者。他认识到，短期可以讲奉献精神，长期则必须有利益激励机制。大多数职工的行为是受其自身利益驱动的。只有设计出一种好的机制让他们愿意主动付出，才能真正提高效率。

他注意到两个现象：一是农民在自留地①干活的时候，没有谁的积极性有问题，同样的土地，同样的劳动力，为什么产量就不一样呢？二是火车站那些搬运工人，辛苦地搬运大包，但他们也不存在积极性的问题，因为这些工人是按搬运东西的件数来计算工资的。

褚时健意识到，在非强制条件下，劳动力是很难被榨取的，哪怕以国家利益的名义；而即使在强制条件下，榨取的成本也非常高昂，人民公社时期生产大队的失败就是很好的例子。

实际上，1979年，褚时健到玉溪卷烟厂后，他凭借国家规定的"企业可以适度进行奖惩"的政策，在玉溪卷烟厂实行奖惩制，但制度定得很死。全年最高奖金不得超过三个月的工资，奖励的范围很窄，并且很难对应到责任，员工的积极性并不能真正被调动起来。

这场告状风波之后，他决定突破政策的规定来调整分配制度。这个时候，同行的襄樊卷烟厂开始了计件浮动工资的改革。他马上派出劳动科的员工去学习，等这些人回来给他汇报后，他已经明白应该怎么做了。

---

① 自留地，中国在20世纪60年代初"三年自然灾害"后返给农民自己耕种的那部分土地。

他参考计件浮动工资的方式，并借鉴农村"大包干"的经验，提出了"单箱卷烟工资含量包干"的分配改革。为了和上层通道相对应，取得他们对改革的支持，他希望上级对玉溪政府同时也对玉溪卷烟厂实行"单箱卷烟工资含量包干"的政策。他把这个方案呈给了玉溪地委和云南省劳动部门，在获得他们的支持后决定实施。

这个方案其实很简单：按完成的生产量来计算工资，每一箱烟对应多少工资，把它先对应到生产车间，然后再分解到机台，最后分解到个人。工资上不封顶，下不保底。

1981年11月，褚时健在二车间对这项改革进行试点，一个月后大获成效。二车间的月产量由1000箱增加到1140箱，产量、质量都有了新的突破，按规定，这个车间的工人能够领到1140箱烟的工资。

1982年年初，褚时健就在全厂推行这项改革：干8小时的人只能拿8小时的工资，干11小时的人拿11小时的工资，二者每月差150—200元，这是一笔不小的收入。这样一来，因为超时工作而告状的事就慢慢绝迹了。

各车间都把职工召集起来开会，让员工自愿做出选择：愿意每天工作8小时的站一边，愿意工作11小时的站到另一边。然而，竟然没有一个职工愿意站到8小时那边去，包括那些告状和上访的职工。

"单箱卷烟工资含量包干"的改革，是褚时健在玉溪卷烟厂实行的第一项改革措施，它的推行直接刺激了内部竞争。之前，职工迟到和早退是普遍现象。自从这项改革实施后，"上班要人喊，出工不出活儿"的现象没有了，大家开始早来晚走，争分夺秒，甚至传出有深夜翻墙入厂加班的现象。

这个衰败的国有企业开始焕发出新的活力。

但这些改革又引来了外部的麻烦，当这些消息传到了周边的国有企业时，这些企业不愿效仿褚时健，而是一起来"劝告"和告发他。他们冠冕堂皇的理由是：褚时健这项改革增加了工人的劳动强度，损害了工人利益。而财政部门确实已经注意到了玉溪卷烟厂职工工资增长的情况，他们认为这样搞得左邻右舍不好办；税务局也发现玉溪卷烟厂的奖金超过了四个月的工资，他们声称要追查责任；还有人说褚时健是搞福利主义、物质刺激；有的企业甚至向上级告状，要求政府部门制止他这样做。

但褚时健顶住了压力。在一团乱麻的舆论旋涡中，玉溪地委站在了褚时健这边。在为此召开的一次会议上，地委领导明确表态说，只要生产效益好，突破国家规定的奖金限额，政府愿意承担风险。

为了不被上级部门"抓辫子"，他们把这看作一个君子协定，不做记录，不发文件。这让褚时健非常感动。

1982年，由于先进生产设备的引进，市场化经营思路和内部竞争机制也引入玉溪卷烟厂。这一年，玉溪卷烟厂的税利达到了1.824亿元，比褚时健刚来时翻了一番，利润达到了1103万；而职工的年平均工资，1979年不到300元，1981年不到700元，到了1982年就突破了2000元。

但也是在这一年，褚时健被当地纪委给予了"党内严重警告"的处分，因为他参与的辅料串换被视为投机倒把。

1982年，是褚时健在玉溪卷烟厂的元年。在此之前，他应付问题；在此之后，他转守为攻。

第八章　把握问题　问道欧美

褚时健意识到，设备和原料将会是未来市场竞争的关键，尤其是原料。因为，当所有的卷烟厂都能够购买进口设备后，差别就在原料上。

他的工作重心由此围绕这两大问题展开。

把握问题，渐入佳境

寻路欧美，遇见贵人

大开眼界的美国之行

技改三大难题

签"军令状"

设备革命：新旧之争

引进设备，确立领先地位

把握问题，渐入佳境

经历了1981年的第一套进口设备引进和1982年的分配制度改革之后，玉溪卷烟厂的活力日益焕发出来，市场需求也开始急剧增长。褚时健明白，增长可能是两种因素造成的：内部因素是设备引进和内部改革，外部因素则是巨大的国家需求开始释放。

1983年和1984年，玉溪卷烟厂的产量分别达到了46.45万箱和53.71万箱，税利则分别增加到了2.2956亿元和2.9949亿元，1983的增幅为25.85%，1984年增幅达到30.46%。

他交出了全行业最漂亮的成绩单，从1980年到1984年，玉溪卷烟厂保持着这个行业最快速的增长势头。

然而，供不应求的市场格局也带来了两个问题：设备和原料。这两大问题又导致了两个结果：产能不足，质量不佳。由于原料的紧缺，全国的卷烟厂都围绕着烟草公司开打"烟叶大战"，都希望能多分到一点儿好的原料。褚时健记得，那几年，往往是国家的生产计划下达了，但生产资料总是到不了位。

他意识到，设备和原料将会是未来市场竞争的关键，尤其是原料。因为，当所有的卷烟厂都能够购买进口设备后，差别就在原料上。

他的工作重心由此围绕这两大问题展开。

在因为香烟串换的"投机倒把"被党内严重警告后，他给云南省政府打了个报告，请求云南省政府认可他的串换行为，因为这是解决辅料问题的唯一途径。而令他备受鼓舞的是，云南省政府同意了他的请求。

在褚时健看来，既然政府没有能力解决生产资料问题，企业自己去寻求解决问题的方法是理所当然的。他的应然性思维——应该怎么办？——在这个时候起了作用。

他的思维还具有非常强的问题导向特征。这种思维模式的特点是顺藤摸瓜，发现问题并围绕如何解决问题展开。设备和原料这两个问题的发现，也是他顺藤摸瓜的结果。当需要解决的问题发现后，接下来就是"狩猎"。

这两大问题的发现，也是他研究的结果。

到玉溪卷烟厂这几年，他花了不少时间来研究国外的卷烟动向，并把国际上畅销的几个品牌——"万宝路""555""骆驼"等名牌香烟拿来和"红塔山""红梅"做比较。他得出的结论是：差距最大的是原料，其次是工艺和生产设备。有了原料，品质才有保证；改进设备，质量和工艺才能提高。

对于设备如何改进，褚时健已经有了明确的思路：全面引进，逐步更新，把那些20世纪三四十年代的老家伙全都换掉。

他已经从引进设备的实践中尝到了甜头，决心走一条依靠科技带动效益、提升质量的路子。为此，玉溪卷烟厂成立了技术改造办公室，他担任主任，召集班子和办公室成员先后召开九次会议，研究和讨论技术改造问题，并确定了"全面改造、积极引进、择优选型、配套成龙、消化吸收、务求效益"的实施方案。

然而，好的烟叶从哪里来，让他非常头疼。他自己没有做过烟农，对于如何种出好的烟叶没有任何经验。他曾寄希望于从农民那里直接购买烟叶，但在

1983年《烟草专卖法》出台后，这个希望成了泡影。

但是，褚时健找到了这两个关键问题，并死死地把握住了它们。

寻路欧美，遇见贵人

在把握住问题后，1983年，褚时健决定带领技术人员去欧洲进行考察访问。两个因素促成了他的欧洲之行：一是一年多以前从英国引进MK9-5型卷接机的巨大成功召唤着他必须去欧洲做一番考察；二是他明白设备和技术引进将是未来中国烟草的长途，而"集多国之精湛技术为我所用"已经成了他的战略梦想。当时，卷烟设备制造最先进的三个国家分别是意大利、德国和英国。在体验过英国的设备后，这一次，他决定去意大利。在意大利，他们认真看了由CD公司制造卷接设备的米兰和博洛尼亚的三家卷烟厂，并重点看了意大利设计制造的X1、X2型包装机组。在参观德国豪尼公司时，褚时健被他们生产的制丝线给迷住了，他蹲在这条制丝线旁好几个小时，反复观看它的运作细节。当他依依不舍地离开的时候，他收集了打叶机、风力送丝等大量有关的技术数据，并带了样品回来研究。

欧洲之行使褚时健头脑中的设备引进和改造线路图越来越清晰，他已经知道应该怎样建设一家现代化的、世界一流的卷烟厂了，并且，他决定就这么干。

1983年，国家烟草专卖局带了一名叫左天觉的美国华人来到云南。这个美国华人于1947年留学美国，在取得农业方面的博士学位后，服务于美国烟草企业和美国农业部，是世界著名的农业专家、烟草专家。直到改革开放后，他才有机会回到中国并做起中国烟草顾问的工作。

左天觉向他见过的大多数中国烟草官员和专家指出过中国烟草存在的问题及其根源，但大多数中国专家并不接受，也不大爱听，他们认为左天觉不懂中国。

可以说，在碰到褚时健之前，中国并没有谁认真听过这个美国专家的话。

1984年，左天觉再次来到云南，这一次，他还带来了一个地道的美国人——烟草专家琼斯。褚时健注意到了他们的观点，并向他们请教云南烟叶的问题。左天觉告诉他，云南的气候得天独厚，昼夜温差很大，是培育好烟叶的沃土，但云南的烟叶还有几个需要克服的问题：营养不足、肥料结构错误、成熟度不够，此外，还有密植过高、阳光照射不充分等问题。

左天觉展开说，营养不足主要是因为施肥不够，美国一亩烟地的施肥量在100公斤以上，而云南这边每亩才施40公斤。中国人多地少，土地长期不能轮休，土壤营养本来就不够，施这么少的肥肯定会影响烟叶的营养发育。

第二，肥料结构错误，主要是因为烟叶需要的主要营养元素氮、磷、钾的最佳比例为1∶1.5∶2，但这里的烟农主要使用氮肥，氮肥能促进烟草长个子、增产量，而只施氮肥是出不了好烟叶的。

第三，这里的烟种得太晚，生长期不够，发育不良。跟美国比，种植时间晚了将近一个月。

第四，种植密度过高。美国最好的地，一亩才种1100棵左右，差一点儿的种1050棵。但云南这里普遍密植，大部分每亩多达2200棵，阳光只能照到顶部的几片烟叶，根本无法充分照射。

第五，采摘过早，成熟度不够。优质烟叶的含糖量和含碱量（尼古丁）要均衡。采摘过早会导致含糖量很高而含碱量较低。这里的烟叶糖碱比例是28∶1，而美国烟叶的糖碱比例基本都在10∶1以下。糖碱比高的烟叶，无论下多少工夫，也生产不出足劲、醇香的卷烟。而糖碱比低的烟叶，从叶片表面就看得出来，成熟的烟叶表面有一种褐色的烟斑，像人的老年斑，这种烟叶生产出来的烟就特别醇香。

左天觉的这一番论述，把褚时健完全给迷住了。他发现左天觉不像传言中的那样不懂中国烟草，而是懂得特别多，他下决心要聘请这个美国人做顾问。

大开眼界的美国之行

在左天觉的安排下，褚时健带着一行人前往美国。他们的目的就是看美国如何种植烟叶，如何加工香烟，为什么他们能够做出在全世界都受欢迎、售价高达五美元一包的"万宝路"。

褚时健等人一共在美国考察了四个星期，从美国东部历史悠久的烟草种植基地弗吉尼亚州到总部设在纽约的菲利普·莫里斯公司，再到西部的加利福尼亚州，他带领技术人员认真细致地学习美国烟叶种植的每一个环节，从选种、栽种、施肥，到最后的采摘，都记得非常认真。有疑问的地方，美国人都会耐心而诚实地告诉他们，或者，他们会请教左天觉。

褚时健发现，美国每户烟农都有一本指导他们怎么种植的小册子，如果谁家不按这本小册子的指导进行种植，谁家的烟就没有人要。他想，这就是科学种田的标本了，什么时候中国的烟农也这样就好了。

褚时健说："去美国一看，看到美国烟叶，我们总算搞清楚了什么才叫成熟。人家在田里的烟叶确实养得成熟多了。如果不去美国看看，虽然从左天觉那里也能了解不少，但心里还是感觉不踏实，而看过之后，踏实了、有谱气了。我说这个我们做得到嘛，种稀点儿，肥料按规矩来，成熟度养够，这个我们有办法嘛，所以，照着人家那样来，心里有谱气了，胆量也就来啦。"

美国之行让褚时健大开眼界，也备感兴奋。他羡慕美国的市场经济，企业用钱什么都能在市场上买得到，烟叶、束丝、盘纸、铝箔等，都不需要国家来调拨和控制。褚时健骨子里流淌的，是市场自由竞争的血液。他看到市场自由给了美国无穷的机会，也给美国带来了财富。美国的富庶比他之前想象得要强得多，普通人家也有很漂亮的房子，并铺着华贵的地毯，而他们又是如此好客。在一家农场，农场主人招待他们，并耐心地询问他们的需求，农场女主人的优雅与真诚也给他留下了非常深刻的印象。

技改三大难题

到欧洲和美国考察过后，褚时健已经完全掌握了解决这两大问题的"药方"，他越来越自信了。接下来就是如何找到机会来实施他的想法。他决心双管齐下，两面突破。

但是，设备引进的难题有三个：

一是外汇。中国是一个外汇严格受管制的国家，任何企业都没有持有外汇的资格，而且，这个时候的玉溪卷烟厂也没有创收外汇，所以，外汇需要求助政府，而这个时候政府的外汇也是非常紧缺的。云南省每年的外汇收入，主要由土特产、矿产出口创得，大约每年1000万美元左右，但全省的外汇支出这么多，因而，实际上云南省也不能解决褚时健面临的外汇问题。

二是外汇指标。即使你能想办法搞到外汇，但计委有使用外汇的指标，没有这个指标，有外汇也花不出去。

三是设备引进更新需要上级部门的批准。玉溪卷烟厂的设备引进，不仅需要云南省轻工厅、云南省计委，还需要云南省政府来批准。

解决这三个问题往往是身心俱疲的公关大战，大多数企业都望而却步了。不过，像褚时健这么坚忍的人，即使再多几个难题，他也会执着地解决。

签"军令状"

从欧洲回来后，褚时健就一边琢磨一边等待。这个机会终于在不到半年的时间内就来临了。

1984年下半年，他得到通知，参加云南省计委、轻工厅等几个厅局关于使用外汇进行技改的会议。原来，国家为了搞活大中型国有企业，对技改资金实行大额外汇贷款。凡有外汇偿还能力的企业，都可以申请外汇贷款来引进国外的先进设备。

褚时健当然不会放过这样的机会。

他和玉溪卷烟厂的领导班子开会，决定申请1000万美元额度的贷款，这样就能够引进一条德国的制丝生产线，再加几台英国的卷接机。当他带着总工程师李振国从玉溪赶到昆明后，发现竟然还有外汇贷款额度没人敢要。于是，他临时决定把申请的额度从1000万美元增加到2300万美元，所有没人敢要的额度他全部揽了下来。这让现场所有人都大为吃惊，包括主持会议的副省长朱奎。

省计委的领导直接问他："老褚，你要这么大的额度，赔得起吗？怎么赔？"褚时健寸步不让："再批千把万美元，我也敢要。"引进MK9-5的经验和在欧洲的考察，让他信心十足。

但玉溪卷烟厂的申请还是被压了下来，谁也不敢给他们批这么大数额的外汇贷款。

一起去申请贷款的还有昆明卷烟厂的领导，有趣的是，他们相互提醒对方，褚时健建议对方多申请一点儿，机会难得；而对方却善意地提醒褚时健，这么大金额的贷款，风险太高，如果还不了要负责任的，建议褚时健少要点儿。最后，这家烟厂要到800万美元的时候就不敢再往上要了。这个时候，玉溪卷烟厂已经完成了对昆明卷烟厂的全面超越。

外汇贷款的报告搁浅让褚时健有点儿沮丧，但他并不是一个容易失望的人，也不会轻易放弃。甚至在云南省计委已经游说得口干舌燥时，他依然不肯放弃。看来，只有从更上层入手了，他几乎是在朱奎去参加另一个会议的路上堵住了他，力陈自己的理由，尤其是引进设备后会产生的经济效益。终于，非常敏感的朱奎被褚时健打动了，他同意临时召开一个短会来解决问题。

这个短会也并非一帆风顺，尽管朱奎已经站到了褚时健这边，但云南省计委和轻工厅的领导还是认为，褚时健的申请额度太大、风险太高、过于草率。双方僵持不下，在朱奎的协调下，最后以褚时健立下"军令状"的形式收场，会议同意褚时健申请的外汇额度，但他必须保证按期还款和实现税利增长。褚时健提笔写下这样一张保证书："保证三年还清外汇贷款，税利每年递增一亿元。"

设备革命：新旧之争

在外汇贷款确定之后，在签订使用外汇贷款的协议时，又一个令人不解的问题冒出来了：褚时健希望能够用这笔外汇对玉溪卷烟厂的设备进行一次全新的、大面积的改造，引进西方国家目前最先进的设备。但云南省计委和轻工厅的领导倾向于认为，不必一次性到位地购进全新的设备，而是可以购买已经被西方发达国家淘汰的设备，因为即使是这些设备，在国内仍然是先进的。他们认为，引进旧设备不仅能节约大量外汇，解决外汇不足的问题，还能让技改工作得以顺利实施。

有一位领导这样说："你们引进80年代最先进的技术设备有点儿脱离实际，那些比你们先进的厂子，条件比你们好太多，他们也只敢引进发达国家五六十年代的设备。"他以带点儿教导的口吻对褚时健说，"还是跟别人学着点儿，这样保险一些。"但褚时健不为所动，他认为旧设备虽然可以节省一些外汇，但是质量难以保证，如果买回来后经常发生故障需要维修，就很难达到提高生产质量和效率的目的。既然花这么多钱，就应该考虑得更加长远一些，使引进的设备至少在未来10—20年不会被淘汰。

褚时健以德国豪尼公司最新的生产制丝设备为例，他说，这套最新的制丝设备，日产能可达到五吨，使用效率高，有效作业率能达80%以上，与其他设备生产的烟丝相比，吃味更醇和、香味更浓、色泽均匀、有油润、梗丝膨胀率高，还能降低烟叶消耗，每箱能够降低消耗1.9公斤，全年可降低消耗76万公斤，单是原料节省出来的价值每年就高达380万元。目前正是原料紧缺的时候，把这些节省下来的原料加工成市场上紧俏的香烟，实际上这台机器的成本就收回来了。

但有关领导还是不为所动，设备引进再度搁浅。

褚时健也不肯善罢甘休，之后的两个月，他坐着自己的丰田车不断往返于昆明和玉溪之间，尽管大多数时候都是徒劳，但"跑项目"已经成了他的首要工作。关键时刻还是朱奎帮了忙，在综合权衡利弊后，他选择了支持褚时健，这场险些"流产"的设备革命峰回路转。

朱奎支持褚时健，既因为褚时健陈述的理由，也跟这些年他和褚时健打交道对他很了解有关。他发现褚时健不但是个朴实勤恳、事业心强的企业家，而且具有一般企业家所不具备的卓越的远见与坚忍的性格。为跑这个项目，褚时健可没少找朱奎，有时办公室找不到人，他就直接去会场，会场找不到人，他就到朱奎家门口等，然后两个人慢慢交流，并在这些交流和经历中渐渐把对方视为知己。

引进设备，确立领先地位

在外汇贷款引进设备的合约落定之后，云南省把分散到各州市和其他行业的外汇配额全部集中起来，2300万美元的巨额外汇全部交给了玉溪卷烟厂。

褚时健选择速战速决。

面对着可能是中国改革开放以来最大的一笔设备引进项目，日本、英国、德国、意大利、法国等世界各国的制造商都闻风而动，并且展开了激烈的竞争。褚时健有意让他们竞争，这不仅能够使价格降下来，还能在竞争中释放出更多的信息。

他带领着技术队伍轮番和这些厂商谈判、选型、确定需要改造的部位，在比较了日本、英国和德国的制丝设备的优劣后，他决定引进德国豪尼公司的设备。他认为，日本的设备耗能多，占地面积大，而英国的设备价格虽低，但性能不够稳定，烟丝膨胀率偏低，色泽也不理想。

此外，他用这笔外汇从英国、意大利、德国、荷兰、日本引进了100多套在当时具有世界一流水准的卷、接、包及制丝生产线。

在订购了这些设备之后，褚时健明白时间就是金钱和税利，比如，那台英制MK9-5，每天的产值八万元，税利六万元，因而，他要求把供货的时间尽量抠得紧一些，同时要求玉溪卷烟厂的技术人员尽快熟悉新设备。在派技术人员前去订购选型的时候，他就要求他们熟悉安装，而当对方专家来安装和调试的时候，工厂操作人员也作为助手参与进来，为的是让他们尽快熟悉设备，缩短磨合期。订购的意大利CD公司的七台X1型包装机组，因为意大利工人罢工而不能按时从海港起航。在他的强烈要求下，这批设备选择了空运，投产时间提前了两个月。而那批从德国订购的制丝设备，在德国专家来到玉溪的时候，它们已经全部装好，只等开机调试了。

随着这些机器一起来的，是不同国家、不同肤色、形形色色的外国专家，有七八十人的规模，分属不同的设备制造商，大有"八国联军"的架势。他们有的是来帮忙安装，有的是调试机器，有的是技术指导，还有的是定期来查看机器运转情况的。这些外国专家体验着这里热火朝天的生活，他们挤在山上专门为他们建造的小房子里。为了打发枯燥的业余生活，工作之余他们聚在一起大喝啤酒。褚时健让工作人员尽可能地满足这些外国专家的生活需求，以便让他们在这里能够开心地工作和生活，啤酒随意喝、免费喝。他喜欢这些专家，尤其是他们的敬业和诚实，他经常找他们请教和讨论问题。之后的十年里，由于玉溪卷烟厂每年都有设备要更新，外国专家的到访络绎不绝，"八国联军"的局面一直到褚时健离开"红塔"时才结束。

这次史无前例的大规模的烟草技术设备引进，使玉溪卷烟厂的装备水平一举达到了世界水准，成为国内技术设备最先进的卷烟厂，过滤嘴香烟的产能增加到年产70万箱。它一举超越并取代当时排名第一的上海卷烟厂已是指日可待，不可阻挡。

第九章 "第一车间"革命（上）

褚时健的应然性思维——应该怎么做——推动他前行，这种思维的特点是无论遇到多大阻力，只要事情是有价值的、合逻辑的，他就要想办法寻找突破口。既然已经有了清晰的线路图，他就决定按照这个线路图进行一次小心的冒险。

另一只翅膀：建设烟草基地

在设备引进尘埃落定之后，褚时健终于有时间再回到原料问题上来。两大问题，双管齐下，他的目标是：两只翅膀，一同飞翔。

从美国考察归来后，褚时健一直兴致勃勃，他已经知道用什么样的方法能够种出好烟叶，怎样生产出第一流的香烟，怎样占有市场。他的兴致很浓，期望很高。

尽管美国的烟叶种植是他学习的榜样，但他也比较了中国相对于美国的优势：首先，美国人种植烟叶，讲科技，机械化，烟田成片，这是它的优势。但美国的劳动力资源紧缺，劳动力成本高，在这一点上中国有优势。其次，中国的烟田精耕细作，挑选烟叶时是一片片地挑选，挑好后一把把地扎起来，再送入烤烟车间初选，进入卷烟车间之前这一路的加工管理都很严格。而且，美国烟叶的大多数优点完全可以学过来。褚时健确信，只要认真做，中国的烟叶完全可以做得和美国的一样好，甚至比美国的烟叶更好。

但是，中国的现实让他无从下手。

《烟草专卖法》出台后，卷烟的原料全部由烟草公司调拨，卷出香烟后交由烟草专卖局销售，卷烟厂负责的只是中间环节——生产香烟。其实，如果一家无能的卷烟厂生产了很差劲的产品，另外两个环节——专卖局和烟草公司也一样无能为力。

在这个链条中，谁也不会有动力。因而，当褚时健去找云南省管理烟叶种植的烟草公司领导商量如何种出好烟叶时，一开始就被拒绝了。

褚时健的班子成员对此也不太热心，他们对1979年以来的增长已经心满意足。1984年7月美国归来后，褚时健把打算建设一个烟草基地的想法和班子成员摊开讨论时，大家议论纷纷，甚至感到愕然。有人说这是多管闲事儿，有人说这是用自己的钱去帮助别人，是犯傻。也有兄弟厂家听说了这事儿，同样大摇其头。对他们来说，卷烟厂管种烟叶，从来没听说过。

他先后六次召集大家开会，给大家算经济账。他说，既然是要建设一个现代化企业，就要把眼光放远些。

计划经济下确立的烟叶种植和香烟生产，体制造就并固化着这两条平行流淌的河流。要改变，就不是一般的改变，而是和整个体制的大碰撞，而这个体制才刚刚确立不久。

另外，即使专卖体制没有问题，农民愿意吗？农民不会愿意增加一倍的施肥，而减少一半的种植。另外，成熟的烟叶需要加长生长期，这不仅要增加生产成本，还有额外的风险——可能遭遇冰雹，因为在秋收前后，云南经常会有冰雹来袭。

当然，最重要的还是信息不对称，谁也没看过美国的烟叶长什么样子，又是用什么方法让它长成那个样子的。人们的惯性是路径依赖，他们不会在没有确定性利益的情况下去冒险。

一次小心的冒险

还是褚时健的应然性思维——应该怎么做——推动他前行，这种思维的特点是无论遇到多大阻力，只要事情是有价值的、合逻辑的，他就要想办法寻找突破口。既然已经有了清晰的线路图，他就决定按照这个线路图进行一次小心的冒险。

他等来了机会，不，是他抓住了机会。

1985年初春，玉溪市赵桅乡乡长来找褚时健，他的目的是向玉溪卷烟厂借款，大概5—10万元，用于发展水浇地来支持农民种烟。

褚时健睁大眼睛，认真听完这位乡长的阐述。

他说："我们可不可以订一个合同，你让农民按我们的方法种烟，烟交给我们，种烟的钱由玉溪卷烟厂来出？"

这个乡长完全没想到还有这等好事，他很爽快地答应了。

双方立马签订了一份合约，玉溪卷烟厂和赵桅乡463户烟农约定：由云南省烟科所做技术指导，在650亩烟地上按新的方法试种、采摘，实行全奖全赔，当每亩产值不足500元时，由烟厂赔偿，而超出部分则全部归烟农。

与此同时，褚时健又和玉溪通海县5个乡1347户烟农签订了合同，在1768亩烟地上进行试种。玉溪卷烟厂总共拨了50万元作为试验经费，其中通海县就占了42.28万元。

他的试种试验取得了预期的成功，2418亩烤烟田的平均亩产为373斤，比当时云南全省的平均亩产高131斤；平均每亩产值达572元，比全省的平均产值高了354元。更重要的是，品质好的上等烟叶比上一年增加了30%，中上等烟叶的比例高达80%，已经接近美国的水平。而仅仅是增加的这30%的上等烟叶，加工成高档香烟后，就能为工厂带来140万的税利。褚时健通过计算得出，这样搞的投资回报率最低也是1∶5，收益是投资的五倍，这是世界上最划算的生意。

为了强调原料的重要性，褚时健决定把"第一车间"延伸进烟田。

边缘空间的生存方式："三合一"的诞生

试验的成功给褚时健吃了定心丸，但他并没有过于兴奋，因为那时，哪怕这么一个小小的试验也是越界之举。按当时《烟草专卖法》的规定，这种新的合作形式随时可能被叫停，并追究当事人的责任。作为分管烟叶种植和收购的烟草公司，已经表露出不乐意褚时健这么做的态度。他们的说法是：褚时健的桶伸到烟草公司的井里来打水了。

试验田种植的2400多亩烤烟不过玉溪卷烟厂全部原料需求的一个零头儿，几乎解决不了什么问题。如果要从根本上解决原料问题，至少玉溪地区大部分烟农的烤烟都得按试验田的方式来种植，但这就一定绕不开体制的壁垒。

而这还不是问题的全部。

烟草公司可以不干预玉溪卷烟厂支持烟农种植优质烤烟，最大的问题在于即使玉溪卷烟厂把优质的烤烟种出来，烟草公司也能够进行调拨，轻而易举地就能把这些优质烤烟调往别处，供其他省的烟厂生产，或者上面一条指令下来，所有一切就付之东流。

这是一个涉及体制的问题。

看起来是再简单不过的事情，做起来却是如此困难。但褚时健是一个善于在壁垒中寻找出路的人，常常在边缘迂回，最终找到金光大道。这是极少数人才能做到的，而褚时健就是其中之一。如在"文化大革命"的高峰期，他领导的戛洒糖厂为避免饥荒养了很多猪和鸡，在别人看来这是"资本主义尾巴"，可是他巧妙地找到了解释，并引用毛主席说的话"自己动手，丰衣足食"来佐证。在这样的边缘空间，他也善于生存，也许，这里恰恰是他们这类特别的人的生存地带。

他仔细分析了中国的《烟草专卖法》，认为核心在"专卖"二字，只要不打破专卖，不违反专卖的政策，应该能够找到空间。他突然想到搭建一种新的烟草体制——"三合一"体制的可能。把烟草公司、卷烟厂、烟草专卖局合起来：三块牌子、一套人马、一个领导。这样，不仅能够解决烟叶种植、香烟生产和销售问题，而且能够保证政府的专卖。

神来之笔！一个天才般的构想。

可是，还有一个问题，不是体制，而是利益，这可能是一个更困难的问题。尽管"三合一"体制是有利于烟草事业发展的，但是，烟草公司和烟草专卖局怎么会同意让烟厂来吃掉他们呢？

在和烟草部门反复协商无果之后，他能想到的唯一办法就是寻求云南省政府的支持。每次寻求政府的政策支持时，他持有的王牌都是那一招：税利引诱。

其实，早在试验种出优质烟叶的同时，玉溪卷烟厂就给云南省政府打了报告，建议在云南省实施"三合一"体制解决烟叶原料问题，但并未得到反馈。

那辆丰田皮卡又拉着褚时健在玉溪和昆明之间来回奔跑，他不会放弃一件如此重要的事情。

有两个人是可以依赖的，一个是他的玉溪华宁老乡、老同事普朝柱，此时普已经是云南省委书记，他们非常了解对方。另一个当然是分管烟草的副省长朱奎，他小褚时健两岁。在褚时健眼中，朱奎是一位云南少有的思路清晰、视野开阔、雷厉风行的领导人。

在经过数轮沟通后，三人在发展烟草基地和"三合一"问题上，想法渐趋一致，他们二人支持褚时健进行大胆变革。

朱奎给褚时健安排了一次向省领导汇报的机会，并希望通过省长办公会来解决问题。

在汇报中，褚时健采取了迂回的方法，描绘了玉溪卷烟厂近年来的税利和可预见的美好前景，然后话题一转，转到制约其发展的重要因素——原料上来。他说，如果按传统的方法种烟，无论如何也生产不出好烟叶，也就实现不了可期待的税利增长。而要种出好烟叶，一是要按照新方法；二是烟厂必须扶持农民，因为以农民的经济实力，他们做不到按照国际优质烟叶的种植方法来种植烤烟，因此需要有体制的保障，确保这些烤烟归烟厂所用，谁投资谁受益。这样做的最终目的，是要让玉溪卷烟厂的税利快速增长，增长的最大受益人就是云南省政府。要完成这一系列变革，唯有建设一种新的体制——"三合一"。

云南省的领导都明白了褚时健的意思，也非常认同他的发展思路，但是事关国家体制的改变，他们很难决策。

还是朱奎脑子活，为了避免决策带来过大风险，他想了一个办法：不发文件，而是以会议纪要的形式来肯定"三合一"体制，而且把范围限定在玉溪地区内，其他地方都不动。这样，当遇到上面的阻力时，就有了一个可以转圜的空间。

朱奎和褚时健果然是同一路人。很多年以后，褚时健提起朱奎来还是赞不绝口，惺惺相惜。

后来很多媒体报道说，云南省政府批准同意"三合一"。事实并非如此，当时只是以一种模棱两可的"会议纪要"的形式通过的。

而困难还没有结束。虽然有了这个会议纪要，但云南省烟草公司一直不愿意表态支持。省级烟草公司受双重领导，除云南省政府外，国家烟草公司和专卖局也是其非常重要的领导单位，他们甚至可以推翻云南省政府的决定。作为云南省级烟草公司，他们担心万一有一天烟厂会把他们也吃了。

褚时健说："如果他们不同意，我们还不敢大面积地搞。"

他决定再去争取省烟草公司的支持，之前，他已经磨过很多次嘴皮子，赔笑脸，吃闭门羹，然后重新再来。这一天，他早早就来了，然后汇报、遇冷、僵持，到午饭时间了，还是没有丝毫进展。但褚时健已经下定决心：今天一定要得到一个结果。他把烟草公司的领导堵在那里，一副不表态就不走的架势，这位领导终于开口了："好吧，先搞一点儿。"

他终于获得了在烟田建设"第一车间"的许可。

"按规矩来"：放开手脚，挥戈大干

先搞一点儿，褚时健就大干起来。

此时已是1986年的种烟时节，时不我待，必须马不停蹄地行动起来。玉溪卷烟厂厂长、玉溪烟草公司经理、专卖局局长三顶"帽子"在身的褚时健立马部署，大范围推广优质烟叶种植，建立了玉溪市、通海县、江川县三个优质主料烟叶基地，示范田就有一万多亩，同时与全地区各县37个乡镇8930名烟农签订了合同，按规定种植5万亩。为了指导这些烟农种烟，玉溪卷烟厂组建了一支200人的技术指导小组，直接开往田间地头，前后一共有35万人次接受了他们的培训。

"按规矩来"，这时候成了褚时健的口头禅。他要求技术员必须指导所有参加优质烟叶栽培的烟农，从量地、整地、栽种的行间距、棵间距，到施肥总量、肥料结构，都必须按规矩来。中国本来人均占有土地就少，在包产到户后，土地的分布更加零碎了。为了降低兴修水利的成本，最好形成连片种植。这样，一个水利工程就能解决很大面积的土地灌溉，并且，在种植和培育过程中能够由技术人员统一指挥。这个问题几乎没碰到什么阻碍就解决了，致富的渴望使这些农民非常愿意配合。

为了让这些习惯了密植的烟农严格按每亩不超过1100株的方法种植，褚时健要求他们拉着绳子、量着距离栽种。施肥的要求也是非常严格的，要按美国专家给出的方子来。褚时健非常强调肥料结构，并按规定的比例进行了配置。

实际上，解决化肥问题费了褚时健不少心思。烟草需要氮肥、磷肥、钾肥，前两样国内不缺，但烤烟需要的钾肥是硫酸钾，国内缺少这种肥料，他只好利用有限的串换外汇来解决。然后，从智利进口了大批钾肥，再交由玉溪周边的几家化肥厂——玉溪化肥厂、开远解放军化肥厂和海口磷肥厂加工成烤烟专用肥。

这个时候，褚时健的主要时间和精力都围绕着"第一车间"转，当前制约产品质量提高的因素就是原料，所以，他全身心投入其中。从烟农们开始整地他就参与进来，他有时候随意走进一块正在耕作的土地，看烟农是否正确地使用了肥料，或者看他们是否严格遵守栽种距离的规定。到这些烟叶开始生长、慢慢进入收获期的时候，田间的"巡查"又成了他最主要的工作，他总是走进这些烟田，耐心地观察叶片的生长和变化。到开始采摘烟叶的八九月份，他几乎一整天都在这些基地里转悠，或者到收购站点去视察。有时候吃过晚饭，他还叫上司机张启学，开上那辆丰田车，去通海、江川的烟田里看看，然后九、十点钟又回到玉溪。

他必须把"第一车间"做成功，不能失败，因此需要准确得到第一手的信息，有时候他找县烟草公司的人询问情况，发现他们的回答经常不准确，所以，他喜欢直接到烟田里观察。

给烟叶买保险

"第一车间"里烟叶的长势前所未有地好，但是还得让这些性格急躁的烟农耐心等待，让烟叶充分成熟。为了压住农民们急切的劲头儿，改变他们采摘的习惯，他甚至在一个地方下令关闭烤房十天，因为他发现这里的烟叶是因为前期干旱造成的假成熟。

在察看烟田的时候，有一次，他看到一个老太婆在烟田里哭得很伤心，原来冰雹把她家即将成熟的烟叶全打烂了。他停下车来走进烟田，让老太婆别哭了，算一算她家的损失，由玉溪卷烟厂赔给她。他想，如果不是他们要求延长生长期，这些可怜的农民也许就能逃过一劫了。这一年，玉溪卷烟厂花了好多万为冰雹造成的损害埋单。

为了永久性地消除农民心中的顾虑，褚时健邀请保险公司进入烟田，由玉溪卷烟厂出资为所有加入他们种植计划中的烟田上了保险，并且承诺，如果冰灾损失发生，保险公司每赔偿一元，玉溪卷烟厂再赔一元。有一年，冰灾面积不小，玉溪卷烟厂付出了500多万元的赔偿。

从此，这些烟农自然是铁了心地跟着褚时健了。

"第一车间"在大规模实施的第一年就取得了巨大成功，不仅提高了烟叶的品质，改善了农民的生产和生活条件，还增加了政府的税收、企业的利润。所有的参与者在追逐自身利益的过程中，也都推动着它向前发展。

褚时健真是利益平衡的大师。

1986年，玉溪卷烟厂为烟田"第一车间"投资281万元，在90个村子里建成了174项抽水或引水工程，改善了75878亩山地的水利条件。而烟叶的质量、上等烟叶比之前增加了13%，中上等烟的比例虽然略低于试验时的比例，但也接近80%，总烟碱含量增加了一倍，糖碱比趋于合理，总体质量已经可以和欧美国家的优质烟叶相媲美了。烟农的收入首次达到平均每亩550元。

第十章 　"第一车间"革命（下）

　　"第一车间"淋漓尽致地展现了褚时健的经营思路和风格，尤其是他的应然性思维模式。"应然性"和"约束性"之间的鸿沟，他又一次信步越过了。

　　"第一车间"的全国性影响力
　　让农民也分一杯羹
　　"第一车间"风靡中国
　　达到世界级烤烟的水准
　　跨越最后的鸿沟

"第一车间"的全国性影响力

褚时健不断扩大"第一车间"的规模，1987年扩大到60万亩，覆盖了玉溪地区绝大部分烟区，而当玉溪邻近的县市看到"第一车间"给农业带来的好处时，它们纷纷要求加入"第一车间"。20世纪90年代初，"第一车间"终于越出了玉溪地区的界限，向红河和曲靖延伸。到了20世纪90年代中期，"第一车间"的总面积接近130万亩，最高时能为玉溪卷烟厂提供将近400万担优质烤烟，质量也一年比一年好。1988年，"第一车间"中上等烟叶的比例达到85%左右，上等烟叶的比例接近40%，这已经完全达到了美国烟叶的水平，质量超过了巴西和津巴布韦的烟叶质量。

玉溪卷烟厂从这400万担优质烟叶中再挑出200万担，它的品质就无可挑剔了。有了这些优质的原料做后盾，无论是从哪个角度看，玉溪卷烟厂都把国内同行远远甩在了后面。但这些优质的原料还不能派上用场，由于褚时健要求全发酵，这些烟叶需要存放至少两年的时间才能投入使用。凭借内部管理的改进和设备更新带来的品质增长，玉溪卷烟厂出品的香烟一直处于供不应求的局面，税利连年处于复合式猛增态势。1985年，生产香烟63.77万箱，税利达

144

4.0782亿元，同比增长36.17%。1987年，生产达到92.3万箱，税利在1986年增长25%的基础上再猛增49.6%，达到了7.6266亿元。

不过，麻烦并未就此结束，国家烟草专卖局在发现玉溪地区的烤烟并未上交而是直接给了玉溪卷烟厂时，他们来兴师问罪了。褚时健以那份"会议纪要"作为挡箭牌，坦诚地讲了他发展"第一车间"的理由。这些前来"问罪"的官员似乎觉得也有道理，在云南省政府的协调下，国家烟草专卖局默许了"第一车间"的存在。但除"第一车间"之外，云南烟叶每年仍有大规模的外调。

褚时健后来倾向于认为，他之所以能逃过这一劫，主要是因为那时中国经济刚开始起飞，当时的风气是，只要企业提的意见合理，地方政府同意了，中央的各部门就不会老来阻碍它。

烟田"第一车间"的成功，使玉溪卷烟厂的腾飞变得近在眼前。"三合一"后来产生了很强的冲击波，在风行一时的"红塔山""红梅"等的冲击下，各地纷纷效仿，烟草专卖刚刚确立起来的产、供、销体系，在地市一级纷纷分崩离析。"第一车间"可以视为褚时健对中国烟草行业最大的影响之一。

让农民也分一杯羹

1985年，玉溪卷烟厂为试验优质烟叶的种植投入了50万元，在1986年大面积种植展开后，他们投资281万元，到1987年增加到1280万元。到90年代，随着玉溪卷烟厂实力的增长，给予农民的补贴每年猛增至上亿元，甚至在90年代中期一年就超过10亿元。

最早的这些补贴，主要是用来给农民修水利、修公路、购买化肥和薄膜。这些都能找到很好的理由：云南的雨季一般5月份才到来，而为了鼓励农民早些种烟，拉长烟叶的生长期，就要为他们修建引水工程。云南山地多，平地少，为了避免种烟与种粮争良田，烟叶就要种在山地上，而很多山区道路不通，烤烟需要的煤炭等燃料运输困难，就需要给他们修公路。

但这些还远远不够，起码褚时健是这么认为的。他希望能真正提高农民的收入，认为应该让这些农民也来分卷烟厂效益的一杯羹，当然，这本身有利于提高玉溪卷烟厂的竞争力。因而，借着"第一车间"的成功和玉溪卷烟厂的强大，他们对农民的资金投入增加得越来越多，从最初1986年的281万元，到1989年的4164万元，再到1992年的3.6亿元，1994年达到6亿元，而1995年则突破了10亿元。到褚时健离开时，总投资已经达到40多亿元。

这是一笔难以想象的投入。

褚时健的方法是在改善烟农的生产条件的同时，大幅提高优质烟叶的价格。之前，国家已经为烟叶的等级定了价，不许任何烟厂改变它。但褚时健想办法绕开了它，他采取价外补助的方法：对农民种出的优质烟叶，先按国家收购的价格支付给农民，烟叶收购结束之后，在春节前夕，再按烟农卖烟的合同给烟农兑现额外的补贴。事实上，烟农就有了两次收入。并且，上等烟叶生产得越多，得到的补偿也越多，有时候他们得到的补贴甚至超过国家定的收购价格。这些补贴不仅有货币，还有化肥、薄膜等。

在"第一车间"刚开始的几年里，玉溪卷烟厂并不富裕。1985年，它所得的利润不过4000万多一点儿，设备引进还欠着巨额的贷款，在云南省政府的帮助和反复协调下，有关方面同意他们税前还一部分贷款。然而，褚时健毫不动摇地坚持对"第一车间"的投入。很多人认为，既然通过试验证明，按美国技术标准种植，农民能获得更多的收入，即使不给额外的激励，农民也会乐意去做。

但褚时健并不这么认为，一方面，从长期看，各方都应获得利益，农民在其中的贡献很大，甚至是最大的，但按专卖下的分配比例，烟农的收入被卡死了，获利很小。这时，褚时健"利益平衡"的经营哲学就发生了影响；另一方面，他认为中国的农民实在太苦太穷，理所应当获得一份像样的收入。有时候，他甚至有一种民粹主义情结，过分同情处于下层的穷人，因而当"第一车间"把越来越多的农民带得越来越富裕时，褚时健的干劲也越来越足了。在他的带动下，万元户、十万元户在农村不断涌现。90年代中期，边陲之地的云南，农民的平均收入居然位居全国前列。

褚时健后来说："'第一车间'使农业的收入提高了二三十倍，这些地区的农民开始富裕起来，拥有三五万资产、十多万资产的农民多起来了。"他至今认为，"第一车间"是他干过的最有价值、最自豪的事情。

"第一车间"风靡中国

在褚时健刚刚推动"第一车间"烟田的时候，国内知道此事的同行们都抱着看笑话的心态作壁上观，当他们醒悟过来的时候，从市场竞争的角度看已经为时太晚了。确切地说，是"红塔山""红梅""阿诗玛"风靡中国市场的现实唤醒了他们。实际上，1987年，玉溪卷烟厂已经超越上海卷烟厂，占据了烟草行业的头把交椅，并一举位列中国工业企业税利前五强。

不用说，这些卷烟厂也开始大规模引进设备，但市场并没有欢迎他们的产品。他们这时才开始意识到原料的问题，于是，大规模的参观学习队伍拥到了玉溪卷烟厂。

像河南、贵州、四川、山东、湖南这样的种烟大省，都由分管农业和烟草的副省长带队，浩浩荡荡来到玉溪。从1988年"第一车间"声名鹊起开始，一直到90年代中期，前来学习参观的队伍络绎不绝。玉溪卷烟厂平均每天要接待300多支参观队伍，甚至像通海、澄江、江川这些县烟草公司，褚时健也得给他们拨出专款，接待这些前来参观的人。

褚时健是个开放的人，他并不担心这些人把"第一车间"这一套拿走，而是敞开心扉，与他们畅谈做法和想法。这些人在回去之后，都照着"三合一"烟草基地模式做了，"三合一"体制很快在全国推广开了。

不过，这些来学习的单位并不像褚时健做得那样用心，也没有像褚时健那样充分考虑农民的利益，因而，他们的原料和玉溪卷烟厂一直存在很大差距。

河南省的一位领导人甚至专门来请教褚时健，如果完全按褚时健的做法，河南是否就能生产出一样好的烟叶，褚时健给出了否定的答案。因为自然条件的差异，河南不像云南这样昼夜温差大，在烟叶生长的夏季，像河南那样炎热的地方，在没有阳光照射的夜间烟叶仍然会生长，而不是停下来消化白天的生长，这样无论如何也难以达到云南烟叶的水平。

当然，也有人不相信"红塔山""红梅"在市场走俏是因为原料的缘故，他们还是迷信玉溪卷烟厂有神奇"配方"，并希望褚时健能教给他们。褚时健只好幽默地对他们说："如果真有神奇配方，那每年花几十万请一个配方大师倒是很划算的。"还有一些重量级的领导也对他说："老褚啊，你可不要保守，你应该帮帮兄弟厂，把它们的品质搞得像'红塔山'那样啊。"褚时健摊开双手，说："许多兄弟厂的设备、技术、管理都比我们强，他们输在原料上啊，而原料至少也有五年的差距。这五年每年都需要大投入，我们怎么帮呀？"

有一次，在欧洲考察的途中，褚时健在伦敦的希思罗机场贵宾厅和一家世界知名的牛仔裤公司的老板相遇。两人一见如故、惺惺相惜，因为他们都把原料当作最核心的竞争力。这位老板告诉他，他生产的牛仔裤原料都来自伊朗高原，哪怕在运动场上，再猛力的拉扯也不会撕烂他生产的裤子，原因就在于他的棉花纤维韧性不一般。

褚时健顿时觉得自己遇到了同道中人。

达到世界级烤烟的水准

但是，"第一车间"的麻烦还没有结束，因为它不仅在终结旧体制，同时也在终结旧的质量评价系统。褚时健确定的新的质量标准，和旧的质量标准有很大不同。

按照他们从美国学来的经验，并经过数据检测，成熟的烟叶是橙黄色的，表面粗糙，就像老年人长的老年斑，而当时中国评价烟叶的国家标准，是以表面平滑、缎黄的烟叶为好。这在褚时健眼中却是不够成熟的烟叶。于是，冲突就不可避免地发生了。

在烟叶质量评价标准形成的过程中，玉溪卷烟厂内部也经历了一番折腾。褚时健首先要打破这些评级人员固有的评价观念，让培训人员对评级员进行耐心培训，教他们如何从色泽、味道、表面来评价一份烟叶的好坏，并将评价标准基本背熟：成熟的烟叶，颜色像橙子一样黄，表面是粗糙的；不够成熟的烟叶，则是像缎子一样的鲜黄。好的烟叶似乎不那么好看。他们还掌握了一套科学的数据，例如尼古丁含量、糖碱比等。

烟草公司当然不能坐视"标准"不管，双方最后把"官司"打到了国家烟草专卖局。回复是，按照国家标准，玉溪卷烟厂的烟叶合格率太低，连及格线都够不着。但褚时健坚持认为自己的评价标准才是正确的，而不是"国标"。他的一个重要依据是市场评价。他说："市场上只要是我们的卷烟，就销售得很快，别的烟过剩很多。我们在全

褚时健察看优质烟叶

国的占有率，价格最高的一类烟所占比例最大。如果我们的评价标准是错误的，那消费者就不会这么喜欢我们的东西。"

国家烟草专卖局坚持要玉溪卷烟厂改正评价标准，而褚时健依然我行我素，双方都按自己的标准相安无事地收购农民的烤烟。在僵持不下之际，美国专家介入了这场评价之争。除了国家烟草公司请的顾问左天觉，还有一位美国专家琼斯，他家三代都是烟草博士。他们对国家烟草专卖局的专家和局长说，玉溪卷烟厂的评价标准才是正确的，褚时健种出的烤烟已经达到了世界水平。

国家专卖局局长最后承认了玉溪卷烟厂的质量标准。

褚时健日后说，要说他对中国烟草的最大贡献，就是促进了整个中国烟叶质量的提高。

跨越最后的鸿沟

尽管"第一车间"在全中国声名鹊起，但褚时健还需要突破一道防线，因为"第一车间"和中国的财税体制也发生了尖锐冲突，它随时可能给褚时健带来灭顶之灾。

扶持烟农的支出，究竟算成本还是利润呢？按当时财税体制的规定，这部分是不能算入成本的，但是，即使作为税后利润来支出，也可能会涉及侵蚀国家的财政利益，它像一柄悬着的剑一样随时可能落下来。褚时健虽然在推动着一项伟大的事业，但也可能因此带来个人悲剧，尽管这些投入产生的大部分收益都变成了国家税收。

他明白其中藏着的凶险，因此，他选择在一个适当的时机穿越这条防线。

这个时机由两个因素促成。当时的国务院副总理田纪云在之前的全国税利建设大会上公开赞扬了褚时健的"第一车间"，他认为这不仅是在促进烤烟的增产增质，也是从根本上改善农业生产条件的大好事。另一个更加重要的条件是，在"第一车间"的有力推动下，玉溪卷烟厂上缴国家的税利连年猛增，1987年猛增了49.6%，达到7.63亿元，1988年再增76.48%，达到13.45亿元，到1989年时已经达到20.3亿元。它以一个令人激奋、不可想象的速度增长着。这时，它已经成为全中国效益最佳、上缴国家税收排第二的企业。

到这时，褚时健觉得找财政部长协调财税政策的时机到了。

此时，褚时健喜欢的搭档朱奎已经离开，他在云南省一位副省长的陪同下来到北京。他给财政部长算了一笔账：给烟农每投入一元，将带来不少于五元的税利回报。另外，他保证，如果财政部能够确认玉溪卷烟厂对"第一车间"的投入为税前成本，那么，玉溪卷烟厂每年上缴中央财政的税收增长将不低于10亿元，而如果没有对"第一车间"的投入，未来的税利增长就很难说，他无法保证。

按财政部原来的规定，不允许给烟农发补贴。但褚时健坚持说，不发补贴，农民就种不好烟，因为种好烟的成本很高。而发了补贴以后，一流的原料才能出来，优质优价，才能产生更多的税利。

褚时健的经济学逻辑是这样的：很多人都在试图缩短成本链条，尽可能砍掉成本，他这里却是要加长成本链条，增加成本投入。他认为，成本的加大反而会增加效益。实际上，他一直信奉这种学说。

在和几个有关领导短暂沟通后，这位财政部长同意了褚时健的请求，他给了褚时健一份书面文件，同意将玉溪卷烟厂扶持烟农的费用计入税前成本。

至此，玉溪卷烟厂种植优质烟叶的障碍全面扫除。褚时健也开始基本以税利增长的同等速度增加对烟农的补贴。

"第一车间"淋漓尽致地展现了褚时健的经营思路和风格，尤其是他的应然性思维模式。"应然性"和"约束性"之间的鸿沟，他又一次信步越过了。

第十一章　管理革命的内部裂变

很多人认为褚时健的成功是靠政策和垄断，尤其是在他重新出山种橙子之前，这种看法很流行。其实，他痛恨垄断，因为有垄断就必然有管制，需要花太多的时间和精力来突破那些管制设置的障碍。他是一个市场的信徒，需要通过竞争来展现他的才干，他是中国改革开放后第一代以管理取胜的企业家，甚至可能是这一代企业家中最为卓越的一个。

制胜的"三驾马车"

在引进设备、开辟"第一车间"的同时，褚时健在玉溪卷烟厂启动了内部管理的革命。后来他总结，他在玉溪卷烟厂的制胜法宝就是这三件：引进设备加两场革命——"第一车间"的原料革命和管理革命。三件武器只要握有一件，就能成就一个成功的企业家。但褚时健同时握有三件，它们把褚时健推向了卓越，使他步入伟大企业家的行列。

如果说引进设备和"第一车间"的原料革命体现了褚时健的战略眼光，那么，他对内部管理的革命则完全展现了他驾驭一个现代企业的才能。

很多人认为褚时健的成功是靠政策和垄断，尤其是在他重新出山种橙子之前，这种看法很流行。其实，他痛恨垄断，因为有垄断就必然有管制，需要花太多的时间和精力来突破那些管制设置的障碍。他是一个市场的信徒，需要通过竞争来展现他的才干，他是中国改革开放后第一代以管理取胜的企业家，甚至可能是这一代企业家中最为卓越的一个。

重新设计制度：定员定额+计件工资

如何发挥人的积极性，是褚时健管理企业的核心，他所有的管理办法，都是围绕这一核心展开的。

他说："当我们的原料问题解决了、设备问题解决了，要想把设备的潜力充分发挥出来，就要靠员工的积极性，而调动员工积极性的关键是利益分配。"

他的分配原则就是"利益平衡"，而他总能找到一种非常好的激励机制，来对应每一个利益参与者的责任，这是他特有的才能。早在1982年，褚时健就在玉溪卷烟厂实行"单箱卷烟工资含量包干"的改革，打破了计划经济时代的"大锅饭"制度。这个改革运转非常有效。1985年，一家管理杂志评选了当年全中国工作效率最高的200家工业企业，玉溪卷烟厂位列这200家企业之首，它的实物劳动生产率是全中国最高的，比任何一家私人企业都要高。

到了1985、1986年，随着全新设备的引进和"第一车间"的实施，烟厂没有办法再进行单机计件了。这时，褚时健认为有必要在薪资计算上再进一步，重新设计管理制度。

很多人把褚时健的管理归类为"计件工资"，其实它远比一般的"计件"复杂得多。在一个现代化的工厂进行"计件"是非常困难的，不过，它和"计件工资"的思想是一致的，就是用效率工资取代计时工资。在没有更好的名字的情况下，也可以把它归为"计件工资"。

关于工资收入，褚时健抓住两个关键点：和产量挂钩、和质量挂钩。在质量达到要求的情况下，按生产的数量计酬，如果质量达不到要求就扣钱。他要彻底打破"大锅饭"，按多劳多得来计酬。

此外，他们通过召开职代会确定了一个总的原则：工资总量比计件之前要升高。这得到了职工们热烈的支持。

但有个问题是，在生产流水线上如何进行计件呢？比如一个车间数百人，而机器也不是一人一台，从技术角度看，计件有很多麻烦。褚时健采取的办法是由劳动科来定员定额。一台机器到底由几个人来操作最合理？为了找到答案，他要求劳动部门和厂里的管理人员到每个岗位上去了解需要多少道工序、多少人才能把这台机器运转得好。有的岗位定员困难较大，劳动部门的人亲自穿上工作服，一起参加三天劳动，然后再来定员定额。

褚时健认为，要实现有效管理，必须制定公平的规则，他们在定员定额上花了很大的工夫。有的岗位拿不准，褚时健要求劳动科科长反复重来，若干次以后，他说："对了，这个公平了，反映现实了。"他总是说："你要公平，他才积极。处罚他了，他也心服口服。你乱挂些数字在那里，完不成就要处罚，他不会服气的。工资多拿了，其他人又不服气他，别的工种也不服气。"他们一处一处地摸底，很多岗位都是重复了三四次才定下来的。

在定员定额后，每个机台都有了一个号码，从后面就可以识别是哪个机台的产出，单独给操作员记下准确的数字。这么做的效果非常明显，过去四个人操作一台卷接机，定员定额后，发现只要两个人就足够了。而制丝生产线的效率更是达到了最高，按德国豪尼公司原来的设计，正常情况能达到85%的效率，现在却达到了97%、98%，提高的效率的部分，自然就要对员工进行奖励。

在这样的制度激励下，员工自然会争分夺秒地争夺时间，迟到和早退的现象基本上都绝迹了。大多数人选择提前去上班，有的在上班时间前15分钟就等在那儿了，时间一到就开始计产量，如果迟到了产量就是别人的了。

褚时健回忆，从生活区到生产车间有一条八九米宽的马路，总是突然就冒出很多人来，提前赶来上班的人常常把它都挤满了。

有一伙日本人当时正在这儿调试机器，他们都说，在中国看了很多工厂，上班从来都是稀稀拉拉的，还从来没有在中国见过这样的上班阵势：都是抢着上班。

褚时健说："职工的积极性调动起来后，设备的潜力就能充分发挥出来了，所以我们的产量每年以10万箱、20万箱的速度增长，哗哗哗地上去了。"即使那些陈旧的"新中国"牌卷烟机，效率也提高了了40%—50%。1987年，玉溪卷烟厂在卷烟产量、优质品产量、工业总产值、人均税利、单箱利润、全员产值劳动生产率、卷烟工人实物劳动生产率、最低平均单箱耗叶等八项指标上均创下了全国同行业第一，玉溪卷烟厂一直保持着高于同行业30%—50%的劳动生产率。在褚时健刚来玉溪卷烟厂的时候，2000多名工人每年不过生产30万箱烟，而随着改进设备和管理带来的劳动生产率的提高，到1996年的时候，不到4000人就完成了220多万箱，尤其是产量从1987年的90多万箱增加到1996年的228万箱，人数只有少量的增长。而几个同等设备的兄弟单位，7000多人才完成100万箱香烟的生产。

效益优先的两个拳头

计件工资制度使得玉溪卷烟厂的劳动生产率直线上升，但也带来了一个新的问题：由于每个人都在争产量，消耗变得无法控制了，消耗高，成本高。车间的烟丝、烟叶、烟枝丢得四处都是。

褚时健发现生产率的提高并不等于效益的提高，而他追求的应该是效益，是投入产出比。因此，他又设计了一种新的制度补充进来：还是以经济杠杆为手段，设立了一个奖励分配机制——节约奖。

他们定下了一个标准，也差不多是当时全国的行业标准，每一箱烟的消耗定为60公斤，以节约总价值的15%拿出来分给大家，消耗越少分得越多。

这是一项难度极大的管理实践，劳动科的职工一共设计了十几道工序，他们得把总的节约要求分到每个具体的岗位上。刚开始的时候，由于不能完全分到岗位，难免会发生扯皮事件。有的职工反映说："我白干了，因为前面那个消耗多，我即使消耗少，算账也算不到我头上。"于是，他们采取了更为具体的手段，每个岗位都定一个指标，用电子秤把每个岗位的消耗记录下来：进来多少，出去多少。数字一旦确定，每个岗位的消耗量也就一目了然了。于是地上掉的一缕烟丝都被工人们捡了起来。他们甚至给每一包烟都定下了指标，20支烟的标准是42克，在42克以下，烟支饱满、挺拔，那节省部分就记节约奖了。在每个车间，有七八个岗位涉及节约，节约下来的数额在月底迅速结算，每个人都有具体的记录，并形成奖金。

由于节约奖涉及太多复杂的细节，褚时健带领团队花了将近一年时间才定下一个准确的规则。它的效果很快就体现出来了：他们从一箱消耗60公斤烟叶，一路直线下降，最后降至38公斤。当然，这其中的一部分原因应归功于设备的更新。

褚时健在玉溪卷烟厂17年，平均每公斤烟叶为国家贡献225元的税收和利润，而同行业最多能做到40元；人均税利更是创造了惊人纪录，到1993年，玉溪卷烟厂的人均税利达到了224万元，而这还不是他们的巅峰，到1995年和1996年，他们的人均税利甚至突破了300万元，是国内同行业的5—10倍。

褚时健擅长的另一项是产品质量管理。

褚时健对产品有一种奇特的着迷，他对产品质量的重视则到了苛刻的地步，这也许是所有伟大企业家的共同特征。他承认，产品的质量问题会让他焦虑和失眠。

他如此重视设备和原料，根本上还是重视产品本身，在这两者得到最好的保障后，他又把心思投入到了产品质量的流程控制上。一种本能的对产品完美品质的追求，是成为一个一流企业家的基本条件。

为了迅速对生产过程中的产品质量问题做出反馈，以免让问题产品流入下一个环节，他在生产区实行作业长制，尽量现场解决问题，而不是拖到第二天或下一个环节。后来，他又把"作业长制"的管理方法带到了果园。他改变了过去的质量检测方法，用成品检测和工序检测相互监督的方法取代单一的成品检测。他还强化了质检员的权威性，由质检员对产品进行一票否决，而被否决的产品就面临着罚款。当然，这不可避免地会和这家国有企业固有的文化发生冲突，有时候苛刻的质检员对烟盒上出现的印刷污痕都进行否决，这在很多人看来是一种过火的吹毛求疵的行为，但褚时健鼓励他们这么干。在一次质检员和车间主任的冲突中，他选择站在了苛刻的质检员这边，他知道，任何一点儿妥协都可能会形成一种不良文化的蔓延。

样品的检测频率，原来每天只有16个，在进行了几次测算后，他们把检测频率增加到了85—90个。但是，他仍然担心人为因素会影响质量检测，在设备的不断更新中，他希望机器能够实现对产品质量的自动检测，这样就能有效排除人为因素的影响，这个目标在多数环节都实现了。

效益管理和产品管理是褚时健管理思想的两个拳头，它们像DNA双螺旋结构的碱基配对一样密不可分，褚时健也很难分清它们孰轻孰重，或者哪一个是他最主要的追求。从兴趣上来说，也许产品管理是他更有兴趣追求的，但它似乎又不如效益管理那样动态十足、那样充满魔力。

拿回人事权

企业内部经营管理要顺利进行，必然要求褚时健握有人事权，这样方能任命适合的人来贯彻他的思想。但他实际上并不握有这些干部的任免权，这些权力在省委组织部那里。他感觉这是一个麻烦，如果没有人事权，变革的执行必然是困难重重的。

他要求省委组织部把中层干部的任免权交给他："我们知道什么样的人能

做事，要用哪个最好由我来定。你们当然也可以定，但你们怎么知道谁行谁不行呢？"这是他的理由，他说，"有些情况你们并不熟悉，任命往往会出现偏差；而由我们来提拔的话，即使提拔错了也容易纠正。"

在经过反复的沟通后，省委组织部最终决定把中层干部的人事权下移给玉溪卷烟厂，褚时健需要提拔或免除干部，由他报给组织部，组织部只管批准。于是，以邱建康、姚庆艳、李穗明、魏剑为代表的这批年轻干部就被提拔上来了。

褚时健终于有了一批能够强有力地执行他的管理思想的中层干部。

再"动"薪酬

在内部进行变革的同时，褚时健也在寻求外部支持，以便和他的内部管理革命形成配合。他希望把之前"单箱卷烟工资含量包干"的工资制度，变为总税利与总工资挂钩的计酬方法，这更能反映真实的情况，并能产生一种新的激励。因为如果只是按"单箱卷烟工资含量包干"计算，那么，同是一箱烟，甲级烟和一级烟，它们产生的税利差距很大，"单箱卷烟工资含量包干"并不能鼓励他们生产更多的甲级烟，而和总税利挂钩会激励他们生产更多的好产品。

1989年初，他向主管部门提出了申请，很快就得到了批准。在原料、设备和激励机制的共同推动下，玉溪卷烟厂的甲级烟占据了市场份额的70%—75%，而每一箱甲级烟的税利是中等烟的好几倍，由此带来的工资自然也几倍地增长。随着税利增长越来越多，职工分到的工资也越来越多。

褚时健说："效益挂钩增长一块，结构改变增长一块，价值增大一块，每个车间每年都有数以百万计的奖金等着发给大家，而且还在不断增长着。"

这使得上级主管部门不得不叫停玉溪卷烟厂职工的工资增长方式，让他们照顾一下"左邻右舍"的感受。因为玉溪卷烟厂职工的总收入虽然还不到它上缴税利总额的1%，却是兄弟单位的几倍，甚至十几倍。这些被叫停的工资总额后来累计到了十几、二十亿元，褚时健只好从其他方面（比如建房）改善员工福利。

管理的中枢："牵住牛鼻子"

成本是褚时健管理企业的中枢，他把降低成本称为"牵住牛鼻子"。他认为企业的生产组织必须围绕成本展开，成本下来了，利润自然就上去了。降低成本，提高质量，这是企业管理中看得见、摸得着的东西：计量、检测、定额、班组建设、标准化操作。因此，他总是通过精密计算确定目标成本，然后层层分解到车间、班组、岗位甚至个人，使每个环节都承担起降低成本的责任。

在这种管理思想的指导下，玉溪卷烟厂先后对"红塔山"的叶组配方进行了15次调整，由三个等级扩大到七个等级。到1990年年初，"红塔山"单箱配方成本降低了23元，"阿诗玛"降低了21.26元，"红梅"降低了7.37元，全年节约成本1200万元。玉溪卷烟厂的13个卷烟品牌，全部实现了单箱成本远低于计划成本，全年为此节约成本（增加利润）9000多万元。

在各个管理环节上，玉溪卷烟厂制定了企业技术标准230个、工作标准707个、管理标准44个，全厂管理的覆盖率到90年代中期达到了97%，之后几年几乎达到了100%。随着管理细节的增加，他们甚至把维修设备的内控费用落实到了管理设备的人员头上，实现了设备效率和价格费用的双向优化。

在褚时健的管理革命渐入佳境的那几年，他们主要的生产设备完好率为97.5%，制丝设备的有效作业率甚至达到了99.3%，卷接机超过80%，远远超过国内52%的平均水平。有一个有趣的事例，有一家公司参观完玉溪卷烟厂后自豪地说，他们也有比玉溪卷烟厂更具优势的地方，玉溪卷烟厂只有100多条管理规定，而他们有500多条。这让褚时健哭笑不得。

接班人插曲

1928年出生的褚时健到1988年就满60岁了，到了国家规定的退休年龄。事实上，80年代中期的时候，褚时健就开始考虑接班人问题了。

80年代中期，国家提倡"干部四化"，年轻化是其中之一。虽然大规模的设备引进已告结束，"第一车间"革命和管理革命布局已经展开，玉溪卷烟厂步入了高速发展的轨道，但为了顺应潮流和号召，他有意让贤于年轻人，并开始着力培养。

按"四化"——革命化、年轻化、知识化、专业化的标准，当时玉溪卷烟厂年轻人虽然不少，但大学生很少。他看上了30多岁的四川大学毕业生李某，并把他提拔为副厂长。1985年秋末，褚时健退居到党委书记的位置，把玉溪卷烟厂厂长这一职位让给了这个年轻人。事后证明，这是一次失败的交接。李某是一个只会考试的书生，和褚时健相比，他不仅缺少领导和管理一个企业的才能，更缺乏"野心"，而这无疑是很重要的。

此时正是玉溪卷烟厂最重要的两场革命——"第一车间"革命和管理革命的关键时刻，临危换将本来不是什么好事，但为了响应中央的号召，褚时健也只能如此。

他们的矛盾在1986年秋天要确定1987年的生产计划时爆发了。那时玉溪卷烟厂正处在高速发展的轨道上，褚时健主导下的党委会讨论认为，1987年应该比1986年产量至少增加20万箱，但李某第一个表态说："这个我们倒不敢，增加这么多！"

褚时健反过来做李某的工作，据他回忆：

"我说：'如果这个事情干好了，你再来当厂长，干好了我到处帮你讲。这个新厂长上来的"三把火"，这个算"第一把"，全国的卷烟厂还没有哪个一年能增产20万箱烟。你作为一个新厂长来推动这项工作，第一步就走得好了。如果干不好，你就说，是书记非鼓捣着干的，你也没办法。把事情推给我就可以。'我这么说了，他还是不敢干。"

让褚时健大为光火的是，李某这个新厂长为了证明他完不成这么多增产的观点是正确的，竟然悄悄地要求发酵车间主任，让他把发酵的速度放慢，这样中间这个环节就断了，就供不上后面的卷烟生产了。

这让褚时健萌生了撤换他的想法。1986年10月，褚时健告诉前来协调关系的领导，经过观察，他认为李某并非一个称职的厂长。之后省烟草公司一纸调令把李某调走了。他后来在一个处长的位置上退休。

1987年，玉溪卷烟厂的产量增加了22万箱，而不是20万箱。

第十二章 "红塔山"的崛起

在设备引进和原料、管理两场革命取得成功之后，褚时健知道，"红塔山"的崛起已经势不可当了。毕竟，他已经为它准备了一流的设备、一流的原料、一流的管理，一流品牌的诞生自然是为期不远了。

为品牌战略埋下伏笔

在褚时健"三驾马车"的革命开启后，玉溪卷烟厂品牌的崛起就变得不可阻挡了。用他自己的话说："积极性有了，装备完善了，技术先进了，原料好了，玉溪卷烟厂的腾飞开始了。"

玉溪卷烟厂腾飞的标志性事件就是"红塔山"的崛起。这个品牌后来称霸亚洲，连续七年获得"中国最有价值品牌"的称号。

在1959年"红塔山"作为国庆献礼的时候，它的产量不过80.4箱，到1979年褚时健来到玉溪卷烟厂时，它的产量也才4290箱。到1982年的时候，产量涨到了将近两万箱。但作为一种产品的存在，它更多只是一种象征。

在1982年第一台设备引进和内部改革之后，"红塔山"开始了增长，但论及玉溪卷烟厂的支柱性产品，"红梅"仍是当仁不让，税利和产量都远居于"红塔山"之上。在大规模的设备引进和"第一车间"优质原料问题解决之后，"红塔山"步入了快速增长期，到1986"第一车间"革命的时候，已增长至10万箱左右。

"红塔山"作为玉溪卷烟厂品质最高、价格最贵、单箱税利也最好的产品，毫无疑问是褚时健的品牌追求的首选。从1979年开始，他每年都会派出几批人赴省外销售区进行调查研究，然后带回信息。根据这些反馈回来的信息，褚时健在80年代初就捕捉到市场可能正在发生变化：随着人们生活水平的提高，市场将会更加渴求高档、长支的过滤嘴名牌香烟。

这为玉溪卷烟厂的品牌战略埋下了伏笔。

一列无法停下来的火车

在设备引进和原料、管理两场革命取得成功之后，褚时健知道，"红塔山"的崛起已经势不可当了。毕竟，他已经为它准备了一流的设备、一流的原料、一流的管理，一流品牌的诞生自然是为期不远了。

但还需要那么一点儿时间。

褚时健到玉溪卷烟厂后，要求烟厂的原料进行全发酵，新收购来的烟叶必须进行两年左右的储存发酵，这样，在1986年"第一车间"出产的优良烟叶有了良好的收成之后，到1988年，这些世界级的好烟叶终于派上用场，因此，"红塔山"在1988年爆发了。

这一年，"红塔山"销售量一举达到19万箱，虽然"红梅"和"阿诗玛"仍然分别以40万箱和25万箱排在前两位，但由于"红塔山"是玉溪卷烟厂品质最好、价格最贵的烟，它贡献的税利也最高。1988年，玉溪卷烟厂创造的税利为13.459亿元，"红塔山"的贡献一举超过"红梅"，达到7.8亿元，超过玉溪卷烟厂全部税利的一半。它的单箱税利和利润更是惊人：单箱税利达到了3710元，远远超过"红梅"1411元的单箱税利。

对效益非常敏感的褚时健当然捕捉到了其中蕴含的关键信息：把那些优质的原料投入到"红塔山"的生产中来，效益将会实现2—3倍的增长。于是，他毫不犹豫地加大了"红塔山"的生产。在90年代初的那几年，"红塔山"产销量超过了"红梅"，成了玉溪卷烟厂名副其实的第一品牌。1991年，"红塔山"单品牌创税利达25.5亿元，1992年为32亿元，1993年达到45亿元。

像一列无法停下来的火车一样，它的速度越来越快，到1996年，这个神奇的品牌到达了它的巅峰——产销量达90万箱，无论是单品牌销量、价格、单箱税利，它都到达了中国第一位，单品牌贡献的税利更是不可思议地超过了160亿元。"红塔山"已经成了一种象征——财富的象征、身份的象征、成功的象征。

20世纪90年代初，由国家统计局城市社会经济调查总队进行的"中国卷烟消费市场调查"的结果表明，国产卷烟成千上万的品牌序列中，前三位竟然都是玉溪卷烟厂出品的："红塔山""阿诗玛""红梅"。这样的调查后来进行过好多次，但这几个品牌几乎无一例外地垄断了前三强。在中国最高档的甲级烟销售市场，以"红塔山"为主打产品的玉溪卷烟厂竟然占据了将近80%的国产烟市场，而"红塔山"的价格甚至比世界知名品牌"万宝路"还要高。

而在另一项由中国企业管理协会、中国企业家协会和中国企业信息交流中心做的将中外产品置于同一考核水平的调查中，产生了93个产品品牌的竞争力排行榜，"红塔山"在消费者"心目中理想品牌排名""实际购买品牌排名""当年首选品牌排名"榜单中都位列第一，而在"实际购买品牌排名"中，"红梅"也挤进了第三名，排在第二名的是"万宝路"。1995年，在北京名牌资产评估事务所发布的《中国最具价值品牌研究报告》中，"红塔山"的品牌价值高达320亿元，几乎是排在第二位的"长虹"（87.71亿元）的4倍。1998年，"红塔山"的品牌价值达到了384亿元。

可能褚时健自己也没想到，一个品牌的成功竟然会产生如此大的影响力和冲击力，"红塔山"的名声远远超过了玉溪卷烟厂本身，这也使得这家企业在步入巅峰的90年代中期改名为"红塔集团"。当时，有一个流行的故事这样说：在北方某个省的小学生地理课考试中，出了关于中国"四大名山"的一道题，有不少学生竟然把"红塔山"也列入其中。褚时健自己也很享受这种状态，之前他曾经定下目标，以玉溪卷烟厂每年税利达到50亿元为终极目标。但当有人问他，这么成功了为什么还要不断追求时，他乐呵呵地回答："身不由己。"

串换：解决生产短板

"红塔山"崛起的过程中，辅料的串换继续扮演着重要角色。实际上，在1986年以后，串换才大规模开展起来，它像具有魔法的魔术师一样推着"红塔山"朝前走。

发生大规模串换的原因有两个：一是市场越来越欢迎玉溪卷烟厂的产品，它们的出厂价和市场价差距越来越大，尤其是"红塔山"的市场非常火爆，越来越多的广东人、四川人、湖南人、香港人排在厂门口等待消息，参与串换几乎就是"发大财"的同义词。在90年代初，一箱"红塔山"的利润大概在5000—10000元之间，串换1000件就能产生500万—1000万的利润，而这几乎是转瞬之间的事情。二是随着原料得到满足，褚时健也需要越来越多、越来越好的辅料，这些在体制之内都无法寻求解决，他只能求助于串换。

而这些串换商人又是无所不能的，他们运来急需的束丝、铝箔、白卡纸、铜版纸、盘纸等一切国内稀缺的物品，甚至能送来大批量的农民需要的进口钾肥。这样，玉溪卷烟厂的又一个重要瓶颈被突破了。在原料、设备、管理"三驾马车"都疾速往前的情况下，串换如同及时雨一般，把木桶上最短的那块木板迅速给补上了。

串换除了解决玉溪卷烟厂的生产短板外，对"红塔山""红梅"的市场拓展和品牌宣传也起到了很大作用，这些商人拿到"红塔山"后，都会不遗余力地推销，把这些品质一流的香烟卖给五湖四海、各行各业的消费者，使越来越多的人喜欢上了它。

从褚时健到玉溪卷烟厂开始，串换就一直进行着，即使他因此被党内警告，串换也没有停下来。一直到90年代中期，玉溪卷烟厂外汇彻底解放之后，加之"红塔山"的高额利润使得有关部门不断加大干预力度，这些魔法般的串换才慢慢停下来。

解决外汇需求："创汇分成"改革

外汇的奇缺和中国实行的外汇管制，是最让褚时健头痛的事情之一。没有外汇，设备更新、辅料供给就是难以实现的大问题。为了外汇，褚时健不知往管理外汇指标的计委办公室跑过多少次。褚时健说："每次都要跟计委领导磨口舌，讲很多道理……这个麻烦限制着我们将先进设备引进来。"一句话，求外汇比求神仙还难。

从1985年开始，随着"红塔山"和"阿诗玛"等香烟质量的提升，玉溪卷烟厂的香烟开始销往国外，有了创汇能力。从1985年到1989年，玉溪卷烟厂出口创汇累计1.91亿美元，是同时期外汇使用量的两倍。但由于外汇管制，所有的外汇收入都必须上交，要使用时再去找计委申请。这是一个非常痛苦的过程，即使像玉溪卷烟厂这样的税利大户、褚时健这样名望很高的企业家也不例外。他每次都得从计委那些处长找起，一级级地磨，然后到副主任，再到主任，而等申请批下来了，常常已经错过机会、失掉市场了。

在一次由朱奎主持的会议上，褚时健提出了一种外汇使用的新思路：多创多用。哪家企业创汇多，也应获得更多的外汇使用权。在这一思路的启迪下，朱奎提出"创汇分成"的改革：企业出口创汇实行3：1的分成比例，75%交给国家，25%留给企业，只要没有特殊限制，企业就可以自由使用。

创汇分成改革彻底解决了褚时健实现其战略目标的外汇需求问题，1990年后，玉溪卷烟厂的创汇能力越来越强，1993年创汇1.5亿美元，1995年达到了1.8亿美元，在1985年到1995年这10年间，它累计创汇8.9亿美元。这一改革为后来不断实施的设备引进创造了良好的条件，是"红塔山"崛起过程中的重要一环。

原料优势：世界级高品质烟叶

褚时健还是喜欢把"红塔山"的崛起归因于"第一车间"。他认为最终是世界级品质的烟叶把"红塔山"推向了成功之路。

有一件小事留给他的印象非常深刻：几个外国专家到玉溪卷烟厂参观，在经过存放烟叶的仓库门口时，这几个外国人非得要求打开仓库看看。当仓库大门打开的时候，他们几乎同时尖叫起来，因为这些正在存储的烟叶发出的香味让他们难以置信。他们对褚时健大声叫喊着："有道理！有道理！"意思是玉溪卷烟厂占据中国高端香烟近80%的市场份额是有道理的。

这些烟叶到底好到什么程度呢？外国专家们发现，在堆放烟叶的时候每一叠都不能多于五包，当多于五包的时候，下面一叠中就有两包烟叶被压坏，流出令满屋芬芳的芳香油。这么高含量的芳香油只有在极好极好的烟叶中才会存在，其他地方包括欧美国家的烟叶，无论怎么压也压不出这种油来。这是褚时健最引以为豪的事情。正因为如此，他确信玉溪卷烟厂能够超越菲利普·莫里斯公司，成为世界上最大、最好的卷烟厂。

针对"第一车间"烟叶的品质，褚时健有一套科学的数据检测，其中一条就是尼古丁含量。从通常意义上说，尼古丁含量越高，烟叶的品质就越好。国内其他烟区生产的烟叶，从顶部到底部平均下来，尼古丁含量一般都在1.6毫克以下，而"第一车间"的烟叶，平均下来超过了2.5毫克。国际上一般把尼古丁含量超过2.5的烟叶算为优质烟叶。在"第一车间"最辉煌的年份，中上等烟叶常常达到85%—90%的比例，上等烟达到40%—45%，比美国的烟叶还要更胜一筹。

对于如何保持烟叶的品质，褚时健很注重国际交流，他每年派人到美国、巴西、津巴布韦去学习，了解这些国家种烟的最新动态，也邀请国际上一些权威的专家来评价，在学习和评价中不断修正错误。

1991年，褚时健在参观了英美烟草公司、雷诺斯公司后，又开了国内卷烟工业的先例，将人工发酵改为长期存储自然发酵，进一步提升原料的品质。在1996年的一次会议上，褚时健说："我们把储藏在冷柜中的1993年的'红塔山'拿出来和1995年的比较，连我们自己也不敢相信这是'红塔山'，因为1995年的品质实在是好太多了。"他说，"如果想要名牌保持长盛不衰，就要不断改进和提高自己。"

遥遥无期的退休

到1988年，褚时健正好年满60岁。

他给省里打了退休报告，但省领导找到他，希望他再干一任，他们不希望褚时健的退休影响到云南经济的发展。而事实上，褚时健也觉得自己正值事业的巅峰，身体健康，精力旺盛，从内心讲他也不愿意退出这个舞台。

1990年，在一次接受采访时，他曾说出"人生六十方开始"的豪言。他说："从我的内心认识来说，一个人的经验丰富一些，确实有利于防止这个企业的决策活动发生重大失误。我认为一个人迈入60岁以后才比较成熟一些。"他引用美国企业家哈默的话"人生八十方开始"，然后说："人的体质、智力不能仅以岁数来衡量，就我自己的情况来看，可以说'人生六十方开始'。"

他认为，像玉溪卷烟厂这样的国有企业，领导人的培养并不容易，要懂政策、懂政治、懂技术、懂生产、懂市场。对这样一个人的培养，现在的条件还没有完全成熟，还需要一个过程。

他的女儿褚映群则多次劝他退休。一个朋友则以日本演员山口百惠的例子来劝他，让他学学山口百惠，像她功成名就之后告别影坛一样尽快抽身离开。

之后几年，每次遇到玉溪地区或是云南省的领导换届，新任领导的一项重要工作就是来说服褚时健，不希望褚时健在他这一届任内退休。

这使他的退休变得遥遥无期了。

两次机会与三大步伐

关于"红塔山"的崛起，有两次机会是至关重要的。借着这两次机会，它迈出了三大步伐：价格开放、名烟翻番计划、取得自销权。

1988年年末，国家规定13种名烟品牌放开价格，由烟厂自行定价，玉溪卷烟厂在这13种名烟中占据了四强："红塔山""玉溪""阿诗玛""红梅"。在这一波价格开放中，"红塔山"的价格几乎翻了一番。经过1989年一整年的较量后，一些名烟就暴露出了自身的弱点，出现大量滞销的局面，大多数品牌选择了降价，全国出现了香烟降价潮。但褚时健根据市场调查和市场分析，认定"红塔山"等玉溪卷烟厂的产品还是卖方市场，从而制定了"以质取胜"的战略思想，他们没有降低价格，销量却出现了进一步猛增，并出现市场价格不断攀升的势头。

其后几年，"红塔山"一直处于提价阶段，1993—1995年连续三年提价，前两年每年每包涨价高达1.50元。褚时健摸透了一个规律：每当"红塔山"终端市场价格增长1.5元的时候，他们就相应地把出厂价提高一元。把30%左右的利润让与市场，几乎是他的市场规则。

在价格和市场的双重刺激下，玉溪卷烟厂的税利在1993年达到了87亿元，1994年达到了140多亿元，1995年则到了170亿元。卷烟机的速度真是比印钞机还要快。

在市场需求的推波助澜下，到了1990年，褚时健决定启动"名烟翻番计划"，就是把"红塔山"的产量翻一番。在优质原料和不断增加的新设备的保障下，这个计划几乎毫不费力就完成了。这个计划的完成，使"红塔山"几乎达到了年产40万箱的规模，单品牌贡献的税利也翻了一番。

在1992年邓小平南方视察后，中国共产党确定了社会主义市场经济的道路，给了很多国有企业自主销售权。褚时健希望玉溪卷烟厂也能取得这个权利，不过，作为专卖对象的烟草行业似乎不在这个政策范围之内。当时，玉溪地区虽然早已是"三合一"体制，但整个云南省乃至全国的烟草体制框架，仍然是专卖体制。玉溪卷烟厂生产的90%的卷烟都必须交由云南省烟草公司销售，烟厂自己只有10%的自销权。褚时健的问题是：企业没有自销权，产、需不见面，怎么能够面向市场呢？企业只有走向市场，参与竞争，才能调整供求关系：哪个品牌的价格上涨，就加大哪个品牌的投放量；哪个品牌的价格下跌，就减少哪个品牌的投放量。

此外，由于销售权的流失，玉溪卷烟厂每年的税利损失高达20亿元以上。

这个过程是非常痛苦的，尽管国家下了相关文件，但在层层的专卖包围和控制之下，这层层的利益闸，把它剥开又谈何容易？

磨嘴皮、协调、谈判、争吵，他对前来协调的省领导保证说："只要把产品销售权、定价权全部交给企业，玉溪卷烟厂上交的税利就可以年递增五亿元，1997年缴纳的税费可由1991年的45亿元增至75亿元。还可以保证国有固定资产年递增20%，使其设备一直追随国际水平。"

但单有税利保证是没用的，这涉及另一个部门——云南省烟草公司的利益。

最后还是褚时健利益平衡的才能发挥了作用，他把云南省烟草公司销售玉溪卷烟厂产品获得的利润按目前的数额固定下来，并保证给他们一个增加的比例，和这些部门达成了妥协，他们最终同意把产品的销售权交给玉溪卷烟厂。

在获得产品销售权后，玉溪卷烟厂一发而不可收。在平衡了各方利益之后，他们开始在全国建立起"红塔山"的销售店，各省的专卖局实际就是一个中间收钱的角色，在利益给够之后，由玉溪卷烟厂自己直面终端，这些专卖店一度达到了1.2万家之多。在20世纪90年代中期，"红塔山"在大约2.3万个销售点销售。褚时健算过账，在20世纪90年代中期，玉溪卷烟厂的产品每年在商业环节的利润出让不少于100亿元。

褚时健给这些遍布全国的上万个直销点定下的规则是：这些直销点只要诚实经营，就会获得丰厚的利润，一旦发现参与假烟销售，就立马取缔他们的销售资格。褚时健对这些直销点进行了有效的管理。在他的声望如日中天的时候，实际上烟草专卖很难对他形成约束。他向各省专卖局灌输的哲学是利益均沾，壮大发展。在他独特魅力的引领下，各方都接受了这个规则。

以价格换市场

在20世纪90年代初，云南了成立全中国第一个香烟拍卖交易市场，这实际上是销售商进货的价格晴雨表。在1993年的一次香烟拍卖会上，"红塔山"经历了八次举牌，不断涨价，在现场的褚时健不得不临时叫停了这次拍卖。他解释说："'红塔山'走俏是好现象，但要考虑巩固和扩大市场，卖价太高会导致'红塔山'流向零售价高的地方，而零售价低的地方就见不到'红塔山'，这对'红塔山'扩大市场不利，对企业的长远利益不利。"

这说明他是一个具有远大目标的企业战略家，而不仅仅在考虑当下的市场利益，在已经获得了超额回报的情况下，褚时健认为用价格换取市场是合算的，为了扩张市场，降低一点儿价格也是值得的。

褚时健以自己举重若轻、驾轻就熟的经营才干，带领着"红塔山"扶摇直上，使它连续七年成为中国最具价值的品牌。

那些批烟的人

"红塔山"的崛起也给褚时健带来了无尽的烦恼。简单来说，就是来找他批烟的人越来越多了。

国家调拨价和终端市场价格的巨大差距，使批烟有了巨大的利润空间，比如，在很长一段时间内，一包"红塔山"的调拨价可能是两三元钱，二级批发可能是五六元，终端销售价格则到了七八元。批到一件"红塔山"，轻轻松松就能赚到七八千元。当然，批烟也有很多限制，批烟的范围要以不损害国家的税利为主，主要限制在那10%的自销范围内，或者在完成国家指标后的超产部分。

批烟的根本原因当然是市场的管制。

但是，有一部分批烟是难以避免的，主要是串换的部分，这是相互的需要，双方都获得了好处，只不过那些前来串换的商人获得的好处更多些，高达数倍。比如，"红塔山"和束丝进行市场串换的时候，"红塔山"按调拨价，它和市场价的差距高达数倍，而束丝的价格尽管也按六七折来算，但哪一方获利更多还是可想而知。

此外，则是政府高官或主管部门出具函件需要批烟，这种时候褚时健是不可能拒绝的，不过，那也是要经过严格的手续的。有的省份穷，省委书记亲自出马；或者有的革命老区扶贫，中央领导出面，褚时健只能一一批给对方。但也有以救穷的名义来批烟，实际却是个人发财，这不在少数。

有一个中央领导的孩子，整天来玉溪卷烟厂要求批点儿烟，褚时健让他拿出某某处批烟的函件，他拿不出，因为他父亲的办公室主任不肯给他出具函件。这小子气坏了，当着褚时健的面骂起这个办公室主任："×××下次去我家，我茶都不给他喝。"引得褚时健哈哈大笑。这个办公室主任后来也升任了中央领导人。

当时，云南省的主要领导都非常支持褚时健的工作，尤其是省委书记普朝柱，曾反复叮嘱褚时健，如果他家的孩子来找，绝对不要理。在之后历经数次的关于这个省委书记是否从褚时健这里得到好处的调查中，他被证明是廉洁的。

还有一位中央军委的领导，在他视察玉溪卷烟厂的时候，他的孩子随他们一起来到了玉溪卷烟厂，但这位领导人提醒褚时健，他的孩子可能会来找褚时健，但千万别理她。在晚饭的时候，这位领导的夫人特意对着褚时健的耳朵说，第二天一早她孩子会去办公室找他，让他躲开她。果然，这位领导人的孩子第二天一早就到了褚时健的办公室，但这个时候褚时健已经到通海察看烟田去了。

批烟是个危险的游戏，褚时健守住的底线是，对方来批烟，首先得有烟草准运证，但这对于那些前来批烟的人，根本算不上是什么困难。

那个时候，依靠褚时健批烟成为百万富翁、千万富翁甚至亿万富翁的人不在少数，有的后来华丽转身，成为行业的领军人物，但他们的"第一桶金"却离不开褚时健的那支笔。

"红塔山"的衰落

"其兴也勃焉，其亡也忽焉。"红塔山的兴衰还真应了这句老话。褚时健好不容易建立的基业和品牌，在他离开几年之后就走向衰落了。褚时健领导时期的玉溪卷烟厂，后来的红塔集团，占据了中国整个烟草税利的1/3强，尤其是利润高居中国所有企业之首。从褚时健离开红塔的1997年至2014年间，中国经济总量是原来的八九倍，烟草经济总量差不多是当时的十倍，但以原玉溪卷烟厂为基础的红塔集团则一路下跌，绝对利润甚至再没有达到褚时健的巅峰时代。"红塔山"的销量甚至从1996年的90万箱缩减为2002年的30万箱，之后虽然产销有了缓慢增长，但这个当年中国的第一名烟几乎完全退出了高档香烟市场。

"红塔山"沦落的原因当然是多方面的。外部原因，如分税制造成的地方封锁和围剿；如假烟泛滥。90年代中期，玉溪卷烟厂每年花在"打假"上的费用就高达四五亿元。但更重要的是内部原因，如"第一车间"的废弛导致原料品质下降；12000多家直销店被撤销，导致营销困难和假烟泛滥；企业战略迷乱，不知路在何方。后继领导人缺乏褚时健的才能和魄力，尤其缺乏褚时健那种应对危机时沉着冷静、从容突破的气质。历史无法假设，但我们有充分的理由相信，如果褚时健一直没有离开，"红塔山"也许会更加辉煌，而不是走向没落。

第十三章 　"亚洲烟王"的巅峰之路——关索坝大改造

关索坝工程建成后，这里将出现两条世界上最大的制丝生产线，每小时生产24吨；这里将会有世界上最先进的卷烟机，每分钟生产600包；这里将有世界上最先进的自动封箱系统；这里还将会有采用计算机控制的物流自动线、高架自动仓库，实现从烟叶进厂到装箱入库的全线自动化……

迈出国门：更强的国际化动力
厂长与书记：无可避免的权力之争
分拆引进，必须一流
朱镕基帮大忙：协调外汇额度
受到隆重接待的国际大买家
关索坝为证

迈出国门：更强的国际化动力

从1985年开始创汇的时候，褚时健就下了迈出国门的决心，而设备和原料革命的成功加速了这个进程。褚时健深知，要成为一个跨国公司，就必须在国际市场上占有一席之地。此外，他发现，在国际上生存是保持竞争力的一种方式。在云南省创汇分成制度出台后，玉溪卷烟厂有了更强的国际化动力。

1992年以前，他们主要通过两个渠道来创汇：一是国内旅游市场，像友谊商店之类的地方；二是通过香港转口贸易把产品卖到东南亚等国家。到1991年，他们的创汇额已经超过三亿美元。

"红塔山"声誉日隆之际，褚时健决定真正走出国门了——在海外设立生产基地。他们考察了几个国家和地区，从新加坡、印度尼西亚到马来西亚、中国香港等地，最后选择在新加坡设立一个生产分部。

1991年9月，在代理玉溪卷烟厂海外市场的印尼华人熊德龙的推动下，由玉溪卷烟厂、英美烟草公司新加坡分公司、中国台湾中华烟草国际有限公司组成了产供销一体的跨国公司。实际上，三家公司是一种松散的合作关系：由玉溪卷烟厂提供"红塔山"的原料和技术，英美烟草公司新加坡分公司负责生产加工，熊德龙的中华烟草国际有限公司负责在世界各地推销。

这是一种在国际贸易体系中流行的来料加工和品牌代理的合作模式，英美烟草公司新加坡分公司每加工一箱"红塔山"就能得到75美元。第一年，他们生产了5万箱"红塔山"，销往美国、中美洲和南亚，而从中国香港的转口贸易则主要走向东南亚市场。1992年，合作的第一年，这项合作就为玉溪卷烟厂带来了3000万美元的净利润，当年他们的创汇总额达1.2亿美元。此后几年，海外市场的销售逐步增长，到1995年，创汇额达到了1.8亿美元，按当时的外汇调剂价计算，差不多是18亿元人民币。有了这笔外汇收入，玉溪卷烟厂可以把钱放在新加坡，需要使用的时候就方便多了。

褚时健解释了为什么没有像菲利普·莫里斯之类的世界烟草巨头那样直接到国外办厂，主要原因是，国家规定向海外投资不得超过100万美元，如果超过则需要得到对外经贸部的批准。和这些部门多年打交道的经验告诉褚时健，拿到批文太麻烦，难度太大，因而他选择了一种新的"出海"战略。他认为，这样做的好处是，不需要招工和管理，不用投一分钱，只派三个人过去，每星期结算和收款就行了。

随着时间的推进，玉溪卷烟厂的国际化战略越走越快，他们通过赞助国际知名体育赛事的方式来扩大"红塔山"在北美的影响力，并发展了越来越多的专卖店加盟其间。到90年代中期，"红塔山"在美国市场上每年的销量已超过3万箱。

厂长与书记：无可避免的权力之争

即使在事业处于顶峰的时候，褚时健依然觉得，国有企业的权力之争是让他无比苦恼的事情，那也是褚时健踏进玉溪卷烟厂最早遇到的棘手问题之一。

厂长和书记的权力之争几乎是国有企业"书记—厂长"双头领导结构下不可避免的事情，尽管褚时健不喜欢权力之争，但他也无可避免要卷入其中。

在他早期的搭档林某某走后，玉溪地区的老专员和他搭档，过了一段相安无事的日子，到1986年"三合一"体制建立之后，褚时健集党委书记、厂长、专卖局局长、烟草公司经理四职于一身，这个时候没有权力之争的问题。

但是没过多久，一个问题出现了，褚时健的工作越来越紧张，每周还要花大量精力来处理党务文件，这让他痛苦不堪。他确实没有时间做这些了，觉得需要单独设置一个党委书记来处理党务问题。这个时候，他的中学同学来找他，说她丈夫在玉溪行署担任副专员，由于表现不佳刚刚被降职了，她希望褚时健能够帮忙把他调到玉溪卷烟厂担任党委书记。

褚时健回忆："她说大家排挤他，让我帮帮忙。我这个人有些时候脑子也不太会转弯，就直接答应了。我去向省里面的有关部门汇报，找了省委组织部、省烟草公司，谈好了，任命他做党委书记。谁知隔了三年，他又'胡来'了。"

所谓"胡来"，其实是那位党委书记看着褚时健已到退休年龄（其实早过了），就在一个与省长和志强关系很好的记者的带领下，到省长那里去"活动"去了。他告诉省长，褚时健选择了乔发科做接班人，而乔发科并不适合，他觉得自己才是适合继任厂长的人。其实，这时褚时健压根儿就没有决定选谁做接班人。

消息在第二天传到了褚时健这里，据他回忆说："我跟他说，你想当厂长，你就正儿八经地竞争去。"

在并不清楚和志强的意思的情况下，他采取了以退为进的办法，向省里写了个申请，陈述自己的年龄已超过60岁，而厂党委书记也在四处活动想当厂长，就由他来当吧。

和志强发现这个事情闹大之后，他来找褚时健谈话了，褚时健告诉他："他这个党委书记照这样下去，玉溪卷烟厂的障碍会很多，我随你们选，我不打算干了。"

作为省长的和志强当然担心褚时健的离任会影响到云南经济的发展，他让褚时健等他做完这一届省长再说。

而原厂党委书记则在随后的玉溪卷烟厂党委书记选举中，以只得到一票而落选了，他不得不去担任一名调研员。

褚时健说："不了解情况的人说，老褚霸道，两个党委书记都被他撵了。我说我不是为我，凡是玉溪卷烟厂的发展障碍，都得排除。"

之后的日子，褚时健不得不再次同时担任党委书记。

一个工厂到底谁是第一负责人？中国的国有企业一直都不明确，而是给出了一个模糊的表述——党委书记领导下的厂长负责制，到底最后谁来负责，褚时健一直很迷惑。一次，在接受记者的采访时，褚时健甚至说，党委书记领导下的厂长负责制，其特点是在民主集中制的原则下，少数服从多数。这样，如果厂长的意见是对的却处于少数的地位，就只能服从多数然而却是错误的决定，如以后发生了问题，厂长也可以不负完全责任，甚至可以推卸掉责任。这样显然对企业的发展不利。

对于党委的集体领导，褚时健也有自己的看法，他说："如果都是大家说了算，等于谁说了都不算，企业会处于无人负责的状态，这种状态常常表现为集体负责，其实谁也不负责任，出了问题国家要追究责任，连该打谁的屁股都找不着。"

在他为这个问题万分苦恼的时候，当时的中共中央总书记江泽民到云南视察，在获得总书记接见的座谈会上，褚时健向他请教了建立现代企业制度中遇到的问题——党委书记和厂长职权冲突的问题。江泽民总书记对他说："你们要两心合一心，心心相印。"

分拆引进，必须一流

在1987年玉溪卷烟厂成为中国同行业第一后，褚时健就定下了成为世界一流企业的目标，并且立志要和当时全球最大的烟草制造商菲利普·莫里斯一争高下，并为此着手进行布局。

褚时健认为，竞争无非三样东西：原料、设备、管理。既然要和世界第一流的公司竞争，这三大要素就必须达到一流水平。

原料和管理两场革命完成后，褚时健认为玉溪卷烟厂的原料已属一流，"红塔山"的原料甚至超过了"万宝路"的；而管理上也相差不远，在1992年接受记者采访时，褚时健说，随着玉溪卷烟厂设备的更新，效益会越来越接近菲利普·莫里斯公司。在玉溪卷烟厂第一套设备引进之后，3700多人就立即富余出1200多人，而随着新流水线的引进，下线的员工不断增加。褚时健认为，如果只计算双方的一线员工，玉溪卷烟厂的效率甚至超过了菲利普·莫里斯，而设备的增加又会把那些富余员工的效率提上来。所以，从管理角度看，他有信心做得和菲利普·莫里斯一样出色。

而眼下，设备的淘汰和更新又成了新问题，和菲利普·莫里斯这样的公司相比，最明显的差距就在设备上。

他计划首先替换掉那些老掉牙但还在拼命干活儿的"新中国"，借着1990年的"名烟翻番计划"，他又开始了新一轮的设备更新。这一次，褚时健在省里已经不会遇到什么麻烦了，省里的领导人已经形成共识：只要是玉溪卷烟厂报来的项目，那就尽管批，他们还没有搞砸过。计划正在进行之际，从中央发出的关于控制外汇引进设备的文件，差点儿让这个3000多万美元的项目砸了锅。

文件规定，单次设备引进不得超过500万美元的限额，面对这样的规定，他知道自己磨破嘴皮子也没用，中央文件一般是从总体判断出发，并不需要考虑一家企业的远大追求。但时不我待，面对这样的规定，褚时健又一次显示了他超人的智慧和冒险精神：既然只规定了单次引进的上限，并没有规定只能一次引进，那么，把这些项目分拆开来引进，不就不违背中央文件的精神了吗？这又是一次边缘突破的绝妙案例，云南省有关部门配合了褚时健的行动，这次引进很快完成了。但在项目安装完成并开始运营后，也许是因为被举报的缘故，国家有关部门识破了褚时健的"诡计"，于是，一个调查组紧随而至。

褚时健告诉前来调查的人，在市场需求如此旺盛的情况下，玉溪卷烟厂迫切需要更新设备来提高产量，以满足市场需求。而如果不这样做，不一次完成引进，那么造成的损失可能高达数千万美元，税利的损失可能更大。听完他的陈述后，调查组认可了他的理由，并把他当成了"用活中央政策"的典型。

此外，在获得了利用外汇购买设备和配件的许可后，褚时健绕开了有关部门，采取直接和外国厂商或代理公司联系的方式，直接从国外进货，而不是层层汇报。有好心的同事提醒他，最好还是向有关部门请示一下。但褚时健认为，请示虽然风险小，但拖延了时间，生产损失大，对国家不利。

到1992年，玉溪卷烟厂完成了最后一批旧设备的更新，无嘴烟的历史就此结束。这个时候，玉溪卷烟厂已经完成了对日本烟草公司的超越，升到了亚洲第一的位置，褚时健成了名副其实的"亚洲烟王"。

朱镕基帮大忙：协调外汇额度

此时，褚时健在策划一个宏伟的计划，这个宏伟的计划就是关索坝工程。这个工程的预算投资高达46亿元，其中引进设备的投资就超过了20亿元，在当时，这是一个天文数字般的投资额。而且，全部投资都由玉溪卷烟厂自己筹集，这在当时的国有企业中实在是少之又少。

按这个工程的计划，玉溪卷烟厂将完成整体搬迁。搬迁的原因主要有两个：一是老工厂正好处在地震带上，不安全；二是褚时健希望加快步伐，建设一个世界一流的工厂。这个工厂不仅要有现代化的生产设备，还要有优美的、有尊严的工作环境，彻底告别中国工厂灰霾、嘈杂、拥挤、狼狈的形象。

但玉溪卷烟厂很多人并不理解褚时健的行为，他们觉得原有的厂房已属一流，为什么还要投那么多钱另外建设新工厂呢？

在接受记者采访的时候，褚时健说："过去烟草工业的辉煌并不在云南，而在河南，河南烟草辉煌了十年就落伍了，云南烟草已经辉煌了十年，能否继续辉煌下去？赶在我们有优势、有能力的时候把装备搞到世界一流，是为我们今后在中国乃至世界保持领先地位打基础。"

褚时健的话表现出了技术追求没有止境的倾向，他和手下的人说："哪一年哪一天我们停止了科技进步，哪一年哪一天我们就为自己的生存埋下了危机。"

"视今天为落后"是褚时健为玉溪卷烟厂定下来的精神信条，他在言行中也践行着这一信条。

"关索坝计划"早在1992年之前就在褚时健脑海中开始构建了。但计划正准备实施的时候，新的麻烦又来了。褚时健一生总在和各种麻烦打交道，解决这些麻烦所花费的精力，比他真正投在工作上的要多得多。

这一次的情况是这样的：为了防止投资过热，国家又出台了两条新规定：一条限制了外汇使用额度；一条禁止了银行给企业的建设性贷款。

玉溪卷烟厂不缺外汇，他们每年从创汇分成中能分到很多；他们更不缺钱，存在银行的钱都快堆不下了。但现在，国家不允许你花这些钱，哪怕钱是你的。

愁眉不展之际，时任中共中央政治局常委、国务院常务副总理的朱镕基来云南玉溪卷烟厂视察，褚时健决定抓住这个难得的机会，请朱镕基帮这个忙。他们讨论了一些"过热"投资，褚时健认为只要有市场，投资有效益，就不能算"过热"。朱镕基似乎同意他的看法，然后他抛出了他的问题，请这位熟悉经济运行的副总理帮他解决困扰他的外汇指标问题。

朱镕基问："你们有外汇吗？"

"有，用不完。"

"那配套有人民币吗？"

"有，更用不完。"

朱镕基当场答应褚时健帮他协调外汇额度。

但他还是不忘问褚时健一句："这个投资完成后你的税利能增加多少？"副总理显然很关心税收问题。

褚时健笑着说："您真是三句话不离本行啊。这个改造完成以后，中央财政一年最少增加30亿。"

朱镕基听了有点儿吃惊，对褚时健说："老褚你别吹牛。"

褚时健告诉他："我跟同行都不会乱说，何况跟您？等到改造完成后，您可以问问财政部这笔钱拿到没有。"

朱镕基知道，作为全中国排名第二位的税利大户，褚时健当然不会随便吹牛，他也许是想刺激一下褚时健吧。事实上，随后几年，玉溪卷烟厂税利的增长远远超过了褚时健的承诺，从1992年的52.39亿元，到1993年87.7亿元，1994年时达到了146.79亿元。

当关索坝工程改造完成后，褚时健还不忘提醒朱镕基手下的工作人员："请朱总理注意一下老褚的承诺是否兑现了。"其实，这个提醒完全是多余的，在关索坝改造投产的第一年，玉溪卷烟厂上交的税利就已经位列当时中国所有工业企业的第二位，到1996年便一举超过了排在前面的大庆油田，排到了税利第一位。朱总理当然会知道谁交的税最多。

受到隆重接待的国际大买家

1993年6月，玉溪卷烟厂完成了工程建设的设计、招标工作，准备破土动工。

在得到玉溪卷烟厂关索坝改造工程的消息后，那些烟草设备制造的国际巨头自然是闻风而动，争相向玉溪卷烟厂推销他们最新的设备。

褚时健决定带领技术团队飞往欧洲进行设备引进的最后考察，他们在1994年4月10日离开昆明，转中国香港飞往法兰克福。

在欧洲的两周时间里，褚时健马不停蹄地穿梭于法兰克福、汉堡、纽伦堡、不来梅、阿姆斯特丹、巴黎和伦敦等城市，考察了欧洲最重要的几家设备制造商，着重看了它们最新的产品。

他在欧洲享受到了帝王般的接待。对于欧洲的这些制造商来说，玉溪卷烟厂的快速崛起让他们感到非常吃惊：短短十年时间不到，就从一个默默无闻的小厂变成了行业内世界前三的企业巨头，并且前所未有地在这么短的时间内购买了他们这么多产品。几大制造商都是总裁或董事长亲自出马，在机场等候。在德国豪尼公司，董事长叶力沙笑称对褚时健"无秘密可言"，带他参观他希望看到的任何东西，包括那些还处于设计阶段的产品。在英国莫林斯公司，褚时健看到了一款不错的新玩意儿，他认为值得引进，但又担心在新厂房安装有一定困难，莫林斯公司的总裁索山马上承诺："不要紧，我们负责安装。"说完迅速让人拿来安装图纸，并在半小时内让工作人员先后两次制作安装图纸，直到褚时健一行人满意为止。在巴黎，意大利GD公司总裁马蒂斯已经等在戴高乐机场，而同时在那里等待的还有法国德古费勒公司的总裁。

褚时健的欧洲之行在高效率的工作节奏中结束，两周时间走访了欧洲最顶尖的几家设备制造商，并实地考察了这些设备的运行情况，他差不多购齐了20亿元的设备，这绝对是烟草世界的第一大采购。

他同时考察了欧洲的那些花园式工厂，他提醒随行的副总工程师李穗明，玉溪卷烟厂新建的厂区一定要学习人家。

关索坝为证

1994年5月26日，关索坝打下了第一根桩。

这地方原本是一个小山沟，褚时健决定把这个长1.3千米、宽500米的地方填平，作为玉溪卷烟厂的新厂区。

有记者问他："为什么把厂址选在施工难度大的山里，而不是平坝的工业开发区？"

褚时健回答说："我是农民出身，知道土地对农民的重要性。中国基本上是一个农业国，地少人多，良田对农民来说太重要了。我们宁可多投5000万削山填沟，也要为后代子孙多留点儿好地。"

年轻的工程总指挥李穗明指挥着4000多人的队伍在工地上苦战，十四冶建设集团集中了全部重型机械，这个工程需要处理300万土方，建筑面积24万平方米。这里会聚了数百位国外的专业技术人员，他们和4000多名中国建筑工人一起，日夜奋战在这块工地上。

关索坝工程建成后，这里将出现两条世界上最大的制丝生产线，每小时生产24吨；这里将会有世界上最先进的卷烟机，每分钟生产600包；这里将有世界上最先进的自动封箱系统；这里还将会有采用计算机控制的物流自动线、高架自动仓库，实现从烟叶进厂到装箱入库的全线自动化……

褚时健说："我管总体把握，放手让小穗明干。"于是，这个三十出头的年轻人挑起了数十亿高技术含量的技改工程的重担。

这个年轻的总指挥并没有让褚时健失望。

工程原计划在1998年竣工，但随着工期的不断提前，竣工时间不断更改：1997年、1996年，最后，仅用时一年零九个月，24万平方米的厂房全部完成；1995年8月第一条制丝线投入生产；1996年3月，主要车间在不停产的情况下完成了搬迁调试，6月，新厂区全面投入生产，年产量可达200万箱，并从设备、原料、人员上保证了1998年达到年产量250万箱的目标，待德国进口的膨胀丝生产线完成后，生产规模可达每年300万箱，赶超菲利普·莫里斯公司350万的年产量已经指日可待。

不过，这中间也发生了一个有趣的小插曲，在关索坝工程热火朝天地进行之际，国家计委对这个工程进行了干预。他们拿出一个十几年前的老文件对褚时健说："你们这是在搞违规建设，必须停下来。"褚时健回忆说："这个老文件规定，技术改造不能超过原资产的30%，而我们超过了原来资产的若干倍，我们原来的设备价值几个亿，这一回投资是好几十亿元。"

褚时健一下子就蒙了。这个项目一直是按国家规定进行立项、审批的，他也不知道还有这么一个文件。要解决这个问题，就得找国家有关领导。这一回，他找的是国务院分管国家计委的副总理邹家华。由于办公室人来人往，无法静下来沟通，褚时健选择在晚上到邹家华家拜访。他很小心地把握着话题，在一个适当的时机谈到了玉溪卷烟厂目前的发展态势、上缴税款、战略规划及可见的远景，邹家华听得入了迷，对褚时健大加赞赏。他觉得时机成熟了，便向这位温和的副总理道出："这回遇到麻烦了。"

"什么麻烦？说出来我帮你解决。"

褚时健道出了关索坝工程的全部原委，并告诉邹家华，实在是产品供不应求了才考虑搞这么大的建设工程。邹家华乐呵呵地反问他："就这事儿吗？"

过了几天，国务院有关部门组织联合工作组来到玉溪，把这个问题给解决了。

总是处在风口浪尖上，步步惊心，褚时健在玉溪卷烟厂十几年的岁月向来如此。可以说，这是变革者的宿命，或者是他们和这个世界的相处方式。

褚时健说："在新的生产线投产后，世界各大烟草商都派人到这里来参观，他们的结论是：玉溪卷烟厂已经是全世界最先进的卷烟厂，即使和美国的菲利普·莫里斯公司相比，也只有超越的地方，没有不足的地方。"

第十四章　烟外出拳，缔造"帝国"

褚时健的视野其实早已超越了烟草，望向了更辽远的天空，他决定在烟外出拳。而对于如何做企业，他从来都是信心满满的。

为钱寻找出路
电力谋局
配套先行
能源出牌
金融布局

为钱寻找出路

到了20世纪90年代初，已是"亚洲烟王"的褚时健开始考虑一个新的问题：玉溪卷烟厂存在银行的钱越堆越高，他得为这些钱找出路。

促使褚时健这样考虑的因素有两个，一个是越来越多的资金剩余；另一个是媒体采访褚时健时常常提出的问题：随着禁烟越来越厉害，人们都认为烟草是个夕阳产业，玉溪卷烟厂今日红火，未来呢？褚时健也从来不避讳，他认为，现在发展卷烟是因为市场需求的客观存在，仅中国就有三亿烟民，即使中国人不做，外国人也会来占领这么庞大的市场。而如果有一天香烟没有市场了，那是好事情，"我们可以转做其他行业"。

褚时健的视野其实早已超越了烟草，望向了更辽远的天空，他决定在烟外出拳。而对于如何做企业，他从来都是信心满满的。

1992年，时任国务院常务副总理的朱镕基到玉溪卷烟厂视察，褚时健向朱镕基道出了准备烟外出拳的想法。玉溪卷烟厂准备投资一项新的产业：汽车。他认为中国人会越来越富裕，未来汽车市场不可估量。褚时健的计划是由玉溪卷烟厂投钱，从他青睐的德国引进技术合作，然后在中国生产、销售。但这位

190

未来的国家总理告诉他，他不支持褚时健的汽车计划，因为政府已经选择了"一汽"作为支持的对象。但朱镕基并没有否定褚时健烟外出拳的想法，他建议投资交通、能源等领域。

对于这位国家经济管理者的建议，褚时健选择了接受，但他需要时间来思考究竟应该投什么。不久之后，他的思路就变得越来越清晰了。

电力谋局

1993年秋的一天，玉溪水电厂厂长刘会疆正在昭通巧家出差，有电话找他，那时候还没有手机，他跑到乡政府去回了电话，接电话的人称，褚时健要见他，刘会疆感到很奇怪，因为他从来没有和褚时健打过交道。

几天后，回到玉溪的他去见褚时健，褚时健告诉刘会疆，玉溪卷烟厂准备在澜沧江投资建设几个大型的梯级水电站，总发电量将超过三峡，希望他能加盟。刘会疆大学本科学习的就是电力专业，正感叹这辈子不能在大型电力工程中尽情发挥自己的专业才干。而褚时健听人介绍说刘会疆是个人才，因此把他找来。经过三天的考虑，刘会疆告诉褚时健，他愿意加盟褚时健领导的这个新公司。

刘会疆是褚时健为烟外出拳招募来的最初的几个人之一，此前，褚时健已经找了一个人，他就是褚时健委以重任、担任投资总裁的黄跃奇。褚时健回忆说，黄当时正在做一个纤维厂，遇到一些麻烦，没做起来，但人是很能干的，因此，他对黄跃奇说："过来，过来。"黄就来了。

这时候，褚时健设想的烟外投资的蓝图已经基本清晰，他计划做的第一个板块是电力，在云南境内澜沧江流域上连投6级电站。他的规划是：在香港成立一家叫"云南电力"的上市公司，每年从香港资本市场募集40—50亿元左右的资金，玉溪卷烟厂那时每年贡献的净利润已将近60亿元，并且还在不断增长，如果再通过银行每年贷款四五十亿，那么，每年就有150亿左右的巨额资金投入电力。连投10年，全部投资额将超过1500亿，产生的电量将接近三峡电站的两倍，而投资还不到三峡的一半。按他的预计，20年后，这些投资每年贡献的净利润将会达到二三百亿元，并会真正带富一方百姓。

这是一个大手笔、大魄力、十分诱人的计划。

1993年11月28日，一个名叫"云南红塔集团总公司"的公司成立，注册资本1.168亿元，褚时健任董事长，黄跃奇任总裁。按当初的格局设定，褚时健的想法跃上了一层楼，这不是一项单纯的烟外投资，而是一个更宏大的设想：把玉溪卷烟厂整体纳入这个新设立的集团中，这个集团将是烟草、电力、金融等诸多板块的一个组合，这样，玉溪卷烟厂将由一个卷烟企业迈入一个多元的世界级集团公司。

但这条路走起来并不那么顺畅。

首先是玉溪卷烟厂内部人员的反对，他们认为既然做烟已经这么赚钱了，何必再去做什么别的投资呢？不单是那些普通职工这么想，就是部分高管，也拿同样的问题问褚时健。不过，褚时健早已习惯了在反对声中做事，这对他来说早就不是什么问题了。

与中国其他做主业外投资的国有企业不同——这些企业做投资主要是为了安置富余人员——褚时健决定新公司人员全部从外面招募，这无疑又招致了更强烈的反对：竟然把我们挣的钱交给外人来管！他不得不在一次职代会上对大家说："不是我不要你们进来，而是你们不懂。我把钱交给懂的人，到时候赚了钱，你们就只管享福就行了。"

进入这个投资公司的人，褚时健要求其必须在企业做过，至少做过总工或副总以上。因为他想搭建的是一个以资本和项目管理为主的投资公司，而不是人工密集的部门。

尽管中国是一个能源短缺的国家，但电力投资却有很严格的壁垒限制。褚时健知道，要取得突破，只有得到电力部门的支持。于是，他让人去找相关领导，但得到的回应是冷谈的。

于是，褚时健决定另寻对策。1994年，玉溪卷烟厂的税利简直在以火箭般的速度增长，达到了146.8亿元，税后净利润达到了60.95亿元。关于电力项目的投资，褚时健决定去找国务院领导，希望寻求他们的支持，至少是碰碰运气。他要汇报的想法是：广东不是正缺电吗？国家不是在做"西电东送"的政策规划吗？能否由红塔集团在云南投资水电，然后纳入国家"西电东送"的政策规划中？这样，国家不仅增加了电力，改善了环境（把广东那些高污染的燃油发电厂关闭），还能促进GDP的增长。在他如约来到中南海以后，办公厅主任热情地接待了他，并让他等待接见，但那天，他一直没有等到，接下来的几天也没有机会，他只好返回云南。

但电力板块始终是褚时健心里打算一定要做的事，所以，尽管遭到了电力部门的拒绝，也没能取得政策牌照，但他仍然决定去干。他认为，中国经济每往前一步都会受到能源问题的制约，退一步说，如果国家不让他投资的电上网，那么，可以把电卖到缺电的泰国、缅甸等国家。于是，在刘会疆这位电力专家到位后，地处澜沧江下游西双版纳境内的景洪水电站的开发就开始了。

配套先行

云南红塔集团总公司的布局并不顺利，由于各方利益的掣肘和政策的限制，加之有领导反对，褚时健把玉溪卷烟厂纳入一个集团公司的想法一直没有实现。在各方压力下，红塔集团总公司后来被迫改为云南红塔实业公司，之后又改为云南红塔投资公司，在云南烟草整合失败之后，公司又改名为云南红塔集团，此是后话。但它的目标和格局，与褚时健最初的期待和构架已全然不同，后者的使命只是承担起玉溪卷烟厂的烟外投资。

红塔集团总公司成立之后，为集团定下的投资条件有两个：高资金门槛、高技术门槛。他们为高资金门槛设立了下限，即低于5000万元的投资一律不做。不过，有两种情况例外：一种是属于扶植地方经济发展的，一种是和卷烟配套的。褚时健希望尽量把二者结合起来。而对于如何避免政府的干预，他们定下了一个可行的策略——政府定位、计委挖坑、红塔种树。这是一个规避政府权力风险的策略，就是在政府要求的投资中，"红塔"会要求提供更多的项目来选择，最后从上百个项目中选择一两个合适的来做。从后来的结果看，这个策略有效地对冲了大多数这类投资的风险。

中国的工业基础，到了20世纪90年代中期依然非常薄弱，和卷烟配套的那些辅料还要依赖进口。褚时健希望通过投资来解决，于是，一批和卷烟相关的企业很快就上马了。这些投资涵盖了印刷、造纸（水松纸、白卡纸、卷烟纸）、滤棒等行业，它们大多是引进国外的先进技术，或者选择和有技术背景的外资合作。这些投资企业不仅为玉溪卷烟厂节省了30%的辅料成本，也成了全国几乎所有卷烟企业的供货商，并带动了中国卷烟辅料国产化的浪潮。经历了不到10年的时间，中国接近98%的烟草辅料实现了国有化生产，这和褚时健最初的决策不无关系。在这些和烟草配套的投资企业中，有两家后来成了全国明星企业：一家是红塔造纸，一家是建水蓝鹰造纸厂，都成为当时全国同行业的第一名。

蓝鹰造纸厂原本是"二炮"下面一个濒临倒闭的造纸厂，红塔集团把它整体接手过来之后，引进了一家德国公司作为合作伙伴，迅速振兴了这家纸厂。它们生产的产品行销国内外，并获得了中国国家科技二等奖。而"红塔"也通过和这家公司的合作掌握了核心技术。

到大规模投资珠海仁恒纸业的时候，"红塔"已经掌握了一些高难技术，但黄跃奇为这个项目的投资绞尽脑汁。这是公司组建以来最大的一笔投资，总投资额为4—5亿。为了尽量节约投资，避免被那些反对烟外投资的人指责为铺张浪费，在完成细致的综合考察之后，他们引进设备时采取了从八个国家分拆引进再组装的方式，因此省下了一亿多元。

这也凸显了这批初来乍到的投资人当时小心翼翼的情形。

接着他们遇到了人才问题，高端人才都不愿意到玉溪来。在综合考虑之后，褚时健决定把这个当时中国最牛的造纸企业放在珠海。这个项目在很长时间内都是"红塔"烟外投资利润的重要来源，并一度成为"红塔"烟外投资的象征性企业。

褚时健布局烟草配套投资有两个考虑因素：一是解决需求；二是能得到确定的利润，这为他大手笔的烟外战略实施减小了阻力。

能源出牌

在烟草配套投资展开的同时，褚时健开始紧锣密鼓地在能源领域出牌，核心就是澜沧江水电站的开发。其实，在褚时健招兵买马之前，国家电力部门已开始谋划澜沧江水电的开发，第一个开建的是装机容量150万千瓦的漫湾水电站，1995年投产时，它证明了澜沧江是中国所有大江大河中最值得开发的一条，单位成本最低，效益最好。漫湾水电站的单位投资成本，甚至不及三峡电站的一半。

一条资源如此丰盈的大江，国家电力部门当然不会轻易"松手"。

但褚时健还是等来了机会。这个机会是这样出现的：云南省政府和云南省电力局正在联合投资大朝山水电站，但工程刚刚开始就没钱了。这时候，他们不得不请来国家开发投资公司和红塔集团总公司的领导，他们希望"红塔"参与进来，成立一个澜沧江水电开发有限公司。这将是中国第一家地方性非电力企业正式介入电力行业投资的公司。

谈判在刚刚投产的漫湾电站进行，国家电力局局长、国家开发投资公司总经理、云南省政府、云南省电力局和云南省计委的领导都参加了，褚时健没有参加，派代表参加谈判。"红塔"提出了三个条件：第一条，必须要占有比较高的股份；第二条，必须实行公司制；第三条，"红塔"要有一定的回报，褚时健要求回报率不低于15%。这三条是行前他们一起商量定下来的，但实际上，回报率是一个很粗的概念，就"红塔"的战略布局而言，虽然没能实现独家开发澜沧江的目标，但基本达成了一个战略，所以，具体回报率多高是次要的。

在他们提出的这三条要求中，第一条被接受了，但第二条——实行公司制，按股权发言——遭到了电力部门的强烈反对，他们认为电力就应该由电力主管部门说了算，为什么要实行公司制？没有道理。但"红塔"的代表坚持要求如此，并且取得了国家开发投资公司的支持。在现实和实力面前，电力部门不得不选择妥协。于是一家由几个公司联合组建的澜沧江水电开发有限公司成立了，它按比例分割了整个澜沧江水系的电力开发资源，最后确定的股权比例如下：国家开发投资公司50%，红塔集团总公司30%，云南电力局10%，云南省计委10%。在后来的中国电力改革中，国家开发投资公司和云南电力局持有的股权划拨给了华能集团。

在公司成立大会上，还闹了一个小小的插曲。确定了这个股权比例以后，这个公司就算准备成立了，并按出资股份多少的顺序在大会上发言。第一个发言的是国家开发投资公司电力部主任，第二个发言的是"红塔"的代表。为这个事情，当时云南省电力局局长一直耿耿于怀。他对"红塔"的代表说："我是电力局局长，代表云南，你代表谁啊？""红塔"的代表回答说："我代表投资人。"

在和电力局签署了"一揽子"协议之后，红塔集团算是真正进入了电力投资的核心地带，并连续进入了大黑山电站，阳宗海电厂和曲靖电厂。

在澜沧江水系，这个公司规划了13级电站，"红塔"自始至终是其重要成员。但让人扼腕叹息的是，在褚时健遭遇牢狱之灾后，后任者不断割让、削弱"红塔"的电力板块。今天的红塔集团只持有澜沧江水电开发有限公司12.6%的股权，它不再具有褚时健开创时的雄心，不过他们持有的资产净值仍高达数百亿元。

在电力投资的同时，褚时健也在谋划着修建昆明到玉溪的高速公路，这是云南省第一条真正的高速公路。不过，如果从纯投资的角度看，这不一定是褚时健的兴趣所在。这条路是他经常进进出出跑项目的路，一百多千米经常要跑四五个小时。听说昆明到曲靖建的一小段高速公路通车了，褚时健叫上司机直奔过去跑了一趟，回来就做出决定：建一条双向六车道的高速公路。这条公路投资了25个亿，是云南目前质量最好、投资收益最高的一条高速公路。它秉承了褚时健一贯的追求质量的原则，投入使用将近15年之久，才有了第一次大的修补。现在，它每年带来的净利润高达四五亿元。

金融布局

1995年，"红塔"踏进金融领域。

前身为北京首钢的财务公司的华夏银行，正和国内一批同类性质的超大型国企的财务公司一样，在国家政策的鼓励下，通过股改成为一家股份制银行，参与到中国越来越大、越来越诱人的金融盘子的竞争中来。

他们找到了"红塔"，希望"红塔"能够参与到这家股份制银行的组建中来。

褚时健和黄跃奇商量了一下，定下了两条原则：第一条是"红塔"必须占有足够多的股份，这个股份能够保证"红塔"在董事会里面有发言权、有席位，这个是基本的要求；第二，"红塔"必须是发起人。此外，不接受其他形式。

他们的条件得到满足后，谈判代表打电话给褚时健汇报，要求 "红塔" 一厝内必须打入5.4亿元的投资款，褚时健立即就同意了。前后三天，红塔集团就成了华夏银行的第三大股东。这是他们进入金融领域的开始。

褚时健领导时期的红塔投资，对机会的反应是果断而迅速的，在入股大朝山水电站的时候，当他们提的三个条件得到答应，谈判代表也是给褚时健电话汇报，几十亿的投资几分钟就决定了，机会抓住了。

随之， "红塔" 加快了金融投资布局的步伐，进入的银行有华夏银行、光大银行、交通银行、广东发展银行、富滇银行和玉溪市商业银行，并几乎都在这些银行取得了董事席位。

他们接着步入的是保险和证券领域，华泰保险和太平洋保险是"红塔"最早涉足的两家保险公司，而国信证券和中银国际证券则是"红塔"较早入股的证券公司，在此之后，又作为第一大股东组建了红塔证券。在银行、保险、证券领域， "红塔" 差不多手握10家公司。

此后，红塔投资在资本上表现异常活跃，它先后控股和参股了很多公司，并把近30家公司送入股票市场。

作为金融布局的规划，他们当时的野心是：第一步选择参股，确保每一个行业参股数家公司；第二步是在每一个行业都有一家能取得控股股东或大股东地位的公司；第三步是成立一个金融控股集团。

红塔集团的金融集团化布局，比国内任何一家公司都要早，这并非是因为褚时健懂金融，而是因为他有非常宽广的视野和战略格局。最后虽然没能成为一个"帝国"，但在市值最高的时候，红塔集团的金融资产也接近1000亿元。

褚时健入狱后，红塔投资在烟草配套板块、电力板块、交通板块、金融板块之外又拓展了医药板块，先后控股了云南白药和昆明制药，谋划成立云南医药集团，他们策划了上海制药和华南制药的收购（上海制药双方已拟定合同，华南制药开始谈判）。按他们最初的梦想，红塔集团握有的将是长江以南的中国制药业。但褚时健入狱之后的局面已今非昔比，没有人来支持完成他们的梦想。褚时健入狱两三年后，"红塔"在烟外的投资遭到了整体压制。一位负责红塔投资的领导人常常感叹："我只能这样说，如果不是停滞了这十多年，现在应该是几千亿、近万亿了，而不会是今天的局面，'红塔'本来是最强的。"他认为，如果褚时健没有出事，"我们再像从前那样走十年，我们一定是全国最大的控股公司，一定是！"

时至今日，褚时健布下的烟外出拳，虽然未能完成他们最初的从烟草帝国到电力帝国再到金融帝国、医药帝国的梦想，但他们拥有的烟外净资产已经远远超过了1000亿元，投资得到了非常好的回报。不过，红塔集团的烟外投资至今都没有在内部得到足够的承认，褚时健之后的领导人，多满足于烟草带来的现实利益，而不是像他那样抱持更大的振兴民族工业的宏愿。也许他们认为，即使烟外投资做得再成功，他们也花不到这个钱。所以，很多曾为红塔投资立下汗马功劳的少有的能人，也只能处在红塔集团决策层的边缘位置。

作为褚时健领导下开创"红塔"烟外事业的重要成员，刘会疆认为，褚时健的特殊魅力在于让你无可拒绝地相信他，和他在一起工作有一种特殊的安全感，让你不会惧怕失败，和他一起工作，就相信一定会成功。

第十五章　步入巅峰的人

1996年7月，国家体改委、国家经贸委等机构联合组织了大批学者专家来到玉溪，他们在这里召开了"红塔山现象"研讨会，他们把红塔集团称为"民族工业的一面旗帜"，并把玉溪卷烟厂的发展之路概括为"一个奇迹、一个谜"。

巅峰时刻：走向自如之境
日臻化境的经营艺术
没有难题的人
他的动力

褚时健主政"红塔"的17年间,玉溪卷烟厂的卷烟产量从27.5万箱增长到225万箱,共实现税利991亿元,平均每年递增43.93%,最高的年份达222%。从1988年开始,"红塔"的税利一直保持在全国前10强的位置,从1991年开始占据工业企业税利第二位,到1996年已占据税利第一位。玉溪卷烟厂的单箱税利,在1993年就达到了9500元,是全国同行业的5.85倍。而仅"红塔山"一个品牌,90年代就创造了数百亿元的税利。

1996年7月,国家体改委、国家经贸委等机构联合组织了大批学者专家来到玉溪,在这里召开了"红塔山现象"研讨会,他们把红塔集团称为"民族工业的一面旗帜",并把玉溪卷烟厂的发展之路概括为"一个奇迹、一个谜"。

巅峰时刻:走向自如之境

1995年9月19日,云南红塔集团和玉溪红塔烟草集团有限责任公司两个集团同一天成立。玉溪卷烟厂整体注入玉溪红塔烟草集团。而另一个集团——云南红塔集团则囊括了玉溪红塔烟草集团、曲靖卷烟厂、红河卷烟厂、大理卷烟厂等11家企业,它们组成了以玉溪红塔烟草集团为核心的子公司、分公司集团,褚时健同时担任两家集团公司的董事长和总裁。

　　为什么要成立这两个集团呢？背后的原因是这样的：一是云南省省委和省政府希望褚时健出马，把云南另外几家卷烟厂一并整合，把全省的烟草工业都带起来。当时，云南省的卷烟产量占了全国市场的1/6，而税利则超过了1/2，其中玉溪卷烟厂占了差不多1/3。但褚时健对把云南的烟厂组建为一个集团并不特别热心，他认为竞争才能发展，因此他建议组建两个烟草集团：一个集团以玉溪卷烟厂为主，把曲靖卷烟厂、红河卷烟厂、大理卷烟厂等整合为一个集团；另一个以昆明卷烟厂为主，把昭通卷烟厂、楚雄卷烟厂、会泽卷烟厂等整合为另一个集团。

　　再一个是玉溪卷烟厂也需要发展成一个集团，因为它早已跨出烟草领域，在能源、交通、轻工等领域大规模投资，将来还要进入更多的领域，卷烟已经囊括不了他们所做的事情，所以，褚时健认为有成立集团的必要。

　　后来，为整合云南省烟草业成立两个集团的计划"流产"了，各家卷烟厂还是各自发展，但"红塔"的两个集团——云南红塔集团和玉溪红塔烟草集团却保留了下来，只不过，云南红塔集团不再是囊括以玉溪红塔烟草集团为核心的11家企业的集团，而是成了玉溪红塔烟草集团下面的一个全资子公司。

　　但这些都不妨碍褚时健步入他事业的巅峰时刻。

　　他以一种举重若轻、驾轻就熟的状态管理着他的企业，信手拈来、闲庭信步，再大的麻烦他也能应对自如、巧妙化解。他非常享受这种状态：一种才华得到完全施展的释放感，他不再是踌躇满志，而是平步青云，走向自如之境。

　　随着媒体越来越多的报道，他的名声越来越大。美国一家媒体报道说，在中国一个名不见经传的小山沟，出现了一家世界级的企业，而这个企业的掌舵人，却是一个当年的"右派"。

　　90年代中期，这个出自小山沟的企业，已经锁定了一个目标：世界500强，而它也确实在接近这个目标。

1993年8月，美国南卡罗来纳州民主党众议员詹姆斯·克莱伯里恩，率领美国众议院农业贸易代表团到玉溪卷烟厂考察。这还是国外第一个到玉烟企业来考察的大型农业贸易代表团。

随着到访的人越来越多，尤其是各路政要越来越多，褚时健不得不每天安排出将近1/3的时间来接待访客。这些政要访客，有越南的国家主席、中国的政治局常委、全国政协主席、人大常委会副委员长、军委副主席等。商界的访客更是不计其数，但褚时健尽量在时间安排上握有主动权。他说："我用1/3的时间考虑工厂的原料和品种问题，用1/3的时间考虑工厂的发展和产品质量问题，用1/3的时间应酬。"由于时间总是很紧张，他不得不就大的事情制订周密的计划。实际上，随着内部管理制度化的成功，大量的日常事务都由部门的负责人去处理了，包括数亿元的合同订购、工程招标，褚时健一般都不再过问了。他说要"让年轻人练练胆，历历事"，他只在特别重要的事情上主导决策。这样，除了避不开的应酬之外，他有了大量的空闲时间能够走进烟田、走进车间。在玉溪的时间，他每天上班提前半小时出门，先到车间转一圈然后才去办公室，下班时再到车间转一圈然后回家。

日臻化境的经营艺术

进入90年代后，褚时健对企业的经营管理日臻化境。他经营管理的精髓——效益理论、成本中枢、利益平衡理念，这时候已经运用得炉火纯青。于他而言，管理已经不再是一项工作，而是一种艺术。

有时候，他甚至成了一种效应。有一件有趣的事是这样的：一次在接受一家媒体记者采访时，褚时健反思"玉溪"牌香烟的决策失误。他说："为了向世界第一冲击，我们集中了最好的烟叶、最好的设备和技术力量来生产这个牌子，可是'玉溪'却遭到了市场的冷遇。"压根儿没想到，这篇名为《褚时健痛心疾首说"玉溪"》的文章竟成了"玉溪"炸开市场的广告，几天之内，"玉溪"价格狂翻几倍，市场上甚至出现了断货的现象。

褚时健品牌管理的经验是非常简单的，他认为品牌就是信用，而信用的基础是质量，所以，品牌管理的根本就是质量管理。当品质已经达到顶尖水平后，品牌是不变的，因为消费者是在购买一种"记忆"，在没有消费之前就知道它是什么味道。而从另外一方面看，它又是可变的，因为品质是不断提升的。但不管怎么说，质量都是品牌的基础。在90年代中期，几家同行开始利用媒体广告来营销，甚至用"红塔山"来垫背，比如一家公司的广告语是这样的：黄山第一，红塔山第二。对此，褚时健不加理会，因为他相信最终支撑品牌的一定是产品本身，尤其是品质，而不仅仅是宣传。这使他能够在喧嚣的市场中气定神闲地思索本质的问题，而不是随着市场的起伏而慌乱。

在褚时健的管理哲学中，"人"是企业管理的核心，所以必须抓住"人"。在他的管理实践中，其他所有的成本都是下降的，只有"人"的成本是上升的。在他看来，"人"不仅是管理的工具，更是目的，所以，需要不断提高"人"的待遇、"人"的成本。

在他撰写的一篇论文中，他把"人"分为四个层面来看：工具人、经济人、社会人和决策人。"工具人"说的是员工必须服从管理，听从指挥；"经济人"说的是每个人都有正当的利益诉求，管理者要理解员工的利益诉求；"社会人"则强调为员工创造有归属感的工作环境；而"决策人"则是说不论作为管理者还是被管理者，他们都是不同层次的决策者，他们的决策都是为了同一目的。

这实际上和西方国家的企业管理思想是相一致的，褚时健自己也意识到，这些思想和中国的主流观点相比太出格，所以他在文章中做了巧妙的安排，像中国那些年代的很多文章一样，先批判其总体不对，然后说"部分"可取。实际上褚时健心里是非常认同这些观点的。在"否定"西方国家把人当工具

"炒鱿鱼"的同时，他提出："对于少数几个屡教不改者，就得'炒鱿鱼'，'炒'几个做反面教材。"

1996年1月，褚时健不再担任玉溪红塔烟草集团总裁一职，而专任董事长，在回答记者提出的二者有何区别的问题时，他说："可以说，总裁管今天，董事长管明天。董事长必须考虑企业的长远战略，为企业发展安排好明年、后年、大后年的工作。"

蜻蜓点水，言简意赅，但十分贴切。

他说："我们现有的技术装备水平已属世界一流，但要适应明天的激烈竞争，还需要在降低成本、提高质量上下功夫。"

没有难题的人

一切都太难，但他是一个没有难题的人。邱建康回忆褚时健在玉溪卷烟厂的历程时，几乎是含着眼泪说："太难了！但唯有他能够做到。"他认为褚时健是一个不世出的企业家，头脑清楚、性格坚忍，没有能难得倒他的事。

褚时健确实是这样一个人，在云南边陲的一处褊狭之地，一个不起眼的国有企业，他带领着它一路向前，以他"顺藤摸瓜"的问题意识和"应然性"的思维方式，带领着这个小厂冲到了亚洲排名第一的烟草企业的位置，冲上了全国税利最高、赢利能力最强的企业的位置。

作为一家至今仍然非常成功的企业，回忆它的历程，人们脑海中浮现的总是那些最美好、最温暖的东西，而那些严酷的、艰难的东西都被岁月带走了。

褚时健在玉溪卷烟厂17年，跨出的每一步都困难重重，但他总是能找到办法，地区不行就找到省里，省里不行就找到部里，部里不行就找国务院，国内没法解决就找国外，问题在哪里他就能找到哪里。而他在寻求解决这些问题的方法时，也不像一个因困难重重而唉声叹气的人，而是展现出一种自信而沉着的气质，所以，大多数看似不可能解决的问题，到他那里总能迎刃而解。

他的动力

这确实是一个问题：作为一家国有企业的领导人，褚时健的动力到底来自哪里？

这有时代的原因，他那一代人心里一直有一个烙印、一种情结，这种情结就是强国。从鸦片战争到他这一代已经一百多年，弱国心理和强国情结一直在激励着他们这一代人。如他所说，他们干什么都想着这个国家。

在90年代初接受记者采访时，他坦陈自己的收入是每月一千多元，住90平方米的房子，加上奖金，每年的收入有几万元。在1997年他被逮捕时，律师后来在法庭上算过账，加上应得的奖金，褚时健17年一共为国家创造税利991亿元，每给国家上交14万元税利，他个人得到一元。

但他说："我的住房已经超过国家规定的50平方米的标准，工资已经超过了我的同行和国家的官员，我已经很满足了。"

他总是说，现在也经常说，这个国家太穷，人均财富太少，他的愿望就是让这块土地上的财富尽快堆起来。

1987年，中国共产党第十三次全国代表大会召开。看完十三大报告和总书记答记者招待会的发言后，他彻夜未眠，他感觉这个国家有希望了，走在一条正确的路上了。

不过，时代造成的群体心理烙印和强国情结固然是一方面，另一方面则是来自个体的，这个可能是更为重要和确切的动力，这是由每个人获得成就感和快感的不同方式决定的。成就感和快感，有的人来自于物质回报，属于物质回报型，获得的物质越多，快感越高；有的人来自支配欲的满足，属于支配型，支配和驾驭的人越多，快感越强；还有一类人的快感来于自我展示，只要有了展示自我、展示才华的舞台，其他一切都是次要的了。褚时健就属于第三类人。

在一次媒体的采访中，他说："我觉得，一个人的价值主要在于干成事业。如果一生稀里糊涂，干十件事，八九件不成，那就很窝囊。有人劝告我说：'你的事业到顶了，应该退了。'我认为还没有到顶，还需要努力。这个还需要努力的事业就是用五年时间，实现税利240亿元。"

他反复强调说，他是一个比较讲求责任的人，要对得住自己承担的责任，这也不假，但这不是原动力，责任可以叫人不犯错，但不会推动一个人不断地创造。在一个利益如此巨大的企业工作17年之久，并且一直在不断创新，这必须是一种原动力在推动，这种原动力就是他获取快感的方式与他人不同，他不是只从金钱中就能获得快感的人。

1995—

峥嵘岁月

在最辉煌的时刻，褚时健折翼滇南，从"烟王"的神坛上跌落。

2001年，身患多重疾病的他保外就医，重回哀牢山，筹措资金改造山地、架管引水、修建公路，种起了橙子。十年后，一种名为"褚橙"的水果风靡全国，它被称为"云南最好吃的橙子"，也被称为"中国最励志的橙子"。

对于昔日种种，褚时健不愿再提起。于是，共同经历了诸多事件的"我"——作者先燕云，将以第一人称的角度，为读者更客观地呈现这段旁人无从知晓的历史，讲述昔日"烟王"、今日"橙王"——86岁的褚时健残酷的自我修复和重塑。

第十六章　"烟王"陨落（上）

褚映群说："其实老爸也该退了，你说他是太阳般的汉子，说得好。不过光环大了，人会变成神的，太阳烤多了，人也会被烤糊的。"

我大吃一惊，不由得仔细看了看她那张和父亲母亲都有些相像的脸，我从那上面看到了一种忧虑。

应该说，风将起之时，褚映群已经敏锐地捕捉到了风的翼尖。

选择性地资助文化产业

1993年春天，因为要做茶马古道的拍摄和采访，我和朋友们拜见了很多企业家，寻求资金帮助。寒暄聊天、吃饭喝酒之后，得到的回答大致一样："什么是茶马古道？现在谁关心什么古道，你们搞这个有什么意思？"可当时香港知名摄影家高志强先生已经得到了爱克发公司提供的反转片赞助，只等出发，我们骑虎难下。

大眼瞪小眼之后，我下了决心："走，到玉溪。"

我后来在《寻找茶马古道》一书的序言中写道："到玉溪，也就是到玉溪卷烟厂的缩语，这个改革开放以来声名鹊起的企业，短短十多年间跃升为全国数一数二的税利大户。于是乎，求助于企业的人和事可谓应接不暇。以我做人的原则，虽说几年前就与厂长褚时健认识，但从未开口请求过什么。这一次，为了那条藏在深山无人识的古道，我终于逼迫自己开口了。五万元，对玉溪卷烟厂是小数，对我们，对那条我们将要寻求的古道，却是一笔必不可少的投入。"

有了这笔钱，我们从普洱茶的原产地西双版纳出发，一直走到了西藏。

《寻找茶马古道》一书1994年由香港中国旅游出版社和云南《女性大世界》杂志联合编辑出版后，在香港、内地出过多个版本，在台湾还出版了中英文对照版。几年之后，普洱茶大卖特卖，就连思茅市也改名为普洱市，很多人在这个过程中发财出名。我们这些当年的探寻者，却记着最初为古道投资而不计回报的企业家褚时健。

当时的玉溪卷烟厂为许多文化项目提供过赞助，比如轰动一时的电视连续剧《宰相刘罗锅》、央视春晚，还有和中国作协联合组织的"红塔山笔会"等，这些项目的审批，都和褚时健有关。

褚时健是一个喜欢看书的人，除了技术类、经济类、管理类，他还爱看传记类和小说类的书。用他的话说："不看书精神不充实。"一天有那么多的事情，但只要有时间，他总要抽出一两个小时来看书。不过他的时间太有限，只能看自己感兴趣的书，他称之为"好书"。

1991年他接受采访时说："不看好书的人不会做人，这个结论是我自己得出来的。作家蒋子龙写的《乔厂长上任记》，我看了两三遍，当时的企业家都遇到过他写的那些问题。我说这位老兄肯定在企业干过，问题都写得很清楚。当然还有好的报告文学，比如王蒙等人写的东西，完全是从生活中提炼出来的，有很多道理在里面，读了让人受益。"

"一个人，只要不满足现状，就需要学习，你满足了或者消沉了，就不会去学习了。"

把自己多年的苦难经历变成一次次学习的机会，这是褚时健和别人不同的地方。

正因为褚时健有自己的文化追求，当时的玉溪卷烟厂对文化项目的投资才有了自己的品格：即不为低俗的纯商业的产品或活动提供赞助。

时隔一年，我因为要做一个名为"红军后代与红军战士跨越时空的对话"的课题，再次来到玉溪。在老厂区那间并不豪华的办公室里，他认真听了我的计划，颇为感慨地说："小先，别人现在都忙着做生意、赚钱，你却想搞这样的选题，为后代留一点儿真实的记录，这是件好事，我支持你。不过，你这个项目能不能被批准，你要有思想准备。"

我告诉他，关于红军长征的纪录片，必须报中国人民解放军总政治部批准，我正在努力。他答应说，只要上面批了这个项目，玉溪卷烟厂就可以给经费支持。

捕捉风的翼尖

那天谈话后，褚时健邀请我们去看一看关索坝。那时，它是一个长1.3千米、宽500多米的小山沟，上面绿荫蔽日，和周围的群山连成一体，与红塔山遥遥相对。它唯一出彩的地方，就是山上破旧的关索庙。相传诸葛亮南征时，关羽之子关索曾在此屯兵。后人便修起小庙，奉他为一方神明。

褚时健以一种异常自豪的口气对我们说："你们最后看一看这个山头，以后，这个山就没有了，由我们自筹资金建设的一个国际一流水平的新厂区将在这里落户。"

1994年5月26日，关索坝工程打下第一根桩。这是玉溪卷烟厂，也是20世纪末中国烟草业最重要的一项技术改造工程。

就在这一年，我到厂里采访玉溪卷烟厂的职工生活，赶上了马静芬和烟厂绿化科为中国插花艺术展准备的插花作品预展。在展厅里，褚映群把我叫到马静芬身边，让厂里的摄影师郭建林为我们仨人照了一张合影。我当时觉得她的举动有些刻意，悄悄问她为什么，她笑笑说："我老爸写什么都说要你写，我告诉他，人家是作家，是写文学作品的，不是写你们厂的那些报告的。"我也笑了："你算说对了，写应用文，我恐怕是小学生水平。"

褚映群说："老爸上《东方之子》了，你看了吗？"

我说："看了呀，温迪雅采访的。"

"你知不知道，有人提出也可以让老妈上《东方之子》？"说到这儿，她的神情有些变了，"我对老妈说，爸爸上《东方之子》，那是实至名归，他为国家做了那么大的贡献，是'全国劳动模范'，是'五一劳动奖章'的获得者。人家要拍他，合理。而你就不同了，我觉得你应该躲到老爸的光环后面，平静地工作和生活，这才是最重要的。"

这是我和褚映群第一次单独谈话，她让我刮目相看。一直以来，褚映群都被人称为"烟草公主"，她去外地，总有不少人围着她，到北京时，听说去机场接她的车就有好几辆。我很担心她因此飘飘然，真把这些当成了理所当然。此时她的这番话，倒让我释然了。

我点了点头，表示对她的认同。她说："其实老爸也该退了，你说他是太阳般的汉子，说得好。不过光环大了，人会变成神的，太阳烤多了，人也会被烤糊的。"

我大吃一惊，不由得仔细看了看她那张和父亲母亲都有些相像的脸，我从那上面看到了一种忧虑。

应该说，风将起之时，褚映群已经敏锐地捕捉到了风的翼尖。

我要搞的"红军后代与红军战士跨越时空的对话"这个项目，用了将近半年的时间才得到批准。

最后一次见褚映群

1995年年初，等我再到玉溪时，情况已经发生了变化。

褚时健面带难色地说："早半年搞都可以，现在有问题了，中纪委来厂里搞审查，这些赞助可能搞不了了。"

"中纪委？"我心里咯噔一下。之后，我到厂办公室，见到了办公室主任何小平。

何小平是个老知青，当年赫赫有名的北京师大女附中的高中生。自1969年到云南后，她将自己最好的年华都奉献给了这片土地。从师范学校的教务主任到烟厂的办公室主任，她和人们印象中那些精明强干、八面玲珑的办公室主任不太一样，是个率真可亲、办事很有分寸的大姐。

从她那里我听说，国家审计部门已经入驻厂里，正在进行大规模的查账。她还说了一件事情，中纪委的有关领导要找褚时健谈话，事先电话通知了厂办公室，但办公室一时疏忽，没有及时通知厂长，他按自己原来的安排去了通海看烟田，这让北京来的领导十分不爽。虽说厂长知道后及时赶了回来，但谈话时这位领导的言语间已经颇有些不客气。

事情听了也就过了，说实话，何小平和我都没太放在心上。改革开放初期那批所谓"摸着石头过河"的企业家，后来大多"中枪"倒下了，这里面有着复杂的社会因素、政策因素和企业家个人的因素。按照经济学家的观点，这段时期旧的管理模式已经松动，而新的模式还没有形成，企业家作为这个时代的代表，和企业之间存在着利益划分不清、产权界限不明等问题，需要明确和廓清。正是这样一种一方面经济快速发展、一方面法规滞后的背景，造成了企业家的"陨落"。

可对于褚时健，我们完全相信他的人品，相信他对自己事业的全力以赴，对物质名利的淡泊，也相信他不是一个政治上幼稚、经济上糊涂的人。

绿意葱茏的五月，我接到褚映群的电话，让我到烟厂驻昆明办事处去拿点儿东西，是一只竹篓，里面有十多只肥壮的青壳大螃蟹。褚映群说，这是她老爸让送来的，给我几只，给另外一个朋友几只。她来不及送了，马上要回珠海，请我来拿，把给那位朋友的也带过去。

我们闲聊了几句，谈到我们另一位共同的朋友，她说在北京见到那个朋友了，心态不是很好。我说大概是位子调整了，有些不太适应。

螃蟹是鲜货，我给朋友打了电话，约好五点钟在省委后门见。当时已是四点，褚映群催我走，送到楼梯口时，我忍不住问："你呢，在珠海好吗？"她没有回答，只是微微点了点头。

离开办事处时，我从车窗里看见墙外通红通红的三角梅。这种红出一片血色的花，给我留下了深刻的记忆。这是我最后一次见到她。

风起之时

八月，马静芬托我写的插花作品赏析完稿，我送到了玉溪。在半坡上他们的小院落里，马静芬看着文章，我看着院里的花花草草。褚时健不在，他到国外看设备去了。马静芬很快就要走，下月在北京召开的"世界妇女大会"的多个展览中，有马静芬他们插花协会的作品。我给她带了一套衣服，我觉得在这样一个世界各国女性参与的会议上，她应该有件时尚的正装。

马静芬看着衣服笑，说这太年轻，怕不合适。我们催促她换上，看看效果。马静芬一直很瘦弱，衣服上身的效果很不错。这身衣服估计她再也没有穿过，到北京后没几天，她被叫回了云南，中秋节前夕，她被带走，进入隔离审查阶段。

在此之前，褚映群已被人从珠海带到了河南。

女儿和老伴出事时，褚时健身在国外。他没有采取什么"失联"的做法，而是第一时间赶回了玉溪。这一方面表明他内心坦荡，另一方面也显示了他对家人的牵挂。

和所有人一样，我对这一切的到来没有任何心理准备。心里有着一万个为什么，却不知道答案。直到数年之后，当年的红塔集团的法律顾问——大律师马军，才给了我这样一个答案：

1994年，中纪委接到贵州省省级机关退休老干部的举报，反映老干部退休后的待遇问题，还有贵州省领导干部贪污腐败的问题。中纪委的办案人员到了贵州，直接找提供线索的老干部核实。最后，省委书记刘某某的夫人阎建宏等一批人被查出问题。阎建宏因贪污473万元和巨额财产来源不明罪被判处死刑。这在当时是轰动一时的大案。在这个案子中，涉及从云南批的5万件红塔山香烟，这批烟被阎建宏倒卖后获利上千万。在中纪委办案人员的报告上，当时的中共中央总书记江泽民批示，要重点查处领导干部及其子女以烟谋私的问题。

贵州贪腐案的专案组乘胜追击，进入云南。云南省委书记普朝柱和中纪委的同志吃了一顿饭后，按自己原来的计划该干什么还干什么，并没有特别在意这件事。而当时的云南烟草专卖局在和中纪委谈话时表现得十分自信。中纪委负责人谈话的切入点是工作报告中的两点问题：一是对职工队伍的评价，报告中说，99%是好的；二是对干部队伍的评价，报告中要求干部做好兼职工作。中纪委的同志质问这两点评价有什么依据，有人自信地说："你们可以查嘛。我们云南烟草专卖局的干部，情况是比较特殊的，我自己也是'一肩挑'，既是公务员又是企业家，基本上是三块牌子，一套班子。"

在玉溪卷烟厂的调查，据说一开始就碰到了前面何小平说的那个情况，褚时健没在厂里等待，而是去看他的"第一车间"烟田了。接下来的谈话大概涉及两个关键问题，一是给贵州的烟，二是领导干部子女要烟的情况。阎建宏案涉及的烟是玉溪卷烟厂的，但这件事情是省里交办的，可以说清楚。关于领导干部的子女以烟谋私的问题，褚时健回答："是有人来过，但我和他们说过，你们要为你们的父亲想想，不要给他们找麻烦。如果自己要抽，可以批点儿次品烟给你们，没有大批量从厂里拿烟的事情。"

当时从北京到云南，各个级别的领导干部子女到玉溪要烟的情况不少，但得到大批量香烟指标的很少。一些上面交代的不得不给安排的烟，也都要批条，由销售部门负责，调查工作在这里耗时也最长。

调查在继续，1995年，马军在烟厂驻昆明办事处见到了褚时健，当时褚映群也在场。褚时健征求他的意见，说国家烟草专卖局安排他到欧洲考察，合不合适去？马军明确表示，现在这种情况下，最好不要出国。

1995年5月，河南省三门峡市林正志等人投机倒把案东窗事发，之后马静芬的妹妹马静芳、弟弟马建华等人被河南省洛阳市公安部门收审。8月15日，褚映群被河南有关方面从其珠海的家中带走。9月，马静芬也因同一案件被河南收审。

历史的玩笑

历史总会在同一个时间节点上开玩笑。也是9月，褚时健人生中另一个重要身份确立了。9月，红塔集团成立，褚时健不再担任玉溪卷烟厂的厂长，他的身份变为云南红塔集团和玉溪红塔烟草集团有限责任公司的董事长。

公司成立仪式上，董事长褚时健发言，他说："建立企业集团，是云南'两烟'发展的客观要求，也是烟草行业深化改革的必由之路。因此，我们成立云南红塔集团的目的和宗旨也正在于：通过资产连接纽带，发挥集团群体优势，优化产业组织结构，促进资源合理配置，增强企业的市场竞争能力；形成多元化、跨行业、跨地区经营，实现规模经济，提高企业的整体经济效益；进而为国家财政增收，为地方经济发展，做出我们云南烟草行业应有的贡献。"

时任云南红塔集团董事长的褚时健

对于董事长这个新角色，褚时健有自

己的看法,他说:"按现在的企业制度来运行,可以说,总裁管今天,董事长管明天。董事长必须考虑企业的长远战略,为企业发展安排好明年、后年、大后年的工作。这个企业的长远战略由你来定,这就要求战略决策上不能出现差错。"用他的话说,玉烟(玉溪卷烟厂)发展的第一阶段是爬出泥潭、甩开包袱,第二阶段是技术改造。现在资金有了,软件和硬件设备都到位了,还拥有一支技术过硬的队伍,玉烟已到了第三个发展阶段。

当时的外部环境如何呢?随着中国"复关"进入白热化阶段,中国卷烟业面临着巨大的冲击。在中外卷烟业对抗的百年历史中,外国卷烟企业从未忽视过中国这个巨大的市场。1902年,美国在中国设立的英美烟草公司,曾创下年产量112万箱的纪录,占据了绝大部分中国市场。新中国成立以后,在中国关税政策的保护下,中国卷烟工业得以迅速发展,在一定程度上抵制了洋烟的进攻。在新一轮角逐中,玉溪卷烟厂成了外国烟草公司在亚洲的主攻对手。用《玉烟报》记者的话说:这是一场持续了近一个世纪,维护中国民族卷烟工业的生存战和空间争夺战。

玉烟的优势还有多少?褚时健比任何人都清楚:现有的机器设备是国际上20世纪80年代中期的水平,与世界一流水平有很大差距。现有的厂房处于地震带上,已开始出现裂痕。就是在这样的背景下,褚时健和玉烟领导班子才提出了自筹资金,在厂区附近另建一个现代化新厂,使玉烟的技术水平、生产能力再上一个台阶,成为世界最大的卷烟生产企业的构想。

关索坝到底会是什么样呢?这是我每次面对那个大工地时都在想的问题。

4000多人的建筑队伍在工地上苦战,十四冶建设集团集中了全部的重型机械。这场土方量300万立方米、建筑面积24万平方米的攻坚战,原定1998年完成,后改为1997年、1996年,因此,我每次见到它的面貌都不相同。

褚时健有个一贯作风:下基层。他的这个"下",不是走马观花,不是蜻蜓点水,而是一扎到底。抓烟叶生产,他一个县、一个乡地看烟田;抓生产质量，他一个车间、一个环节地找问题。而现在，他的新目标就是跑关索坝。他的司机张启学说，就这一两年时间，记不清他跑了多少遍工地了。就连晚上散步，他也要到关索坝走走。

孤独的先行者

一切似乎都和过去一样，可人们看褚时健的目光里多了许多内容。我相信大多数人的心理是一样的："厂长，你可不能趴下，这个企业需要你，云南烟草离不开你。"

此后一年多的时间里，褚时健就在这样的目光下生活着。他还是那样忙碌，那样风风火火，他的办公室外，仍有静静等待他接见的各种各样的人。见到他时，他的裤脚上总沾着关索坝工地的红泥。和他不亲近的人，也许根本看不出他的变化。可熟悉他的人，却发现他的确和以前有些不同，他的目光中多了忧虑，他的额头上新添了皱纹。

他喜欢回家，到了家里可以放下一切掩饰，面对真实的自己。可他又怕回家，家里除了来照顾他们老两口的亲戚老三，再没有其他人了。当时厂里安排跟随他的丁学峰和张启学，这一年间几乎变成了他的家庭成员。没有了谈话的对象，褚时健的话变得很少。吃完饭，他一个人回到楼上的房间，成了一位孤独的老人。

这段时间里，他约见过法律界的有关人士，想知道女儿和妻子的事情到底会怎么处理，希望老伴在那里能有个好一点儿的生活环境。同时，他也不可避免地要面对针对自己的种种调查。

也许只有工作、烟厂、烟田和建设中的关索坝，才是他这段时间的精神支柱。

他在这项工程上倾注了大量心血。因为他的目标不是只求一时一己的荣耀，而是要赶在有优势、有能力的时候把装备搞到世界一流，保证云南烟草工业的持续辉煌。褚时健似乎永远是一个先行者，他爱在没有路的地方踏出第一串脚印。先行者往往是孤独的，他必须承受各种各样的压力和上上下下的不理解，这好像也成了一条规律。为此，文学家感慨："在时代风云中那些高瞻远瞩的豪杰，因其目标的高远，似乎很难看到自己构想的事业完成……"

关索坝是褚时健用心构想的一幅图画，他有幸看到自己的构想变成了现实。对于他个人而言，这种实现并没有什么实际的利益。特别是在接受审查的情况下，这种努力前行，似乎有了一种悲壮的色彩。褚时健当时告诉我们："如果只想个人，老早就不该干了。说来说去，当了这么多年的共产党员，我还是想为这个国家和民族多做点儿事情。"

殇恸

1995年12月1日。记住这一天是因为它与一个梦有关。

夜最深时，我在梦中见到了褚映群。她梳了两条辫子，来和我告别。因为这两条辫子，且头发挡住了脸，我没有认出她来，问了句："你是谁？"她告诉我："我是映群，希望你以后常去看看我的老爸老妈。"

我吓出一身冷汗，从梦中惊醒过来，心跳快得半天不能平复。我是个唯物主义者，但做的梦多次在现实中应验，所以这个梦让我心里很是不安。巧的是头天恰恰与马军有约，第二天要到玉溪见厂长，途中，我忍不住讲了我的梦。

在厂里，我正在办公室和接待科的王道平说话，看见褚时健从办公室出来。我拿着为《中华儿女》杂志准备的采访提纲，迎了出去。他看了看我，拿着那张采访提纲进了洗手间。

王道平说："你看，厂长看到你才笑了。"

我问她："厂长笑了吗，我怎么没看出来？倒觉得他的表情和往日有些不同呢。"

这时，我们看见褚时健匆匆出来，上了电梯。我发现，他手上没有拿我刚刚给他的采访提纲。我走进洗手间，只见那张纸被放在洗手台上。

我问王道平："出什么事了吗？厂长有些不对头。"她回答："没有啊，刚才不是好好的吗？"

我在心里对自己说，不对，一定有什么事。我径直走进了何小平的办公室，面对我的追问，何小平说："是出事了，出大事了。中纪委刚找厂长谈过话，但我也不知道是什么事。"

因为晚上要住在玉溪卷烟厂的小宾馆，我下午去见了玉溪的朋友。吃完晚饭，接到马军的电话，让我立刻赶回小宾馆，厂长在等我们。

暮色中，马军和副厂长姚庆艳站在小宾馆的大堂里等着我，神情严肃。我问："厂长呢？"姚庆艳告诉我："他刚刚走，让我来送你们。"我问马军："今晚就走？不是说好了明天还有事吗？"马军说："情况有变，咱们今晚就走。厂长刚才问我和谁一起来，我说和你，他说让你也走，这样他就放心些。"

我们在夜色中离开了厂宾馆，姚庆艳一言不发，沉默地看着我们离开。走到昆玉高速的入口，马军说了句："褚映群不在了。""什么？"好像被什么东西击中了一般，我猛地靠在了座椅上。"她在看守所自杀了。"直到马军追加了这一句，我才意识到自己听到的是真实的消息。我全身发冷，声音颤抖着对马军说："可以停车吗？我想哭。"

马军几乎是静静地看着我流泪，看着我发抖。在此后的路途中，我一遍遍地想着头天的梦境，心里充满了伤痛。褚映群从儿童时期便和父母一起经历种种苦难，她是一个内心沉稳、颇有定力的女人。她不光有父母，还有一个刚刚十岁出头的女儿呀，为人女为人母，人到中年，是什么让她选择这样惨烈地结束生命？我终于想到了她的父亲褚时健，他今天经历了一个父亲最大的打击。记得在1991年采访的时候，他对我谈起过女儿，说不管生活条件如何差，映群都是个肯看书、爱学习的女孩。家务活儿她从小就做，但从来不影响她的学习成绩。1977年恢复高考，她当年就考上了昆明师范大学，让做父亲的他感到十分欣慰。褚时健当时的神情，此刻出现在我的脑海中，我不由得长长叹息。

褚映群的后事

多年以后，在褚时健的客厅里，他第一次对我谈起他当时的感受。

"映群出事的时候我在令狐安家，专案组领导给令狐安打来电话，说出事了，褚映群在河南自杀了。令狐安当时就告诉了我。那天，我实在控制不住情绪，哭了。"

对于那天夜里发生的事情，马军这样说："当时褚时健在小宾馆见的我。他的第一句话是：'我对不起姑娘，她早就让我退休了，别干了。现在映群自杀了。'说这话时，厂长的眼泪大滴大滴地流了下来。原先我只是红塔集团的法律顾问，就从那时起，我接受了褚时健的请求，成了代表他办理褚映群事件的委托代理人。"

回到昆明的第二天一早，马军见到了省委副书记令狐安，令狐安说想不到会出这样的事情，想起来就觉得很心疼。他告诉马军，这次到河南去的三个人，省公安厅的黄总队长代表云南政法系统，姚庆艳代表红塔集团，马军代表褚时健的家人，后事如何处理由马军决定。

听了这话，马军感到责任重大，他马上和烟厂联系，办理了全权代理委托书。他们三人在机场会面，然后直飞河南郑州。下了飞机，他们见到河南方面的三辆警车已经在机场等候，他们三人一人上了一辆车，连夜赶到洛阳。马军记得当时入住的是市委招待所。三人是分开住宿的，房间也不挨着，中间插有当地警方的人。

第二天开会，中纪委的人，河南省公安厅、检察院，洛阳市公安局、检察院、看守所有关领导都到会了，会上通报了情况：褚映群被收审后，经审查没有太大问题，正准备报请解除隔离审查时，发生了这种事，很可惜。（原谅我在文章中略去了事件的详细过程。）

当时，省检察院检察长说，公安机关在这件事情上存在失职问题，中纪委的人没有发言，马军代表家属谈了意见：褚映群不属于收审对象，却被从珠海抓来，收审前提是不合法的。

会后，云南来的三个人去看守所看了褚映群自杀时的现场，公安部门出示了一份只有两句话的褚映群的遗书。最后，大家到殡仪馆，见到了身穿粉红色棉衣的褚映群的遗体。

马军说："我清楚地记得这天是1995年的12月4号，因为第二天我赶去北京，接受了'全国十佳律师'的称号，这是全国第一次为律师颁奖。当天晚上我就返回了洛阳。6号，我们到太平间接出了遗体。"

晚上，河南省公安厅一位副厅长请云南去的三位代表吃饭，他说："这事发生在河南，对不起你们，也对不起褚厂长。"

马军提出想见见马静芬，河南方面安排他们从看守所楼上的窗子里看了看放风的马静芬。当时，她并不知道女儿的事情，也不知道云南来的律师在不远处看着自己。直到1997年，河南警方将马静芬等人移交给云南有关部门，关在第一看守所里，马军才作为委托律师，当面见到了马静芬。

1995年12月7日，马军等人带着褚映群的骨灰回到了云南，在机场，马军将骨灰交给了褚时健。见到女儿骨灰的那一刻，褚时健，这个被女儿称作"从来不软弱"的硬汉，再次流下了眼泪。

一起走过的日子

此后一年的时间中，我和褚时健有了更多的接触。也许是出于对女儿的思念，也许是思想交流的需要，那段时间里，我常常接到他的电话，他的车子会到昆明来接我,然后我们一起出去,利用节假日,在附近走走。

褚时健最爱去的地方还是他熟悉的玉溪周边各县,这是他的烟田所在地。我跟着他看过通海、江川、玉溪、华宁的烟田,看过建在建水的造纸厂,还看过位于弥勒的红河卷烟厂。他在往返途中讲述烟田的管理、烟叶的分类;讲邱建康如何具有独当一面的能力,在工厂管理上有独特的方法;还有李穗明如何肯吃苦,不怕难,担起了关索坝建设这样沉重的担子。

关索坝是一个奇迹,一年零九个月,24万平方米的厂房全部完成;1995年8月,第一条制丝线投入生产;1996年3月,主要车间在不停产的情况下搬迁调试完毕;6月,新厂区全面投入生产,年产量可达200万箱。从动工到全部投产,仅仅两年时间,关索坝引起了世界烟草业的高度关注。

当然,玉烟购买世界上最先进装备的实力,也深深吸引了英、德、美、日、韩的烟机制造商们。褚时健亲自带领专家小组三赴欧洲谈判。几亿美元的进口设备,全靠专家小组的意见来选型、谈判、定购。在国外的那些日子,专家组的人各有分工,或看样机,或观察实际运作效果。每天早上6点起床,赶飞机、赶汽车、赶火车,常常搞到深夜才能休息。就这样,600包烟机生产线比国际市场的成交额少了3000万美元,物流线生产厂家的开价,也从1700万美元一套降至750万美元一套。褚时健一班人的想法很简单,不能让国家吃亏。对他们的这种敬业精神,外国厂商也表示敬佩。英国莫林斯公司的代表发出感慨:"这么大的投资、这么快的建设速度,世界上没有哪一个资本家有如此胆魄。"

关索坝工程会聚了来自世界各国的上百名专业技术人员,他们正是通过关索坝了解了玉烟,了解了中国。前来采访的美国《环球烟草》杂志国际部副主任在文章中这样形容关索坝:中国初升的太阳。

正是玉溪卷烟厂年年增长的卷烟产量和关索坝工程的潜在能量,使得前来采访的很多记者都抓住"烟草是夕阳产业""烟民队伍日益萎缩"这样的话题向褚时健提问。他是这样回答的:"烟草是国家税收的重要来源,中国的烟草市场是一个客观存在，3亿烟民的数量短时间内不会消失，这样大的市场，我们不去占领，难道要让外国人占领吗？当然，随着烟民数量的减少，市场萎缩的局面以后会出现，我们凭借现在打下的经济基础，已开始对其他产业进行投资，到那时，仍然可以为国家创造财富。"

夙愿完成

1996年4月，与狂舞的春风相伴，褚时健领我们全面地参观了新落成的厂区。厂门口大盆里种的五针松，就是马静芬用烟从河南省三门峡市换来的。抚摸着厂区里绿茵茵的草坪，褚时健脸上现出了久违的笑容。我写第一篇关于褚时健的报告文学《太阳般的汉子》是在1991年4月，与这次他在任上最后一次接受我的采访，之间相距整整五年。

从外在看，褚时健变化不大，仍然是步履匆匆，仍然是神色严峻。不同的，是他那双眼睛，以往的犀利与敏锐仍在，却掺入了更多的忧郁与练达。他不是神，而是一位年近古稀的老人。尽管他身体很好，精力充沛，可他也因巨大的打击和压力而感到疲惫和忧伤。从褚时健以往的经历来看，他无疑是一个爱国者，历来很多的爱国者，似乎都会心甘情愿地为国家、民族的进步牺牲自己的利益。那么，当一个爱国者努力为社会创造财富时，难道没有人去给他们一点点理解、关心和保护吗？

中国企业家的成功要比外国企业家艰难许多。他们不仅要面对市场经济规律的法则，还要在传统观念与开放意识的冲突中，在经济规律和政策法规不配套、不完善间寻找生存和发展的空间。为此，勇于改革的风云人物的命运不可避免地带有悲壮的色彩。就在玉溪卷烟厂以绝对优势高居全国同行业税利指标和综合指标榜首，成为全国企业第二税利大户的时候，还有不少人对褚时健的能力和云南烟草的优势颇有微词。

一位与烟草业毫不搭界的朋友对我说："这是媒体宣传的失误，你们只讲每年创造了多少税利，扩大了多少产能，好像这一切是上天赐予的福气，傻瓜也能干好似的。为什么不讲讲他们的血汗创业史，不谈谈他们对社会发展做出的贡献呢？"

的确，云南烟草业崛起的历史并不太长，玉溪卷烟厂40年的历史也并非一路阳光。眼前的光荣与财富，是烟草行业职工和褚时健这样一批人，用十几个年头的奋斗创造出来的。从来就没有天上掉馅饼的好事。一位在厂办公室工作的老玉溪人用凝重的语气告诉我："那时候，烟厂的人上班连水壶都拎不起，提的是瓦罐。厂长去外地推销我们的产品时，为了省钱住过洗澡堂，坐过垃圾车。这种事情，现在如何想象得来？人是要讲良心的。"他的话让我明白，人，不能忘记、不该忘记这些东西，因为这是历史。

一次文化人的聚会中，我的一位朋友突然动情地说："你应该写写褚时健，他是一位民族英雄。想想看，近代以来，中国有什么产品成功地抵抗了外国的进攻，只有'红塔山'。"很巧的是，几天以后，一位从国外考察回来的金融家，讲了这么一件事：他在美国与企业界人士交谈时，一位美国企业家问他认不认识褚时健，并真诚地说："我认为褚时健是中国近几十年来最优秀的企业家。"

小事点点

离开工作岗位后，褚时健似乎真的想为自己的人生做一次总结。所以我跟着他到过当年打游击的地方，他说："我对这里的一草一木都很熟悉，我们当年打游击，就在这些沟沟坎坎里转战。"还有磨盘山、塔甸，这是他当"右派"时走过的地方。我们不可避免地谈到了他的童年时期，这样，我们来到了他生活过的小村矣则，也爬上了褚家祖坟所在的山头。就是在这里，他谈起了自己对这块土地的眷恋与深情。

当年的一位"右派"，和他交情不错，可惜此时已经告别了人世。他的儿子陈绍牧，成了当地一位有名的老板。他在山里的一座小水库旁有座别致的庭院，临水靠山，松涛阵阵，1996年的春夏两季，褚时健多次来这里小住。陈绍牧叫他叔叔，用对待尊贵长者的态度接待他。陈绍牧说："我爸爸不在了，我是想用对待长辈的心来善待这位和我父亲有着同样经历的老人。我并没有别的企图，甚至和玉溪卷烟厂也没有生意往来，只是尽份心。"

我理解他，因为我也是同样的心意。我何尝不知道，当时我们的一举一动都在监控之下。但这是我的长辈，我们之间没有什么经济上的利益需求，也没有生意上的往来，我内心坦荡。

夏天，抚仙湖的抗浪鱼进入了产卵的时节，这也是人们捕捉它们的好时机。抗浪鱼对水质要求很高，是抚仙湖这个高原深水湖泊特有的鱼种。想满足口腹之鲜的人多了，鱼价也水涨船高，当时一斤已卖到了百十元。褚时健是抓鱼好手，现在虽不抓鱼了，但爱吃鱼的习惯还在。

那是一个星期天，我们从华宁绕到了抚仙湖的东面。这里和游人们常去吃鱼的鱼洞不在一个方向，几乎没有人。鱼洞在断崖之下，水边只有两米宽的通道。张启学把车停在了公路边，我们提着米、火腿、油和土豆下到了湖边。我问褚时健："为什么我们还要带这么多东西？"

他说："我们又没有打招呼，人家咋个知道我们四个人要来吃饭。做铜锅土豆焖饭我最拿手，我们样样都带着，只吃人家的鱼，还可以请渔夫和我们一起吃。"

在水边，丁学峰和渔民谈妥，褚时健开始生火做饭。那一瞬间，他真的很像一位带着家人野炊的长者。

就在饭香味随着铜锅的水蒸气丝丝外溢的时候，小路上出现了一队人马。一见来人，等着吃饭的渔民立马缩回到崖边石洞里抽烟，气氛瞬间变了。我问小丁："这些是什么人，他们怎么知道我们在这里？"小丁说："肯定是当地县里和乡里的领导，大概是看到我们的车了。"等他们下来一问，果然被小丁猜中，厂长的越野车暴露了我们的行踪。

当地的干部也是好意，想来见见厂长，一起吃个饭。这一下增加了八九个人，渔民们的饭肯定是没有了，关键是鱼，这顿饭十多个人吃了有八九斤鱼。当地的领导们说："钱你们不用管，我们会和他们结账的。"离开时，我看见褚时健低声地叮嘱小丁："去把账结了。"小丁嘟嘟囔囔地说："他们说他们会结的。"褚时健不说话，走了。

小丁去埋单，最后回来。他上车后，我问："付了多少钱？"小丁说："九百多。"我说："干吗要咱们付？他们又不是咱们请来的！"褚时健转过头来说："你们当真以为他们会付钱给渔民？我们跟人家说好的要付钱，吃了抹嘴就走，吃亏的是那几个渔民。"

又一个星期天，从建水回来，司机先把我送回昆明。我们在云南大学旁边一个小店里吃饭。见我们点的都是蔬菜，褚时健说了句："你们要点些肉菜，要不然人家不给我们上菜啊。"

我觉得这种说法很奇怪，就问张启学："厂长这话是什么意思？"

张启学笑着说："这事有说法。有一次，我送厂长到烟草公司开会，中午就在烟草公司对面的云园吃饭。因为下午还有会，我们就要了两碗米线。结果等了估计有半个多小时，米线也没有送上来，比我们晚来的客人都吃上饭了，我们还坐在那儿等。后来一个认识厂长的人发现了，赶快叫服务员给我们上米线。那家店就在烟草公司对面，吃饭的有钱人多，店大欺客，人家嫌我们点得少，所以不给我们上。打那以后厂长知道了，到哪里点菜都要点一两个贵点儿的。"

小事点点，不足挂齿，可就从褚时健断断续续的讲述和我对一桩桩小事的观察中，我对他这个人，对他的人格有了进一步的了解。

在这期间，我受老作家汪曾祺先生之托，将他为褚时健画的一幅《紫藤图》送给了褚时健。汪曾祺先生是在1991年的中国作家红塔山笔会上认识褚时健的，从此将厂长视为知己，并为玉溪卷烟厂写下了散文《烟赋》。

汪老家书房不大，因此，他画画的尺幅都不大。他说过，一介书生，平生所求就是一间可放张大书桌的书房。这时搬到虎坊桥，如愿有了间书房，中国作家协会的高洪波等人，代表作协送去了一张大书桌，汪老终于可以画大画了。

这张《紫藤图》是我见过的汪老最大的一幅画，汪老题诗云：

倘若你我闲闲坐，不做滇南烟草王。

一片情谊，一丝担忧，均在画幅当中。

多年之后，汪老已作古，我询问当年的赠画，褚时健说，早就不见了，后来抄过家，这画不知道去了哪里。

第十七章 "烟王"陨落(下)

当褚时健从法庭右手边的侧门进入法庭时,我看到的他,和两年前没有太大的变化。他很平静地走到了被告的位置,就在我们目光交会的那一瞬间,我明白,不管接下来的审判会出现什么状况,最终是什么样的结局,对于我,他就是他,一位普普通通的老人,一位正经历人生低谷的老人,一个我应该称之为父亲的人。

元旦出游

转眼到了1996年年底。12月，第二届红塔山笔会已经酝酿成熟。当时冯牧先生已经仙逝，不过汪曾祺仍在队伍里。还有一些作家是第一次笔会的参与者，期待着与退下来的"烟王"畅谈人生。

12月23日左右，我就笔会人员名单和身份证号码事宜再次与何小平主任联系，她告诉我，厂里28日就放假了，要放到元月3日。笔会的作家们到达厂里的时间就定在了4号。由我到机场接北京来的王巨才、汪曾祺、高洪波、何志云等人。

落实了笔会的事宜，何小平问我们元旦放几天假，我告诉她只有一天。她说："厂里放假，大家不好出面陪厂长去什么地方。省外几家烟厂曾邀请过他，但厂长说不要麻烦人家，他现在正在接受审查，会给人家添麻烦。"

那几年，褚时健每到一地，当地的烟草公司和经销商都会兴师动众，搞很大的排场，这也是遭人诟病的事情。其实这不是褚时健本人的意愿，他不是官员，应付场面上的事情也不是他的长项，但他很善意地理解别人的"隆重"接待，虽不乐意，也只好客随主便。只是现在这个特殊时期，如果出门去哪儿，别人不"隆重"显得势利,隆重了又不合时宜,干脆不要去,不给人家添麻烦。这是褚时健的意思。

我听明白了,就问何小平:"你是不是想让我过节陪老头子出去走走?"何小平笑了,说:"厂长也愿意,出去还可以聊聊。"我答应了,用这一年的最后三天陪厂长出门走走。

随后,张启学和我联系,我问去什么地方,他说厂长的意思是到他待了十多年的新平去看看。我心想,又是故地重游,老人家大概真的想写一点儿什么东西了。我们约定,12月27日他们到昆明接我,30号返回。这边的日程定了下来,我答应母亲,元旦请她吃北京烤鸭。

27日,我在办公室和我的搭档们商量,定了元月2日上班时开编务会。直到这时,我对将遇到的一切毫无预感。我甚至问杂志社的办公室主任张卫,新平的气候比昆明热,要不要带厚衣服?他说那里是山区,早晚会比较冷。一直到中午12点,我才等到了厂里的车。上车后我问:"今天直接到新平还是先到玉溪?"

褚时健回过头来说:"今天住在玉溪,我们不去新平了,去河口,你去过没有?"我说去过多次,当年作为文工团团员去演出过,还踏上了连接两国的中越铁路大桥。后来作为战地记者,我几乎跑遍了前线的所有山头,河口四连山也去过,还从阵地上看过被炸毁的中越铁桥。

不过,对出行地点的改变,我多少感到有点儿遗憾,因为我很想看看他们一家当年生活的地方。车上不好问,我想抽空再问不迟。

到了玉溪,我和张启学去了趟厂里,他要去领点儿小礼品,说要送给红河哈尼族彝族自治州的老州长,他是褚时健的老朋友。签字领东西的时候,我见到办公室主任何小平,告诉她我们要去河口,路上还要看朋友。何小平说她值班,希望我们好好玩。

回到褚时健家,正赶上他江川的朋友送来了一条巨大的青鱼。褚时健说很久没见过这么大的鱼了，剖开后可以让小丁、张师傅送点儿回家，剩下的叫老三腌一下，回来再吃。杀鱼的时候，小丁用手按住大鱼的身体，褚时健自己动手剖开鱼腹。说实话，我从来不知道湖里还能长这么大的鱼，足有二十多公斤。它扭动起来，小丁这样的壮小伙都按不住。见此情况，我也帮忙摁住鱼头，不知是天冷还是场面刺激，我心里有些发凉。鱼被砍成了几大块，光鱼头就分成了两大块，有四公斤重。褚时健对我说："我让老三冻起两块鱼肉，等回来给你妈妈带回去，让她也尝尝江川星云湖的大鱼。"

见我有些发冷，他把我叫上楼，打开一个衣柜，说："你穿少了，这是映群的衣服，如果不忌讳，你看看有没有合适的找件来带上。我看你们个头儿差不太多。"映群离世整整一年了，可她的衣服还都好好地挂在衣橱里，就像主人随时要穿一样。我没有挑这里的衣服，不是忌讳，而是怕褚时健睹物思人，想起有关女儿的点点滴滴。

我问他为什么不去新平而改道去河口，他叹了口气道："还不是因为我家的人不懂事。"见他不想再说，我下了楼，直接问在看电视的张启学。他告诉我，本来定的是去新平，并把这个安排告诉了褚时健的弟弟褚时佐。没想到昨天晚上新平县县委的一位书记打来电话，说知道厂长要回新平过元旦，县里几套班子的人准备给厂长接风。褚时健一听心里就烦闷起来，本来不去外地，不打招呼，就是给人家和自己都留点儿方便，没想到褚时佐特意告诉了县里的人。褚时健觉得，人家过节不能休息，要给自己接风，岂不是既麻烦又担风险吗？而自己故地重游、随意看看的初衷也会被破坏，新平之旅，于人于己都不太合适了。想到这里，褚时健明确地说："新平不去了，你们重新找个地方。"

张启学和丁学峰想到了元谋土林，但又听说在修路；想到了紫溪山，但冬天又没有看头。最后，张启学想起旅行社在节前到厂里来拉客，组织职工到河口玩，听说有几十个人报了名。不如去那里，还可以看看越南老街的边贸市场。他们把这个建议告诉了褚时健，他没有异议，事情就这么定了。不光他们

234

脑子里少了一根弦，我也同样稀里糊涂，审查期间往国境线上靠近，这本身就是犯忌的事情。不过我当时真的不知道有关部门早有通知。

晚上丁学峰送我回宾馆。刚爬了一半台阶，我一头栽倒在台阶上。小丁吓了一跳，赶快扶我起来，看看没有摔坏，便又去捡掉了一地的东西。他担心地问我："你生病了，明天还能不能走？"我说："没事儿，就是在外面站的时间长了，又沾了冷水，胃病犯了。"我叮嘱他不要告诉厂长，说好了陪他出去的，不要扫大家的兴。

河口被查

第二天一早，车子到厂宾馆接我，这时我才发现小丁的女友李霞也一起去。他们正筹备着结婚，小丁平时住在厂长家，放假两人也没时间在一起，正好这次是旅行，难得一起出门，李霞显得很开心。在玉溪师专门口吃米线的时候，我又看到了陈绍牧的车，他笑眯眯地告诉我，他和公司的小陈一起去，他想陪陪老人。这样，我们一行七人分坐两辆车出发了。

说起来这次出行真不是那么顺。张启学他们联系了老州长，听说省里领导在红河，他们下到县里了。我们径直从建水插下，经蒙自、屏边到河口。车还未到屏边，我胃痉挛发作，在车上晕倒了。车上的人商量怎么办，褚时健说："先到蒙自，蒙自医院好些。"张启学告诉他蒙自已经过了，前面是屏边，陈绍牧他们的车已经到屏边加油去了。于是去了屏边，我在屏边医院打过针后，褚时健又提出回蒙自休息。记得是小陈说，河口不远了，那里的条件也好，可以到河口再找家好医院。就这样，我们傍晚到达了河口，入住河口铁道宾馆。

这家宾馆新建不久，当时可能是河口最好的宾馆。住进房间后我发现，宾馆临河而建，离中越铁路大桥很近。从窗口鸟瞰，南溪河清幽幽的河水映入眼底，老榕树枝繁叶茂，遮天蔽日，旁边就是河口边防检查站的岗楼。

当天晚上，我就在宾馆输液。第二天一早，褚时健见到了厂里许多到河口旅游的人，都住在这家宾馆。吃饭的时候，褚时健安排："小先你今天早上接着输液，张启学陪着你，我们几个过老街看看边贸街，你就不要去了。一两个小时可能就看完了，等我们回来，再一起逛逛这边的集市，然后就回蒙自，你可以到蒙自后再打吊针。"

在房间打吊针的时候，我越想越觉得好笑，大老远地跑来，就在酒店里住一天，连铁桥都上不了。想当年，我们文工团六七十号人一起走上铁桥，那是什么气势！

十点，针打完了。我走到窗前，想好好看看已经修复通车的铁桥，就在这时，我发现了坐在榕树下的褚时健一行。我回头问张启学："厂长他们怎么在边检站坐着喝茶，是回来了还是没出去？"张启学也纳闷儿："怎么，他们坐在河边？"他也走到窗口往下看。到这时，我心头开始有些忐忑不安起来。我们俩决定下楼去问问，如果不让出去，那就不去老街了。

看来我们想得实在太简单了，在我打吊针的这两个小时，褚时健出现在河口，并要办理短时过境手续的事情，已经被报告给了正在红河的令狐安书记及昆明的省委领导，并上报给了中纪委、公安部。边检站的领导正边和褚时健聊天，边等着上面的指示。

在大榕树下坐了两个小时，褚时健终于发现有问题了，他说："是不是我不适合办通行证？如果不可以，我们不去了。"见褚时健要走，边检站的领导忙说："我们领导要见你，请先到我们检查站去。"一行人往回走时，和下楼的我们相遇了。虽说人声嘈杂，但我清楚地听见边检站的干部紧张地对着手机说："还有两个人，住不下，改到河口宾馆。"仿佛一盆凉水从头上浇下，我知道，走不了了。

到了河口宾馆，我们被礼貌地让进了饭厅。这时候，丁学峰拨打了省委副书记李嘉廷的秘书的电话。事实上，李嘉廷已经从别的渠道知道了褚时健被扣留的消息。笑脸相迎的边检站领导陪着我们吃完了饭，然后通知大家，分开住进房间，车上的东西都不准拿。

等待的时间空气几乎凝滞，我想到的第一件事是问褚时健，是不是有过关于他不能到外地和边境的通知。小丁说有过，他们理解的是不能出国和到港澳口岸，所以这次目的地临时变更到河口，谁都没有往这上面想。我只有一声叹息。当记者多年，连这点儿敏感度都没有，我心中充满自责。

一个小时以后，每个人的提包都拿到了房间，只是手机都被没收了。我的提包似乎原封不动，他们还专门说了句，记者的东西他们没有检查。果真没检查吗？天知道，但我的手机的确还在。我心里清楚，我没有去办理什么过境手续，收我的手机没有道理。

我认为，眼前最要紧的是通知集团领导。我的第一个电话是打给值班的何小平主任，我请她立即向董事长字国瑞汇报。我提醒她，我们到红河是告知了厂里的。事情紧急，从电话里，我都可以听出何小平的慌张。第二个电话我打给了集团法律顾问马军。听了我在电话中所说，马军大吃一惊，他说："你怎么这么没有头脑？他不能去这些地方，我早就提醒过他们的。"我说："我并不知道，但应该想到，不过事情已经发生，责怪谁都没意义，你是法律顾问，该怎么做你清楚。我只是第一时间让你知道真实的情况。"第三个电话我打给了朋友孙文刚，希望他替我去看我妈妈，元旦带她去吃烤鸭。别的事情一时想不过来，谁也不知道接下来会是什么情况。

打完这三个电话，我心里开始坦然起来。

我把电话给了李霞他们，让他们用这个手机给家人报个平安。

我十分感谢褚时健，在这样的情况下，他还能对看守我们的公安说："小先有病，你们要安排医生给她看病。"

第二天，来给我打针的小护士悄悄问我："我看你不像坏人，怎么他们说你们是坏人，不准和你们说话？"我也小声说："不让你和我说话就不要说，不过我绝不是坏人，你放心。"

被幽禁的五天

"褚时健在河口被抓了……"我想过这个事件可能会引起轰动，不过到后来我看到和听到关于此事的各种版本时，还是被惊得瞠目结舌。那是后话，眼下，就在河口宾馆的房间里，看着窗外浓密的亚热带植物，想着自己几次河口之行的不同际遇，心头涌起了"念天地之悠悠，独怆然而涕下"的感慨，这种悲凉不是为自己，而是为我隔壁房间那位孤独的老人。

因为幽禁，日子变得冗长而拉杂。我们不能到别人的房间，小丁和张师傅在走廊的另一头，甚至都见不到。李霞真是个好姑娘，本来和爱人出来玩的，现在滞留在房间里，彼此还见不上面，她却表现得十分平静，并没有抱怨、后悔或坐卧不安。我想这是因为内心坦荡，我毫不谦虚地说，就像我，因为坦荡，我也平静地面对到来的一切。

褚时健一个人在一个大房间里，我每天径直走进他的房间，和他聊天。他表面上仍是波澜不惊，说话的语速和平时没什么不同。但我知道，他的平静和我们不同，事情毕竟因他而起，他要面对的比我们复杂千倍万倍。何况在这个时期，他的老伴在河南没有音信，儿子流亡国外，女儿又让他体会了白发人送黑发人的悲凉。家破人亡，面临牢狱之灾，他的心境想必十分纠结和复杂。

我小心地问他："你真的能坦然面对中纪委的审查吗？"他说："我说得清楚。"

就这几个字，我的心彻底放下了。我相信他，就像相信我的父亲。记得"文化大革命"闹得最炽烈的时候，爸爸从北京办的军队学习班被送回了昆明，他们这些当年的首长，因为"站错队"要被送到以严酷著称的盘溪学习班。在他们背着自己的行李，坐上大卡车被送走之时，我混在人群中大叫："爸爸，一定要活着。"爸爸回过头来，眼睛里有种金属的光泽，他说："我不会死，雪山草地都走过来了。"我一直记得父亲的话，一直到两年后他平安回来。

此后的两天，我们接受了省里来人和北京来人的询问。我很客观地讲了来时一路的情况，很明显，这和逃离国境没有关系。从地点的选定到中途的变故，整个事件有着太多的偶然，不可能是一次计划周密的出逃。再说褚时健等人都是用自己真实的身份证办理的短时过境手续，有这样愚蠢的逃犯吗？我心里清楚，这只是一个契机，让调查人员在跟踪了很长时间后，终于有了拘捕他的机会。

我还知道，在我被带走问话后，因直到中午还不见我回来，褚时健要求他们注意我的身体，因为我当时是个身体虚弱的病人。中纪委办案的同志告诉了我这个事情，并且热心地提供给我一个治胃病的药的名字，可惜我没有记住。

1997年1月1日晚上，褚时健告诉我："我们可能很快就要被带走了，你们没有什么事情，可能会让你们回家的。"我看着他的眼睛，问："是什么，双规吗？"

褚时健也不清楚，说："可能是。"

"那咱们什么时候才能见面？"

褚时健想了想，说："两个月吧？要是双规，时间不会长。"

我心里似乎有个声音，让我冲口说出这样的话："你可能要做好更长时间的准备，说不定是两年。"一语成谶，我再次见到他，是在两年后的法庭上。

褚时健沉默了一会儿，说："本来想认你当女儿，马老师和映群都同意，但时间不合适，就没告诉你，现在看来还拖累了你……"

我打断了他的话："百年修得同船渡，这是缘分。下次见你，我会叫你爸爸。"

也就在这时，一群人走了进来，我在人群中看到了令狐安。在众人的目光中，我离开了褚时健的房间，我知道，我再也不能和他单独说话了。

折翼滇南

1月3日上午，我从窗子里看到我们来时乘坐的克莱斯勒公羊汽车，还有一辆日本越野车。我知道，褚时健、丁学峰、张启学就要被带走了。

我和李霞不顾看守人员的阻拦，奔到了宾馆大堂口，目送他们离开。一位当地的干警突然走上前，对将要上车的褚时健说："厂长，不管出了什么事，我们都感谢你，你给我们地方造福了，老百姓不会忘记。"

河口公安局的一位副局长把我们剩下的四人召集在一起，告知我们："你们可以回去了。"陈绍牧问："现在吗？"副局长回答："三点以后。"我说："扣留我们五天，要给我们一个说法。"

副局长的回答让我们差点儿笑了："你们找我要说法，我们三十多个干警节日不得放假，守着你们，我找谁去要说法？！"

三点以后，我们离开了河口。从那时到现在，17年过去，我再没有到过这个边陲小城。

当天晚上，我们住在弥勒烟草公司的小宾馆，并为李霞买了一个生日蛋糕。直到这时，我才感到自己眼中聚满了泪水。只是它不往外流，而是流进了心底。

1月4日，我们回到昆明。见到的第一个人，是律师马军。

1月5日，我如约到机场接人，在机场见到了中国作协党组副书记王巨才，他兴冲冲地告诉我，他一直想见褚时健，感谢玉溪卷烟厂对延安烟厂的支持和帮助。我无语。

高洪波敏锐地发现了我的异常，把我叫到一边，我简单地说了情况，他的神情一下子凝重起来。

汪曾祺笑眯眯地问我："小先，我的画你送给厂长了吗？"我说："早送到了。"他又问："我们今天就可以见到他吗？"厂接待科科长王道平说："厂长已经退了。"汪老不解："退了就不能见了？那不更方便吗？"

从机场到玉溪，我一直无语，我想到，在厂里、家里、单位里、朋友中，我还有多少次要回答这样的问题，要多少次面对人们的质疑。我抖擞精神，要来的，都来吧。

一到烟厂，我先见到了字国瑞董事长，向他汇报了情况，然后见到了副董事长黄跃奇、总工程师李振国。

在厂里，每一个见到我的人，神情都有些异样。我不解释，不声辩，我没有这个义务。只有汪老除外，他是我的忘年交、恩师呀。他把我叫到房间，问我："到底出了什么事？"我突然间有种想哭的感觉，从这件事发生到现在，我很坚强、很理性，连褚时健都说："看你处理这些事情，不愧是军人之女。"但当着汪老、高洪波这些朋友的面，我有了想哭的感觉。

听完我的简述后，汪老沉默了。一个小时之后，王道平跑来告诉我，汪老找不到了。

我们四下里寻找，在红塔酒店21层旋转餐厅的一个角落里见到了他，他独自一人在喝酒。我一直不知道汪老当时的心境，一个文人，对一个只见过几面的企业家，怎么会有如此深厚的情谊？

现在，他希望的"你我闲闲坐"不会出现了，"滇南烟草王"已折翼于滇南。而此后没两年，汪曾祺告别人世，那幅表明二人友情的画作也不见了踪影，一切想来，令人嘘唏。

被诉讼

褚时健被带走后，住在安宁温泉。一个多月后，回到玉溪监视居住。就住在厂里小区新修的小楼里。小楼靠着院墙，是那种铁艺的栏杆，这样，每天褚时健出来散步的时候，会有很多人在院外看他，给他送东西。我也从昆明去了两次，事先要在门口做个登记，包括车牌号和身份证号。但我不能见到他，只能通过家里的人问问他的身体情况，别的什么都不问。

1997年6月，云南省委、省纪委，省、市检察院及专案组人员在昆明连云宾馆开会，中纪委决定，将褚时健移送司法机关。会议后，褚时健被从玉溪移至云南省看守所。

这时，马军接到省检察院的电话，让他到检察院去一趟，在检察院反贪局，马军拿到了一份委托书，上面写着：我请马军当我的律师，全权办理我的事宜。

之前，马军在没有接到委托书时，曾告诉过褚时健的弟弟褚时佐和他的儿子，希望由亲属出面请律师。他们表示，之前没有沾过光，之后也不想受牵连，不打算出面。马军感到很无奈。现在有了褚时健的亲笔信，马军提出："我要见褚时健，办理正式的委托书。"

检察院的同志问："这个案子，你打算怎么办？"马军说："严格依法办理，党的领导和严格依法办案应该不矛盾。因为这个案子涉及的不是一般人，我知道有风险，我已经做好了准备。"

关于褚时佐当时为什么不出面，他们在事后解释说，很多事情他们不清楚，不知道该如何办。褚时健和马静芬对当时他们的态度表示"可以理解"。

7月，马军到省看守所，和褚时健谈了两个小时。不过，褚时健这次在看守所的时间不长。一两个月后，据说是专案组觉得云南方面对褚时健的照顾多了些，不利于办案，中纪委决定把褚时健转移到南京。

马军再见到褚时健已经是1998年8月。就在8月6日，云南省检察院以贪污罪、巨额财产来源不明罪，正式对褚时健提起诉讼。

在南京看守所的日子

在云南省的法学代表大会上,令狐安等领导人到会看望代表,他问马军:"作为褚时健的辩护人,你有什么要求?"马军说:"很简单,在法庭上让我把话说完,不要打断我。"令狐安把马军的要求告诉了当时的云南省高级人民法院孙院长。孙院长约马军到省高院,问马军打算在法庭上说什么,马军说:"褚时健案件有关的事实、证据及法律依据。"孙院长又问:"你的辩护词大概要多长时间?"马军回答:"大概一个半小时。"孙院长说:"好。我答应你,让你把话说完。"

马军和云南专案组的成员一起到南京,住在白鹭宾馆。第一次见面是在会客室,有三部摄像机。这次会见不超过半小时,马军问褚时健在看守所的生活情况,褚时健告诉他,天气冬天太冷,现在又太热,不习惯。

褚时健出狱后,很少谈起在南京的情况,据他说,南京那地方不好住,天气忽冷忽热,看守所没有洗澡的地方,夏天很潮湿,人睡在木板上,汗都渗进了木板。当时负责看管他的两位管教担心他想不开撞墙,安排和他关在一起的人监视他。管教还告诉褚时健说:"这些人是些小偷小犯,你每天抽点儿时间给他们讲讲课。"褚时健说:"每天那些人就在外边坐着,我跟他们唠叨一阵,消磨一下时间。"褚时健很感激那两位管教,觉得起码他们对人的态度还不错,所以在他出狱后,有一次到南京,曾把这两位管教约出来一起吃了顿饭。

他还记住了一个省检察院的女同志,她见南京天气太冷,褚时健衣服不够,便帮忙买了一件羽绒服和一条羽绒被。虽是举手之劳,但这不是当年风光时的锦上添花,而是落难后的雪中送炭,所以褚时健一直对她心存感激。

在法庭再见褚时健

马军在起诉后第二次见到褚时健，当时专案组的人也在场。这次见面是在办公室，褚时健提出："按法律规定，我和律师可以单独见面。"这样，专案组的人才离开了办公室。

马军后来向我回忆说："开庭前我和厂长又见过两次面，我把法庭程序和他说了。后来，省检察院侦查处、公诉处都和我谈过，我把辩护思路告诉了他们。我并不担心办这个案子会得罪一些人，我不怕死，中国有句名诗'留取丹心照汗青'，我愿为推进中国的法制进程尽一份力。同时我也提醒他们，褚时健毕竟是一位七十多岁的老人，法庭上请关照他的身体状况。"

从后来的法庭宣判来看，省高院是在1997年元月6日，以涉嫌巨额财产来源不明罪对褚时健进行立案侦查的，这个时间，正是他从河口回到昆明的时间。法庭认定的被捕时间是同年7月，距他从河口被带走已经过去半年时间。这段时间，我听到过消息，说褚时健"招了"，说出他参与组织共同贪污300多万美元的事实。

1998年12月，褚时建案在云南省高院法庭公开开庭。按照省检察院的说法：褚时健一案在我省内外乃至国内外都引起了巨大的反响，案情重大、金额巨大，被告人名高、功高。如何看待和处理本案，人们给予了极大的关注。

的确，褚时健案开庭，这在冬日的昆明是一件大事。三天的公开庭审，可以说是一座难求。到场的人都经过严格的检查，不能带进任何录音、录像设备。我三天都在现场，坐在第五排靠中间过道的位置上。我看到有人眼神诧异，还知道一个和我认识多年的媒体人夸张地对其他人说："我最惊讶的就是今天看见了先燕云。"

当褚时健从法庭右边的侧门进入法庭时，我看到的他，和两年前没有太大的变化。他很平静地走到了被告的位置,就在我们目光交会的那一瞬间,我明白,不管接下来的审判会出现什么状况,最终是什么样的结局,对于我,他就是他,一位普普通通的老人,一位正经历人生低谷的老人,一个我应该称之为父亲的人。

在庭审现场,我看到来自四川的作家邓贤,他是《中国知青梦》《大国之魂》《落日》等作品的作者,远道而来,自然是对褚时健和他的案子感兴趣。关注这场被称为"世纪审判"的人真的很多,在法庭外,有人就已经开始公开收购"褚烟";还有没证进不了会场,在外面听消息的。一个朋友打车赶到现场,出租车师傅问是不是听审"老褚的案子",如果是,就不要钱,多几个这样的企业家,老百姓的日子才会好过。中场休息的时候,我看见云南烟草行业的几位褚时健的同行,看到了云南各新闻单位的同行,我特意走到那个对我的出现表示惊讶的同行面前,让他仔细看看我,免得"犹抱琵琶半遮面",看不太清楚。

人大概只有在境况出现重大变故的时候,才能看清楚自己周围的人,这是规律。严格说来,人这种社会动物,遵循适者生存的丛林法则,天生有着趋利避害的本能,这无可厚非。但人之为人,会有情感、思想、道德等种种附加。不管什么时候,不要伤害别人,特别是把你当朋友的人,这恐怕并不是一件很难做到的事情。偏偏人最容易在这样的事情上暴露本性。

我在这段时间内不只接过一个电话,还有人用信件提醒我:警惕你的某某"朋友",因为他或她,正在利用朋友关系,造谣生事。

褚时健被羁押之后,一个他意想不到的"老朋友"首先发难,用创作低俗小说的手法赶出一篇纪实小说。发表在当时发行量很大的《今古传奇》杂志上。听说印了几十万册,大大地出了一次风头。

三天后的庭审结果

三天的庭审，就褚时健、罗以军、乔发科等人共同贪污3551061美元的事实，褚时健贪污1156万美元的事实证据问题，褚时健巨额财产来源不明的事实证据问题，公诉方和辩护方有着充分的时间进行法庭调查。

对公诉方提出的，1995年6月，褚时健、罗以军、乔发科策划从玉溪卷烟厂下属的香港华玉贸易发展有限公司存放的销售卷烟收入款（浮价款），和新加坡卷烟加工留成收入款2857万美元中拿出300多万进行私分——其中褚时健174万美元，罗以军、乔发科各68万美元，盛大勇和刘瑞麟45万美元的指控，最后法院认为，"基本事实、基本证据充分，三被告人亦予供认。公诉机关指控的基本事实和罪名成立，本院予以确认"。

对于起诉书关于褚时健贪污1156万美元的事实，法院认为，"控方提供的证据不充分，不予确认"。

对于公诉方提出的褚时健403万人民币、62万港币的财产不能说明其合法来源，法庭认为"指控事实清楚，证据充分，罪名成立"。

褚时健的律师马军在法庭上发表了洋洋万言的辩护词，马军说："我首先表明对云南省人民检察院对此案的立案侦查及派员出庭支持公诉给予充分理解；同时也充分相信此案庭审的客观、公正，依法处理就是党的领导、党的依法治国方略的具体体现。"他对公诉方提出的三个问题提出了明确的辩护意见，并就造成这些事实的社会原因提出了自己的意见。他的辩护词在法庭听众中，引起了强烈的反响，他那一身雪白的西服，也给人留下了深刻的印象。

法不容情，不管是什么人，多高的职位，有过多大的贡献，触犯了法律，就会受到制裁。这是法制社会中人人都明白的道理。马军的辩护词充分肯定了这一基本原则，不过他超出了法律的范畴，从社会学、国家政策、国家管理等方面，提出了值得思考的意见。

他在辩护词中说道：

第一，我国是工人阶级领导的社会主义国家，五十年来，作为其主力军的国有大中型企业及他们的领导——企业家们，在我国所处的法律地位是什么？虽然我国有《企业法》等规定，但一方面，法律不能解决所有问题；另一方面，《企业法》的主要作用和性质不是解决企业法律地位的，更主要是对企业行为进行规范，是对企业实行的一种法律制约。否则，为什么会出现那么多侵害企业合法权益的事？为什么有的领导、有的部门就可以随便调取、占有甚至强占企业的财产？又为什么企业的领导者可以被行政机关随意调换，其权利被侵害？第二，我国企业家的政治地位又是什么？虽说在我国实行现代企业制度，但由于长期以来在确定国有企业家的政治地位时是以"相当于厅级、副厅级，相当于处级、副处级"来定的，这体现出企业和企业家对政府部门的一种依附关系。但是，政府部门真的把他们当主人了吗？你们实实在在、设身处地地为他们做了些什么？第三，国有企业和企业家的经济地位，是一个五十年来都没有认真彻底解决的问题。国有企业及企业家的劳动力价值怎么体现？在我国有一个非常奇怪的现象，像褚时健这样一个企业家（玉溪卷烟厂17年税利总额800亿，17年全体干部职工的分配为5亿，分配比例为0.625%，褚时健个人17年的全部收入总和为80多万，个人收入比例是十万分之一），他17年的全部合法收入，甚至赶不上一个影星一次广告的收入，赶不上一个歌星的两次出场费。因此，在市场经济条件下，在分配方面怎样真正贯彻江总书记十五大报告中提出的任务，做到实实在在地按劳分配，实行劳动力价值等价交换的商品经济的分配体制，从而从根本上解决国企及企业家的合理分配问题，这是一个关系如何处理历史遗留问题，解决国企及企业家命运的问题，也是真正建设社会主义市场经济，按市场经济规律办事的大问题。

1999年1月9日，云南省高级人民法院做出"（1998）云高刑初字第1号刑事判决"，以褚时健犯贪污罪，判处其无期徒刑，剥夺政治权利终身；犯巨额财产来源不明罪，判处其有期徒刑五年，数罪并罚，决定执行无期徒刑，剥夺政治权利终身。

在中华人民共和国司法部主管、中华全国律师协会主办的《中国律师》杂志1999年第3期上，有这样一篇文章，对云南省高级人民法院的这份判决书拍案叫好。文章说：首先，这份判决书好就好在将"经审理查明……"改成了"本院评判如下……"，这不仅仅是几个字的简单改动，它意味着我们的法院终于摆正了自己在司法过程中的裁判位置，开始用一种尽可能平等的、客观的、公正的眼光来对待控辩双方……其次，这份判决书好就好在敢于将控辩双方的证据及质证意见一一列举评述，真正做到了一证一质一辩一认……其三，这份判决好就好在敢于坚持无罪推定原则，敢于否认公诉机关证据不足的指控……其四，这份判决好就好在将"本院认为"建立在对证据的理性分析和对法理的详细阐述上……

走下"烟王"的神坛

法庭上的一切都过去了，褚时健被正式收入云南省第二监狱，成了一名服刑人员。

1月25日晚，我通过朋友的关系，进入他在监狱的居住地，这是在二监图书室四楼上一间只有几平方米的小屋。

见褚时健从小屋里出来，我一时有些语塞，只轻轻叫了一声："爸爸。"这是两年前我对他的承诺。

听到这声称呼，褚时健的眼角湿了，他用手背抹去了泪水。问我："你看了那本书没有？他完全是乱说。"言语间有些激动。

我知道他说的是哪本书，我问："谁给你的？你完全不用管它。"他告诉我，书是张启学给他带来的，他生气是因为想不到朋友也会干这种下三滥的事情。

我说："这不就明白了，这个朋友是假的，不用生气的。"我在当天的日记里写道：**两年后第一次交谈，他精神尚佳。对造谣的人充满愤慨，得知他是刚看完那本书，可以理解。我劝说他什么也不用多想，保重身体，调整心态，功过是非由人评说。**

我每个月有两次去看他的机会，都是到监狱门口换车，和别人同去，其中最多的是和丁学峰。因为我不是褚时健的亲属，又是一个媒体人，不借助别人的便利，我自己很难申请到探视机会。每次见面都是在图书室，他是图书管理员。时间有限，我们从不谈及他的案子。谈些什么，我在日记中偶有记录：

3月19日，看望老头，时间较长，谈话也多一些。谈到云南烟草业出现的变化，"红塔山"开始积压，味道到底变了没有，给国家的税收有没有减少，对烟农的政策有没有改变等等。图书室里有十几盆花，都是别人新送来的，他住进来后，有许多人来送东西，图书室有好几个书架，都是刚送来的新书。有历史的、政治的、文学的，还有金庸全套的武侠小说，看来送书的人，很懂江湖规矩。老人说几天前病了一场，重感冒，全身发软，胃口不好。

6月8日，星期二。见老头，他前一天出现高血压，低压*90mmHg*，高压*160mmHg*，感觉很差，监狱安排星期六请医生来看。谈了何小平的官司，老头感慨，半天没说话，让我转告她，不是什么大事，看开些，今后好好过日子。回家后给小平打电话，转达老头的话，小平哭了，说在等待结果。

有时候我去时，还有别的客人，我就坐到一边等一会儿。记得有烟草公司的，说了玉烟现在的情况，"红塔山"的质量出现一些问题。来人说："这是你的品牌，你要想想办法。"褚时健轻轻说了句："这不是我的品牌，是你们的，你们要想办法才对。"这时我很确定地知道了，他已经走下了"烟王"的神坛，开始平静地面对那个自己为之奋斗了近二十年的事业。

在狱中

记得在法庭上，说到褚时健在被正式移交司法机关一个月后便交代了私分公款的事情。公诉方认为，褚时健从自己建立的辉煌业绩的顶峰跌落，是因为他在功劳面前没能保持清醒的头脑，没能摆正个人和组织、主观努力和客观环境的关系；总觉得与国外资本家和私营企业的老板相比，个人得到的太少，自己贡献这么大，多得一点儿算不了什么。

褚时健一案引起了社会舆论的巨大反响，一些媒体对此进行了深度报道。还有一些企业界人士对此十分关注，并有学者借此谈到了国企老总的"59岁现象"；更有人认为，褚时健一案催生了企业家年薪制的落实……不过这一切都与褚时健无关了，他在监狱里服刑，在图书室整理旧书，把新收到的图书归类，整齐地码放到书架上。

真实的褚时健到底经历了什么，人们不得而知。从他后来的讲述中，我多少了解了他的心路历程。

他说："其实从80年代末开始，我就一直处在风口浪尖上。那时候提过退休，上面没让退，自己也想多干些事情，就一直干了下来。这次私分公款，的确有心理不平衡的因素。我衡量这个罪判刑不会超过五年。那天宣判之前，我一直都没想到会是无期，宣判之后，思想负担很沉重。不过两三天之后，我就冷静下来了，前前后后地想想，想明白了。既然已经定成全国最大的案子，上诉也没有用，也就没上诉。我说自己这一生，样样都经历了，剩下的也就那么十五六年的时间，生闷气也没用，那就不要生。想开些，过好最后这些日子。"

过往的风云沧桑已经淡化，摆脱一切羁绊后生命反倒显得自由而真实，这就是我能在监狱中看到一位平静而慈祥的老人的原因。

管理图书室有固定的时间，不值班的时候，褚时健作为一个老年服刑人员，监狱准许他在监狱果园2.5千米的范围内活动，这样，他每天在看守人员的陪同下上山去转转。这也是他每天的锻炼时间。

一次我去看他时，他拿了几个橙子让我尝尝。他说："这果子味道很好，你吃吃看。"我吃了一个，果真是味甜汁多，口感很不错。我问他："这是哪里的橙子，湖南的吗？"他告诉我，这是他弟弟在的那个农场种的，地点在新平。

"我支持他以后就种橙子，我出狱后，也一起去搞。"这是我第一次从他嘴里听到他以后的打算。不过我真没有想到他的目标竟然是当果农、种果树。我说："我相信你可以种好，因为你是个土地爷，与土地有关的事情你都会干好。"他没回应，但对我的话应该是有认同感的。他不止一次讲过他对土地的感情，即便所有的一切都离他而去，只要有土地，他就有归属，因为他是农民的儿子，他对土地有一份深情。

心里有了打算，在监狱里爬山的时候，他开始用脚步丈量，多少平方米栽一棵树，一亩山地种多少棵合适。

记得一次和小丁会合后，我们到了他的住处，他正在厨房里帮厨，那天，我们吃了一次他的伙食。那段时间他明显地清瘦了许多，我们还以为是锻炼有方。他告诉我们，得了带状疱疹，疼得要命，疹子没发出来的时候，他以为自己得了癌症。他说："我是很能扛的人，这次都有点儿受不了，是不是老了？"小丁给他送了几条乌鱼，说是对心脏病有好处，他交代小丁送给我一条，他记得我去河口时在车上晕倒的事。那条鱼有四五斤重，我拿回家不敢吃，记起了我们去河口前杀的那条大青鱼。后来，我把大鱼放生了。

假释这一年，他76岁

2001年，根据褚时健在服刑期间的表现，经省高院刑事裁定，减为有期徒刑17年。

转眼间，两年的监狱生活过去了，一天，褚时健照例帮厨捡菜叶，站起来时两眼一黑，晕了过去。醒过来时，两个眼睛都看不见了。监狱医生看过后，让送到昆明医科大学第一附属医院，说恐怕是得了什么大病。送到医院，医生一检查，才知道他一个月内瘦了八公斤，血糖已经高达28mmol/L，属于比较严重的糖尿病了。

2001年5月15日，褚时健因病保外就医，回到了玉溪卷烟厂红塔集团职工宿舍c区10-2号。

褚时健在南京看守所期间，马静芬等人已被移交回云南。褚时健判刑后，马静芬回家了。她离开看守所的时候，"投机倒把罪"已经从新《刑法》中取消，所以马静芬没有被起诉，案子也没有结论。她回到了离开四年多的家。

四年牢狱生活，给马静芬留下了身体和心理上的创伤，她更加瘦弱，脸上有了更多的皱纹。这中间我们见过多次面，只有刚回来的那次，谈了在河南的情况，谈了女儿，谈到她和老头子的一生，这是一次比较深入和私密的谈话。

我对她的变化很吃惊，虽然还是很瘦弱，但她身体里的能量不容小觑，她头脑的敏捷程度甚至超过了羁押之前。这是一个坚毅如水的女人，她开始信奉佛教，以平静的心态看待自己和家庭经历的这场变故，因此一种安详平和的神情时时出现在她的面容之上。

就在这段时间，马静芬将女儿的骨灰接出，安葬在昆明北面的龙凤公墓。那天，我和姚庆艳一起到场，我终于再次看到了褚映群。我不知道她那夜的入梦是不是就是一次托付，但我终于可以说，我做到了。

　　褚时健回家后，和朋友一起在烟厂后面的山上租了两亩地，朋友家原先就有几间房，想过田园生活。马静芬打电话嘱托我写一副对联，挂在小院的门两边。我没有自己编撰，而是集了两句古人的诗句：八风吹不动，秋云静晚天。这是我对两位历经沧桑的老人的祝愿，也是我内心的期许。

　　这两亩地没种多久，算是块试验田。不过，种的萝卜、南瓜长势很好。我们到小院去的时候，褚时健领我们看他种的各种蔬菜，马静芬领我们看她养的芦花鸡。到了吃饭时间，褚时健随手拔起两根大萝卜来洗洗，煮进锅里，味道格外清甜。我想到了"采菊东篱下，悠然见南山"的诗句，或许，时间改变的不仅仅是容颜，还有心态。褚时健不再是那个头顶光环的大企业家，不再是经济浪潮中的弄潮儿。对于他们而言，一个安静平和的晚年比什么都更重要。

　　但我真的低估了两位老人的能量。马静芬对我说："我们要吃饭呀，我还有工资，老头子什么都没有，不做点儿事情怎么行？"

　　马静芬在大营街的大棚里种了十几亩百合花，这是她的长项。在她的侍弄下，花长得不错，花期一到，有昆明的人过来收购。

　　不久，褚时健的家搬到了位于玉溪五千米外的大营街。这里号称"云南第一街"，和江苏的华西村一样，也是集体致富的典型。不过大营街的发展和玉溪卷烟厂有很大关系，这里的乡镇企业，经济效益好的大多和玉溪卷烟厂有关，如水松纸厂、滤嘴棒厂、香料厂等等。当地的一个企业家告诉我，当年他们的产品供应给玉溪卷烟厂，只要厂里的设备更新换代，褚时健一定会要求技术人员帮助乡镇企业配套的工厂提高技术水平。这样一来，他们这些乡镇企业的技术和产品都达到了国内领先水平，除了供应玉烟，还为全国其他的烟厂提供产品。对此，他们特别感激"褚大爹"。

　　褚时健安家大营街，一是大营街给他购房的优惠，二是大营街在他们老两口跌入谷底的时候，给了他们许多实实在在的关心和帮助。更重要的是，离玉溪虽说只有几千米远，但在这里生活要安静许多。

2003年，因为保外就医期间有重大立功表现，褚时健再次获得减刑。

2004年，经昆明市中级人民法院裁定，予以假释。5月10日，中华人民共和国最高人民法院核准假释裁定。

这一年，褚时健76岁。

第十八章　重回哀牢山（上）

记得在监狱图书室第一次尝到那种来自哀牢山的冰糖橙时的怦然心动吗？记得少年时的褚时健在南盘江边自己开挖的那几块准备种黄果的河滩地吗？

命运有时就有这种奇特之处，将一个偶然，变成了一种宿命，变成了一段新的人生故事。

攀登"第二个高峰"

记得在监狱图书室第一次尝到那种来自哀牢山的冰糖橙时的怦然心动吗？记得少年时的褚时健在南盘江边自己开挖的那几块准备种黄果的河滩地吗？

命运有时就有这种奇特之处，将一个偶然，变成了一种宿命，变成了一段新的人生故事。

2001年5月，褚时健保外就医，从监狱出来了。他消瘦得有点儿脱形，走起路来脚跟发软。《监外执行审批表》上写的他的病情是：糖尿病、陈旧性心肌梗死、原发性高血压Ⅱ级。当年那个钢筋铁骨的硬汉，成了戴着一顶糖尿病、冠心病"帽子"的病人，开始了每天打两针胰岛素，还要吃一把各种各样的药片的生活。

重归正常生活，他家里又开始有了众多访客，有当年的故旧，也有这些年的新朋友。褚时健无疑是一个有特殊魅力的人，离开了当年"烟草之王"的位置，失去了每年过手百亿的经济权力，变成了一个背负罪名、被剥夺了政治权利的老人，可他家的客厅，却从来不缺来访者。

和多年前褚家门庭若市时的情形不同，来的人都避开了敏感话题，也不再高谈阔论。褚时健家客厅的茶几上，时常放几本来人赠送的书籍，大多是人物传记和陶冶身心一类的。褚时健明白大家的心意，毕竟他的处境和地位与过去大不相同，人们小心谨慎，害怕触动他内心的痛楚。他养成了新的习惯，对一些客人干脆不问姓名。

"来了就坐坐"，他常说这句话，知道太多反而有负担。经历了一系列变故，褚时健发现自己的内心变得平和、清朗多了。他说："有来自社会各个层面的关心，我感到很满足，过去的就让它烟消云散，我考虑的，就是在有生之年把以后的事情做好。"

以后的事情是什么？

褚时健告诉朋友："我要到新平种果子——冰糖橙。"听到的人都当他是心血来潮，觉得那是他为了解决生计的小打小闹，是他厌倦繁华、看透世事而想退隐山林。没有人会想到他怀着种植几千亩果园的宏伟计划，打算用当时已经市场饱和的冰糖橙创出一个属于自己的品牌。

要知道，此时的褚时健已经70多岁，他将开始的，是一次新的创业，在一个新的领域。

十多年后谈到当时的动力，褚时健说，一个是要让晚年有事情可做，让自己和老伴的生活不那么窘迫；一个是有些不服气。改革开放这么多年，那些给自己干的人都挣了不少的钱。要说这些人的能力、花的心血和精力，大多比不上自己，他们能成功，自己为什么不能？

几年后，云南省委书记秦光荣称这是褚时健的"第二个高峰"。

借钱买地

褚时健对哀牢山太熟悉了，这是他人生第一次陷入低谷时落脚谋生的地方。当年他的弟弟褚时佐到新平来投靠他，也落脚在离戛洒镇不远的水塘镇新寨梁子的农场里。因为山高坡陡，引水困难，农作物种植不成气候，新平是个国家级的贫困县。

褚时佐所在的农场有一片果林，种了几千棵橙子树，面积不大，产量不高，但树的品种不错，结出的果实味道很独特。不知为什么，只是一次品尝，褚时健仿佛一见钟情般认准了这种果子，认准了这个地方。在狱中，他对提着水果来看望自己的弟弟提出，承包一千多亩山地，种橙子。让弟弟先搞起来，自己出狱以后和他一起搞。褚时佐想过种果树，可他怎么也想不到要种上千亩。要承包这么大的山地，资金问题怎么解决？见弟弟面有难色，褚时健说："我知道你的情况，不可能有大笔资金做这种事情。你放心，钱的问题，我来想办法。"

当时，褚时健有法院认定的140万合法收入，加上马静芬的，老两口共有合法收入两百万。清理个人财产的时候，法院的人问过他："有一块表，你要不要保留做个纪念？"褚时健不要，他告诉办案人员："表对我没用，可不可以折成钱，有一点儿算一点儿，今后我要靠这个生活。"

要想承包近1500亩果园，200万远远不够。这一次，褚时健对来家里看望他的几个朋友开了口，说是"借"。那几个朋友毫不犹豫，表示他们每家拿出一点儿，凑个几百万没有问题。

依照褚时健的做人原则，有借必有还。他在开口前不是没想过，这笔投资如果搞砸了，怎么还？一位朋友说："以后你做好了，就还我们；做亏了，这钱也不用还了。"朋友的话让他心里感到暖暖的，不过他明白，这些朋友十有八九是相信他一定能搞出名堂的。相处一二十年，褚时健的朋友们对他的能力太了解了。一个老朋友就说过："老褚这个人，按下葫芦浮起瓢，他咋个也是要整出名堂的。"再说，朋友们也感慨，一个刚经历了这么大挫折的老人家，还在狱中就想着出狱后创业，这种心劲儿，真不是常人能有的。

很快，褚时佐用哥哥凑齐的640万元投资，承包了新平县水塘镇的1400多亩山地。640万对一项长远投资来说，并不是什么大数目，可在当时，这已经搭上老两口的全部身家。他们能下这样的决心，主要是基于褚时健的判断。他认为，种水果的净土就在云南，而要说种橙子，地处云南腹地的哀牢山更有优势。那里日照长，空气好，水洁净，加上果园海拔在1300米左右，昼夜温差大，这都是好果子生长的基础条件。

褚时健还在服刑，投资640万的果园由褚时佐先期管理。他按照当地种果树的惯例，保留几千棵老树，开挖台田，深翻土地，种上了新的果树。

把自己"发配"山中

2002年春节过后，新平金泰果品有限公司成立，马静芬生平第一次当上了总经理。新建的公司除了山地果园，没有什么固定资产。

从"双规"算起，褚时健失去自由已经有六个年头，回到玉溪，他终于可以在法律允许的范围内走动了。他最想去的地方，就是位于哀牢山的果园。那时到新平一般是从元磨高速大开门出口下去，到县城还有近80千米的路途，而二级路正在施工，不好走。新平到果园还有近百千米，大部分是盘山公路，从玉溪下去一趟，这两百多千米的路途往往要消耗三四个小时。和褚时健脑子里盘旋着的诸多问题相比，这点儿路途根本不算难题。他很想知道，成立了一家果品公司，它依托的果园到底如何，能保证果品的产量和质量吗？一个新型的果品公司应该有健全的管理模式，金泰又怎么样呢？还有，褚时健对朋友打过包票："和我褚时健打交道，不会让你们吃亏。"那么，自己和朋友的这笔投资是怎么用的，什么时候能够产生效益？

带着一系列问号，褚时健来到了新平。到果园一看，他不由得心中一惊。褚时佐对果园的管理完全是传统的农民式管理，这么大的投资，公司连个财会人员都没有，一笔笔的花销，财务上竟然找不到任何凭证。褚时健是一个管理现代化企业的高手，一个对投入产出锱铢必较的经理人，他不能容忍这样的管理方法。他知道，以这种原始、粗放的管理方法，不可能在短期内还清朋友的投资，更不可能实现自己的创业梦想。褚时健以他特有的简洁方式提出了解决方法，没想到，碰了壁。"我喊他请一个会计来，他不同意。我告诉他，一个企业，要有一套管理的规程，他不理解。谈不拢，只有分开。虽然他没有投资，但我们没纠缠这些，当时就是划一个范围，各分一半。他七百多亩，我们七百多亩。"

关于兄弟俩分开经营，当时有各种说法，褚时健把这件事看得很单纯，和兄弟情分没有关系，就是经营的思路和方法不一致。现在到新寨梁子，你很难区分两兄弟的果园，就在同一片山坡上，高低错落，连边界都不太分明。不过褚时健的产品定名"云冠"，而褚时佐的橙子取名"高原王子"，从名字上看，两兄弟都有种出高原最好的橙子，种出云南最牛的果子的决心。

果园分开后，褚时健和马静芬没有了落脚的地方。他们选了位于新寨梁子自己果园山半坡的一个好位置，修建了一座类似四合院的两层小楼，与兄弟家在对面山头修的小楼遥遥相对。小楼还没有修起来的日子，老两口就住在工棚里。马静芬说："就是晚上可以看到星星的那种工棚。"

山高月明，哀牢山的夜空，星星比城里不知亮多少倍。坐在屋子里看星星，这样的日子老两口并不陌生，就算是工棚，比起当年也不知好多少。不同的是，那时候他们是三十出头的青壮年，而现在两人年龄相加，已经超过了140岁。还有一个更大的不同，过往的一次次搬家、一次次调动、一次次住"看得见星星"的破房子，都是被动的，由别人决定的。而现在，他们把机会留给了自己，自己把自己"发配"到了山中。他们要开创的，是自己的事业。

同是星空灿烂，看星星的人心情与以前可是大不相同了。

土地并不神秘

很多访问者怀着悲天悯人之情感慨褚时健从一位"烟王"到一个果农的"悲怆"，但褚时健自己从来没有觉得当一个果农有什么掉价的。就算是为生计所迫，他当时也可以有很多不同的选择，请他去帮助管理企业的人不在少数，而这些企业都有上亿的产值。选择种果树，可以说和他少年时的经历、对土地的感情、对自己人生的判断有着直接的关系，或许，这才是他自己内心深处最长久的心结。在那时，没有人会和他探讨这样的话题，因为几百亩果园太小，人们实在很难把它和一个大企业家的事业连在一起。褚时健没有对任何人谈自己的规划、畅想。他从不做梦，只相信行动。坐看繁星、静听虫鸣的夜晚，褚时健心里已经开始勾画事业发展的蓝图。

成立之初，金泰果品有限公司的董事长、总经理就是马静芬，褚时健担任顾问，这个格局，一直延续到现在。不过，褚时健这个顾问不光出想法、出规划，还出方法。他似乎从看到新平戛洒镇和水塘镇的山山水水开始，就在心中规划出一个大格局，只是这想法是一步步实施的，在它终于变成现实后，人们才明白，对一个大企业家来说，心有多大，舞台就可以有多大。

可以说，扩大果园面积，承租更多的土地，是褚时健规划的第一步，用句专业点儿的话说，这叫规模化。金泰公司所属的果园有两个山头，最初两兄弟承包下来的主要是硬寨梁子的一千多亩山地，属于新寨梁子的山地，大部分是分开经营后金泰公司新扩展的。2003年，有新的合作者加入了金泰，带来了新的资金，很快，果品基地的土地达到了2800亩。

硬寨和新寨都属于水塘镇，因此这片土地是从水塘镇政府手中租来的，当时签订的合同租期为30年，租金每年28万元。后来去果园采访的各路记者，都觉得这是个便宜得不能再便宜的价格，其实当初褚家人决定承包这个山头的时候，它的面貌和现在有天壤之别。水塘镇镇长刀文高多年之后对采访他的南方某刊物记者介绍说："这片山地是'雷响地'——完全靠天吃饭的地，当年是镇办企业用来种植甘蔗的。由于长期不轮作、土壤板结、肥力差、灌溉水源和设施严重不足、甘蔗施肥和管理不到位等因素，甘蔗单产长年在三吨以下，扣除种植成本后，平均每亩田年收入不到80元。给他的租金相当于每亩100元，还赚了20元。"

不管镇里的领导怎么看，新寨村的农民有自己的想法，他们认为，这片山头世世代代都是他们在耕种，直到1969年，为响应毛主席号召的"农业学大寨"，由当时的水塘公社投资水管、路、电，新寨村民投工投劳，建起了甘蔗林，这片山地才成了镇里的。此后这片山地被镇属企业占用，因为一直亏损，新寨村村民们拿不到企业补偿的土地租金。现在和金泰公司签了合同，公司每年付给镇上二十多万元租金，这些土地算是真正有了收入。不过这笔钱原先到不了村里，直到2009年，村里才从镇里争取到了40%的租金。新寨村的老主任白文贵说："这里是我们祖辈的地，我们要把租金全部拿回来才合理。"他的说法代表了大多数村民的意思。

褚时健深知农民对土地的情感，从一开始处理土地和水源的关系时，他便要求公司的相关负责人，办事情要合情合理，各方面都要有好处，事情才能办得成，才能办长久。基于这个原则，金泰公司小心谨慎地平衡和处理着与当地政府和农户的关系。

寻找水源

有了土地，这只是理想照进现实的第一步。

一个2800亩面积的果园，在当地老百姓眼中，俨然一个庞然大物，对于刚刚起步的金泰公司又何尝不是。总经理马静芬虽说当过厂绿化科的科长，但她毕竟只是熟悉园林花木，一个大型果园到底要怎么搞，还得褚时健出主意。水塘镇的领导认为褚时健选择在这里建果园，必然经过了精心的考量。"有句话是'哀牢山山有多高，水就有多长'。以红河为界的东西两边，水塘镇这边属于河西，雨水只往这边下。"这是当时的镇长刀文高对《三联生活周刊》记者说的话。

那么，水塘镇所属的这些梁子真的不缺水吗？褚时健不相信别人的判断，在重大的事情上，他从不放手，这是他几十年管理企业总结的经验。上山下河，摸排调研，褚时健跑遍了戛洒、水塘交界地段的沟沟坎坎，他那辆越野车在山路上扬起的尘土如一条翻滚的黄龙，久久未消散。没有路的地方就爬山，野草丛生的甘蔗地很难行走，跟他一起看地找水的人，不得不佩服这位已过古稀之年的老人。褚时健何尝不累，那段时间，他常常累得连走路的力气都没有，两颊瘦得出现了深深的竖纹，像两条长长的酒窝。可是他不敢停下脚步，他心里着急。他知道，身边的人并不明白他到底想要建一个什么样的果园，这个果园将用什么方法管理，它将产生什么样的效益……实现心中的蓝图，必须打好基础，对于一位76岁的老人，这也许是他生命中最后的一搏，苦和累算得了什么？

还有更深层面的东西，褚时健自己都不愿去想它，那就是他引以为傲的能力。入狱几年，失去的最宝贵的东西不是时间，而是尊严。褚时健是个高傲的人，他内心强大到不能容忍别人的同情。他不喜欢别人带着同情怜悯的神情走进他的家门，也不打算把过往的教训当成一个大包袱扛一辈子，而是要吸取教训，着眼未来。他知道，给他一个舞台，他能演出最精彩的大戏。现在，他在为自己搭一个舞台。

经过调查，褚时健发现，情况和别人的预判完全不同。果园所在的这两个山头，历来没有充足的水源，这是造成这里种甘蔗产量低、土地板结的主要原因。因此，要想在这里建立大型的果品生产基地，解决水的问题必须先行一步。

地处山区，这里的傣族、彝族农民世世代代靠天吃饭。硬寨梁子的水源主要靠戛洒江，江流蜿蜒，在山下流淌而过，水流丰富时，可以滋养流域附近大大小小的村寨农田，江两岸植物茂密。新寨梁子的水源则是山下的棉花河。站在山上鸟瞰，这条河如身姿婀娜的少女，在山间穿行，走近它身边，河水中布满礁石，野性十足。这条河和戛洒江一样，水量大小由老天决定，洪涝和干涸都可能出现。褚时健认为，农民对抗风险的能力太弱，只能看老天爷的脸色，可对于一个产业化规模经营的农业企业，靠天吃饭肯定不行。

新寨梁子对面更大的山梁上，有远近闻名的南恩瀑布，这是一个由多级多支瀑布构成的瀑布群，远远看去像从云端流下的天河，气势壮观。在傣语中，"南恩"意即银色的流水，水源来自哀牢山深处的原始森林，河水清亮、流量丰富。褚时健决定从那里架设引水管道，让南恩河优质的河水，成为哺育优质水果的乳汁。褚时健的计划很快得到了实施，从哀牢山到基地的两条引水管几个月内就架设起来了，总长18.6千米，投资达到138万元。这是金泰公司在水源上的最大投资。

和老天爷打交道：未雨绸缪，心无侥幸

管道刚架好，天灾降临了。2002年8月14日，暴雨引发了哀牢山中一场严重的泥石流灾害。地点就在戛洒江西岸、哀牢山东麓的水塘镇。肆虐的泥石流造成了33人死亡，23人失踪，2438户农民的房屋不同程度损毁，大批正在生长的农作物被石块和泥浆掩埋。泥石流还冲毁了公路、沟渠、涵洞、桥梁和林地。新寨村在这次灾害中损失惨重，17人失踪，土地减少，道路中断，引水管道也有大段不知去向，村庄一片狼藉。灾情严重，省地县的三级领导都到了现场，省里还划拨了专项救灾款，但短时间内解决不了村民们面对的诸多难题。这个时候，同样受灾的金泰公司，拿出了几十万元赞助，用于铺路和修复引水管

道。此举无疑是雪中送炭，让当地的村民看到了一个充满善意的企业家，为今后解决双方面对的诸多问题打下了一个良好的基础。

修建哀牢山引水管道只是解决水源问题的一个步骤。在整个园区的规划中，除了土地租金，耗资最大的部分就是水利设施，可见褚时健对水源的重视程度。新寨梁子从棉花河接来的引水管道原先只有一根，土地面积扩大后，增加为三根。果园在棉花河的取水点位于一个叫邦迈的小村寨，到果园有十几千米的路程。褚时健让公司把引水管沿路比较大的鱼塘都承包了下来，这样一来，丰水时节，鱼塘里都能灌满水，成了蓄水池。虽然每个鱼塘的水量有限，但进入云南三四月旱季以后，储存的水有时能补充河水引水的不足，解决大问题。此外，果品基地内，新建和扩建蓄水池六个、总容量达26万立方米；在园区内安装灌溉用各型输水管道58.3千米，安装微喷灌设施2400亩，铺设微喷管道52万米。这些设施大部分是在基地建设的初期就开始施工的，此后逐步完善。

到2014年，基地的蓄水池达到了八个，蓄水总量达到50万立方米，引水管道也增加为五根。累计算来，褚时健用于解决水源和灌溉设施的经费高达400万元。这在金泰公司的投资中，无疑是一大笔开销。在一些人看来，多少有些大动干戈。可褚时健知道，和老天爷打交道，必须要未雨绸缪，存不得半点儿侥幸。

果不其然，2009年，云南遭遇百年不遇的大旱，一直到5月，滴雨未下。省会昆明，供市民饮用的水库库容量降至最低值，市区部分实行了限时供水。哀牢山中，旱情同样严重，新寨梁子脚下，棉花河已经接近干涸。硬寨山头下，戛洒江宽阔的江面缩成了一条小河，裸露出大片的河滩地。这时正值果树挂果、固果的关键时候，果园紧急投入60多万元，购置了抽水设备，将戛洒江水引上350米高的山头，就这样，每户种植户的用水仍不能满足，用水形势十分严峻。

基地尚且如此，位于半山上村寨里的百姓可想而知，水管抽不上水，家家户户都要到山脚的江里取水，人畜饮水都供不上，农作物的灌溉更难解决，田地早就干裂如龟背。这时候，新寨村的支部书记又找到了褚时健，他说："我知道你们的水也不够，但没办法了，老百姓连喝水都困难了，在下雨之前，能不能给我们用点儿水？"褚时健的回答十分简单："可以。"此后云南连续五年大旱，新寨村又找基地帮忙，将村里原来2寸的水管换成4寸，褚时健也同意了。这次为村民改水管，花费了近30万元。

"按褚大爹的办法做"

在当地农民眼中，褚时健——这个看起来和他们一样的老者，是一个说话算话、答应了肯定就会办的人。实际上，当地大多数农民并不知道褚时健过往的辉煌，甚至在果园因为褚橙出名之前，他们都不知道褚时健为何许人也。而现在，只要停车询问，路边小贩、放学孩童、田间老农都会告诉你："褚大爹？知道知道，顺着路走，往右转……"

我们在哀牢山恩水公路边一家小店吃饭时，小店老板得意地告诉我们："那边的褚大爹都来我这里吃饭，还夸我们山茅野菜做得好吃。"可见褚时健已经融入了当地的生活，成为当地百姓尊敬的长者。

2014年5月23日中午，在离果园十多里的公路边一家叫"小西二"的农家饭店里，褚时健和镇里的领导陪一位省里来的官员吃饭。那些天，这里气温高达40摄氏度，大中午的在路边小店吃饭，并不是一件惬意轻松的事情。半截墙的饭店里，木桌板凳，粗茶淡饭，吃饭的人却并不在意，吃饭中间一直在热烈谈论的，是如何安置和补偿迁移农户的事情。过后我问褚时健："是你们基地迁移的农户吗？"他回答："不是，这是当年修水库的时候迁移的，十多年了。我只是帮他们说说话，看国家能不能多给点儿补偿，这些农民的生活太艰难了。"

一席话让我想起了二十年前，在被问及关索坝的选址时，他说过，他是农民的儿子，知道土地对农民的重要，知道现在良田越来越少了。他们有能力削山头修工厂，就可以省下一些好地。记得我当时忍不住说："这是一位总理的情怀，而不是企业家的，企业家追求的是利益的最大化，这多出来的几千万投资他们肯定是不愿意的。"褚时健当时无法回答这个问题，他手中掌握的是国有企业的钱财。现在，时过境迁，他只是一个私营企业的主人，但他的心中，仍有着相同的情怀。

连年干旱，水的问题非同小可。在2014年的持续高温下，果园采取了分片区分时段供水。5月24日中午，四作业区的一片果园正逢供水时间。每排橙子树下缠绕着的黑色塑胶水管管体上，喷着细细的水流。这种微喷灌的方式，一来节水，二来提高了水的利用率，在云南，这种灌溉方式是褚时健的果园最早采用的。听基地农艺师张伟介绍，之前云南的橙子基地华宁县、宾川县，一直都采用的是沟灌的老方法，后来才效仿这里，也采用了喷灌的方式。

四作业区的农户郭正昌正准备出工，见我们来了，邀请我们进屋坐坐。平常时候，果农住在果园，和外界很少交流，见我们进屋后要拍照，他的老婆有些手足无措。他告诉我们，他和老婆都是水塘镇的农民，彝族人，到果园给褚老爹种果子已经有八九年了。郭正昌说他过去的家简直一无所有，现在屋里有各种电器，屋外放着摩托车，女儿在玉溪城里工作，可见生活状况还不错。他们两口子管理2200棵树，2013年收了130吨果子，收入有七八万。"今年嘛……"他的目光转向窗外的果园，沉默了。他的妻子说今年天气太热，水也不够，肯定减产。"减多少呢？"郭正昌说了一个让我们震惊的数字："怕只能收80吨。"

褚时健的算法和果农的不同，他说："减产是可能的，但不会有这么大的幅度。本来计划今年的产量可以搞到13000吨，看现在的情况，大体上能保持去年的水平，也就是11000吨左右。今年的情况特殊，是十几年都没遇到的新问题，气温太高，果实正在成长，有一部分果子就晒伤了。我们现在有五条管道抽水，维持用水还不是最主要的问题，这都得益于我们这些年打下的基础。还有，我们要提前考虑到，云南的天气，到现在还不下雨，也就是雨季推后了。接下来就可能出现高温高湿的情况，还有一部分果子有可能霉烂，我们现在就是在找问题、想办法。明天柑橘协会的会长要来果园，我让作业长们想想，有什么需要解决的问题，可以向专家请教。"

办法总是有的。就像果农郭正昌所说："我们这些年都是按褚大爹的办法做，他总是有办法。"的确，经历了连续几年的干旱考验，当初想不通褚时健为何对水源问题大动干戈的人，不得不佩服他的眼光独到、措施得力。

褚橙基地的总工艺师

2003年，新寨梁子果园中央，一座黄色的小楼建成了。"新平金泰果品有限公司"的木牌，就挂在小院门口。刚建起的小楼，不过是一个可以遮风避雨的所在，里面设施十分简陋。褚时健和马静芬不在乎，这座小楼他们一住就是十年，并没有太多改造。两个人一致认为，既然已经下决心在这山中创业，这里就是山里的家。楼下是办公的地方，楼上是老两口和家人的住房。靠右边的角上，有一个专属老两口的小厨房。小院的天井里种有几棵棕榈树，小院外侧有一棵大树，这在云南叫风水树，山岭上各民族的村落里，都有这样的大树。谁曾想到，这个小院，这棵大树，连同院外那个水容量15万立方米的大水池，后来都成了果园里的景观，成了来到褚橙果园参观的人们留影拍照的地方。

土地有了，水利设施已先行一步，现在褚时健心中最最重要的事情，该是种什么了。

记得在监狱时，褚时健说过，褚时佐带来的橙子，是使他萌生种这种果子的契机。褚时健是一个技术至上型的管理者。从他对烟厂的管理可以看出，他对品牌的创立和定位特别重视。谈到对这些的认识，他总要回忆从前，不是在玉溪卷烟厂，而是十二三岁时烤酒的经历。褚时健说："要说对品牌的认识，最早还是来自于和我母亲去集市上卖酒的经历。卖酒的人不止一家，同是自家烤的酒，买的人是有选择的，要闻，要尝，好的酒才卖得上价。就是这种经历，让我认识到品牌的价值。老话说'酒香不怕巷子深'，讲的就是这个道理。"

同是橙子，却有许多外观、口味都不同的品种，褚时健经过调查，认准了冰糖橙。其实，在当时消费者的心目中，冰糖橙并没有很高的价值。这种果树在南方各省被大量种植，产量相当惊人。当时，昆明街头的水果摊都挂着这样的招牌：冰糖橙10元3公斤。并将橙子用塑料袋装好，10元一兜。一个看起来市场饱和的品种，褚时健为什么要选呢？褚时健说："我搞过调查，超市里美国的'新奇士'橙子，价格是国内橙子的十倍。我尝过美国的洋品种，结论是：卖相最好，但味道偏酸，不合中国人的口味。不过它那么高的卖价还有人买，说明市场有这样的需求。"他选中的冰糖橙是老家华宁县最早从湖南引进的，当时的小苗价格2元钱一株，华宁的苗圃一共有24万株小树，被金泰一次性买光。

褚时健下定决心，把已经种了一年的果树挖掉，全部换上了新选的小树。新租来的土地改造成台田，老的果园进行深翻，新寨梁子和老寨梁子的山地上，呈现一片耀眼的红色。24万株小树种下去了，按照常规，等待的时间是四年。不过，褚时健保留了原先果园里的3000棵老品种果树，他认为，这些树虽然已经种了一二十年，算是老树，但品种不错，特别是它们结出的果子，味道浓、好吃，经过改造，有可能会有更好的味道，值得保留。另外，因为自己理想中的果子还没有种出来，今后市场的认可度怎样还不知道，为了减轻市场压力，褚时健决定在果园里种五万棵温州蜜柑。这种作物的卖价比冰糖橙约便宜一半，成熟期也不同，可以错开销售高峰。

接下来的时间，褚时健开始了打造品牌的工作。树立品牌，说起来容易，但对于农产品来说，这其实是一个十分复杂的过程。褚时健并不是农艺师，对于种果树，最初他只是个门外汉。不过，褚时健是个学习能力超强的人，学以致用，他可以算得上楷模。不管是小时候烤酒、青年时打仗，还是"右派"时制糖、造纸，直到成为玉溪卷烟厂的掌门人，凡是经他手的事，最终他都成了专家，这是他有别于其他企业管理者的地方。种果树也是如此，学习是他进入角色的第一步。褚时健自己说："刚种下的树只有那么一点点高，一眼看上去，大半座山都是裸露的红土，看不见树苗。果树从种下去到收获有个周期，这是自然规律，任何人都躲不过的。要让一点点高的树苗长大，然后结果，还要是好吃的果，需要时间、精力和技术，这是一个着急上火也改变不了的现实，你不学习怎么行？"

十年磨一剑，现在的褚时健，成了一位名副其实的专家，用公司员工的话说："厂长才是这个基地真正的总工艺师。"

种出了云南最好吃的橙子

2014年5月24日晚，在果园忙碌一天后，褚时健回自己的房间休息了。

这次进山，我们发现和几个月前相比，小院又有了变化。旁边褚橙庄园的院落施工已接近尾声，装修公司的人员也已经开始进入，加上公司新来的员工，小院住得满满当当。吃饭时还是老习惯，在楼下开放式大堂里支起两张木桌摆好饭菜。这些日子，吃饭的人多到两桌都坐不下，有的人只能吃第二拨。二层上的天台被改成了厨房和茶室，原先厨房的位置，改造成了老两口的卧室和小客厅，装上了空调。

近两年，褚时健觉得精力和体力都在衰退，就连对炎热的耐受度都不如从前了。不过他也坦然接受了这个变化，他说："过了85岁以后，我感到体力下降得很明显。我不想见太多的人了，精神不够，应付不过来。"

他不说"老"，可谁能忽视这个字，他毕竟已经86周岁了。从他吃饭时的神情就可以看出，他真的累了，就连眼皮都懒得抬起来。为了这本不得不完成的书，我们无法放过这个在40摄氏度高温下工作了一天的老人。八点钟，我推开了门，继续白天见缝插针的谈话。

褚时健认为，农产品要让人家买，必须要有特色。他最早的决定是，先搞产品再搞市场。之所以有这样的信心，主要是对哀牢山的环境有充分的了解。

"自然环境包括气、水、光、风，你们不要觉得这个说法玄，空气质量对果子的确有影响。我敢说，自然环境能造就品牌的特色。"

从一开始褚时健就给大家讲品牌的重要性，让作业长们认识品牌的价值，认识到要创造品牌，必须抓质量的道理。这种教育，持续了七八年时间。

"这些年我们一个问题、一个问题地解决，改良了土壤结构，发明了独特的混合农家肥，解决了灌溉问题、病虫害问题、口感差异问题等等。"这样搞了几年，2400亩从湖南引进的冰糖橙幼苗，在哀牢山中脱胎换骨，包括老的果树，品质都有了明显的提高。到2006年，果子可溶物质和糖、酸比例，达到了这个品种的最高标准。

褚时健对自己的果子在市场上的表现有充分的把握。果真，2007年，金泰公司的冰糖橙开始畅销。市场反映，褚橙的口感已经不在进口的美国"新奇士"之下，甚至比口感略酸的进口橙子更符合中国人的口味。

2005年，褚橙新鲜出炉时，市场无人知晓。就在这一年，总经理马静芬决定在昆明泰丽大酒店召开一个品鉴会。在此之前，昆明这个水果品种丰富的城市从来没有为一种水果举办过这样的盛会。

泰丽大酒店二楼的大会议厅里悬挂着横幅，进门的楼道口堆满了装橙子的纸箱。到会的人有褚时健当年的朋友、企业界同人，还有已经进入褚橙销售队伍的商户。这些人到会的目的各有不同，很多人是"给老褚一个面子"。

让所有人没想到的是，这一天，褚时健西装革履地出现在了与会者面前。

这是他自1996年以后，第一次在公开场合与朋友们见面。

当天唱主角的是金泰公司总经理马静芬，她很得体地应付了这个别开生面的品鉴会，热诚地介绍了自己的公司和公司的产品，并没有特意提起褚时健。会前，马静芬要求我坐在褚时健身边，她担心老头子已经不习惯这样的场合。

其实，褚时健那天的表现同样很得体。他的脸上挂着特有的褚式笑容，简单地回答着来自老朋友们的问候。前来参会的朋友们觉得褚时健的到会意味着复出，情绪有些激动，纷纷要求合影。褚时健领会大家的好意，对朋友们的要求照单全收，因此他在会前会后一次次地站在相机前，和所有要求照相的人合影留念。

这一天的场面十分热烈。现场的朋友们，心中颇多感慨，要知道，褚时健上一次这身打扮是在1995年红塔集团成立的大会上。白驹过隙，转眼十年光景。

品鉴会最重要的环节就是"品"，褚时健和马静芬请与会的朋友们品尝果园新结的果实，并留下宝贵意见。结果果子切了一盘又一盘，不管端多少上来，一律被吃个精光。吃到的人都说："好吃，好吃。"大家很惊奇，和市面上买的湖南冰糖橙属于同一品种，为什么吃起来感觉如此不同呢？

大家总结出来的不同，大体是酸甜适中、皮薄、无籽、无渣，还有一条，好剥皮。这也是日后在市场上大热的褚橙最初的特点。

最先尝到冰糖橙独特口味的人们，对"云冠"这个品牌名称不满意，认为指向性不明确，不响亮，当时有人建议改名，有提议叫"褚大爹橙子"的，也有提议叫"褚果"的。当时中国作协副主席高洪波到云南开会，代表当年参加红塔山笔会的作家们看望褚时健，他提出，干脆就叫"褚橙"，好听又好记。听了这个建议，褚时健面有难色，他认为自己是戴罪之人，不合适公开出面，何况以自己的姓命名品牌呢。

在褚时健的印象里，褚橙正式注册的时间，大概是在外孙女们从国外回来，参与到公司的销售工作之后。严格说来，这个品牌是老百姓叫出来的，是销售商叫出来的，褚时健用十二年的时间所做的一切，只是让这个品牌在市场上站起来，有自己的辨识度、有自己的拥趸，具有了品牌自己的价值。

第十九章　重回哀牢山（下）

　　如果把一次次的攻关当成战役，褚时健就是战役的总指挥，他颇为自信地说："我不是瞎指挥，心中没数的事情，我不会做。"

　　就是这种对搞企业的热爱，让他成了造就云南烟草辉煌的有功之臣。还是这种"天生成"的热爱，让他在哀牢山贫瘠的山区，建起了一个具有新农业意义的果品基地。

攻关：我不是瞎指挥
老来伴：对妻子的眷顾
笃定：不做心中没数的事情
用管工业的方法管理果园
要管果园，先管人
考核：大家都会算账
利益一致，才会共同努力
最好的管理方式：简单、自然、有效

攻关：我不是瞎指挥

2014年，云南气温连续"高烧"不退，临近芒种节气，天空难见一片云。

果园里的小院门上头，已经正式挂上了"褚橙庄园"的门楣。事业发展又进了一步，但褚时健的眉头仍然微蹙着，显得心事重重。显然，果园的发展又碰到了难关。

中午稍作休息，躲过最毒辣的太阳。三点刚过，褚时健就带领着四个作业区的作业长，坐车进了果园，察看果子的长势，现场解决问题。高原炽烈的阳光下，这位86岁的老人，戴一顶草帽，穿一件白色圆领衫，行走在果园中，和同行的农艺师和作业长一起察看果树顶端被高温炙烤得有些卷边的叶片，分析地面上成片落果的原因。现场会一直开到下午五点多。

进果园就像过去上班，褚时健形成了新的作息时间。前几年，他大部分时间是走着看果园，他自己形容那是"和果树说说话"。近两年，他感到腿脚不太灵便，蹲下去就站不起来，便到玉溪去做了检查，结论是腰椎椎管狭窄压迫了神经。这是一种老年病，治疗起来不太有效。家里人拿着核磁共振的片子，请教了北京积水潭医院的专家，专家的意见是通过手术可以缓解症状，不过褚时健已经八十多岁了，压迫的部位又比较多，手术有很大风险，建议保守治疗。

褚时健听从医生的意见，放弃了手术。只不过这样一来，他在果园里的走路巡视变成了乘坐汽车巡察。即便这样，进了果园还是要下车走一段，不亲眼看看，他不放心。果子成长的几个关键阶段，他不光要亲自看看树，还要看到果，蹲不下去，就让别人扒开枝叶，他必须要看到果实真实的样子。

现场解决问题，这是褚时健一贯的作风。不过在和大家一起去现场之前，褚时健已经是心里有数了。"一件事，如果不懂，我不敢干。我向书本学、跟技术人员讨论、自己琢磨，学了个七八成，有了这七八成的把握，才敢干。"

褚时健说："刚种橙子的时候，我个人并不懂技术，我们的技术人员原先也不是在新平这个地方搞果树，老经验解决不了新问题，所以果园发展中遭遇了几次危机。这种时候还要靠我来指挥。我不能瞎指挥，不能盲目，一个人不懂就不要做，否则会把事情搞坏的。"从不懂到懂，褚时健在实践中摸索，白天发现了问题，晚上睡不着，就看书、琢磨。这几次危机，都是靠褚时健夜里看书琢磨化解的。

2005年，需要解决保留下来的3000棵老树的果实口感淡的问题，技术人员找不到原因，认为这个品种就是这样，改变不了。褚时健睡不踏实了，保留老果树，是他的一个战略布局，也是一块试验田。他算过一笔账，老树已经结果，管理的成本很低，大致每棵每年只要10元钱，产量在50公斤以上，很划算。一般来说，果树生产十多年就要挖掉重栽，这是南方各省种橙子多年的一定之规，目的自然是为了果子的产量和质量。褚时健不这样看，他认为，这些老树并没有走完生命历程，要解决的，是老树能不能改变果味的问题。他希望这些成本低廉的老树能在完成结构调整后，与新栽的果树一起，进入褚橙浩浩荡荡的大军中。他反复琢磨，和技术人员分析比较，找出了肥料结构的问题，影响口味的主要原因是氮肥太多。调整了肥料结构之后，第二年，这些老树果实的味道就达到了这个品种的最高标准。

　　2006年，栽种了四年的新果树第一年挂果，加上老树的果实，这一年的产量达到了上千吨。收获时节，果园一片忙碌，拉货的汽车第一次在果园仓库前排起了队，可看着眼前摆着的一筐筐果子，褚时健乐不起来。因为2400亩新果树总共只收了14吨，这是个谁也没想到的结果。

　　褚时健说："那么多树只收了14吨，这倒是真让我睡不着了，连夜看书找原因。"表面看来，产量不高的原因，是果树落果严重。果树一年有四次落果，一开始是小果子落，长大后又有三次，其中两次应该算是自然生理现象，结果太多，没有足够的营养，果树自身的调节功能发挥作用。除此之外，还有不该掉的果实掉了，褚时健要解决的，正是这不该掉的部分，这是提高产量的关键。

　　那段时间，果农们发现褚时健会对着果树端详，好像面对的是一个有生命的东西。这种神情，跟随他多年的张启学非常熟悉，当年在烟田，他面对烟苗也是这副表情，他知道，厂长一定是在观察、分析、测量。果真，通过田间的观察，褚时健有了重大发现。

　　褚时健给技术人员分析，过去只知道光合作用对果子的生长有好处，但对它的作用估计不足，在栽种的时候沿用了老的比例，一亩地种了148棵。树多了并不是好事，树长大了，空间不够，相互争夺阳光和养分。因为太密集，光照进不去，果实自然就挂不住。眼看就要成为商品的果实成半数地掉落，褚时健的原话是"可惜"，但果农们的表述是"心疼"。要解决这个问题，褚时健的方案是"知错就改"，从第二年开始，一下子砍了将近一万棵果树。

　　褚橙上市后，市场一片叫好声，不过褚时健还是听到了不同的反映：有的果子口感稍有不同。用褚时健的话说，就是酸甜度不理想。褚时健并不因为这部分意见少而忽视它，农产品和工业生产的产品不同，它很难有一个细致的量化标准，但要形成品牌，你的产品必须有辨识度，就是要有让消费者一吃就能辨别出的口感。因此，褚时健要找到这些果子口感不同的原因。

按老的农艺师教授的方法，枝条越多产量越高，所以已经挂果的枝条一枝不剪，舍不得。褚时健认为，酸甜度不理想，反映出果树结构出了问题，枝条过密。一般照得着太阳的枝条，果子的弹性好、味道好，反之，日照不充分的枝条，果子偏酸、甜味淡。

褚时健把自己的意见讲出来，大家一起做技术上的探讨。他说："这些技术人员有十几、二十年的经验，碰到这些新问题，他们也需要学习和提高，我们一起探讨，大家看法一致，品牌的提升才有保障。"这一次，他们找到的解决方法同样不难：剪枝。

又是砍树又是剪枝，还要把已经成形的果子摘掉，果农们意见大了。他们每户的年收入都和产量有关，想不通老褚到底要干什么。

褚时健给他们算账："如果不砍树、不剪枝，果子结得再多也挂不住。一棵树最多产几十斤，而且品质还没有保障。砍了树、剪了枝，果子长得牢，品质好，一棵树可以产上百斤，你们算算，哪个划得来？"

2007年，褚橙的产量有了大幅度的提升。

从此之后，树是年年砍，每年砍10%，也就是万把株；枝条更是一年剪到头。砍了七八年，现在每亩地只保留了80棵果树。果农们相信的是事实，树少了，枝稀了，产量却年年攀升，果品的质量也越来越好。这一下，大家服了，因此他们才说，听褚大爹的，他总是有办法。

老来伴：对妻子的眷顾

在高速的运转中，2007年，褚时健的身体亮起了红灯。他感到浑身乏力，胃口不开。到昆明一检查，医生告诉他，肝脏出了问题。到底是什么问题，医生没说。我接到了马静芬的电话，让我到机场送行。她告诉我："可能是肿瘤，你来机场吧，送送他。"

　　我在惶恐中赶到机场。在候机室见到了老两口。褚时健神情自若，还是淡淡地微笑，还是那句每次见到我打招呼的话："你来了。"他没谈自己的病，只是告诉我们，他到上海去检查身体。马静芬站在他的身边，手中抱着一只盒子，看似平静的外表下，藏着深深的忧虑。

　　几天后传来消息。上海的专家看过之后，得出的结论是，药物引起的肝肿大，减少药物的摄入，情况会好转。大家为褚时健松了口气的时候，谁也没有想到，马静芬出了问题。她本来是陪褚时健去做检查的，结果自己被查出了结肠癌。事不宜迟，她在上海医院被推上了手术台。

　　手术之后的马静芬回到了玉溪。经历了两次化疗的煎熬，之后马静芬拒绝了接下来的治疗，她说："我要按照自己的方法解决自己身体的问题。"马静芬是个悟性极高的女人，她为自己的身体开的药方，就是气功、太极和饮食的调养。就从这时开始，他们在大营街家里的小花园里，盖起了一间玻璃茶室。那段时间，马静芬每天平静地在茶室里练字，按时在院子里练功。朋友们登门看望她，只见她的神情越来越淡定，心态越来越平和，随之，身体也在一天天康复。

　　妻子手术后的这段时间，褚时健变得格外细心。每天吃饭，有一小碗马静芬专属的米饭，而每天上桌的菜里头，也有专为她做的一小盘菜。马静芬的饮食以易消化、有营养、对肠胃没有刺激为原则，一日三餐，都由褚时健亲自安排。吃饭的时候，褚时健会给老伴夹菜，询问她的感觉，表现出从未有过的耐心。

　　从嫁给褚时健开始，马静芬跟着褚时健经历了他生命中所有的屈辱和荣耀，任何时候，从来没有想到过分开。就像他们那一代的很多女人一样，马静芬认为，男人吸引她们的，首先是质朴刚毅的男人气质和他们对国家、对家庭高度的责任感。她们从不要求丈夫承诺什么，执着地认为，一旦以身相许，那就是一辈子的事情。马静芬曾经说过："老头子不管遇到什么事情，都没有想过离开我，离开这个家，我为什么要离开他？"执子之手，与子偕老，只是她心里不免有些小小的遗憾，觉得夫妻之间，缺少情感的交流。"因为他是个粗心的人，从来不照顾别人的感受。"

现在，她终于感受到丈夫在度尽劫波之后，对苦乐相随的妻子，发自心底的珍惜与眷顾。她坦然接受了丈夫的关爱。

笃定：不做心中没数的事情

那段时间，到果园成了褚时健一个人的行动。他仍然以大体每周去一次的频率，来往于玉溪到果园的山路上。他仍在果园里和作业长交谈、和技术人员探讨、和果农们聊天。不敢有半点儿懈怠。因为这一年，也是金泰公司事业发展的一个节点。

面对产量的大幅度提高，解决果品的储藏问题迫在眉睫。公司投资在大营街厂房里建起了冷库。

为了多种经营，褚时健在鱼塘边建起了猪圈，煤渣砖砌起的猪圈，整齐地排列在鱼塘边，圈养的两百多头大猪，毛色发亮、体态匀称。按照褚时健的想法，山上的野芭蕉树和野草可以做猪饲料，猪圈就在鱼塘边，猪粪可以做鱼饲料。这是循环利用，生态环保。

同时，他开始着手研究有机肥料的独特配方。这是一个由鸡粪、烟沫以及榨甘蔗后废弃的糖泥等多样元素组合而成的配方。为了满足大面积果园的需要，一个小型肥料厂出现在了果园里。有机肥的成本算起来每吨两百多元，褚时健认为它比市场上1000元的化肥还好用。因为它不仅仅改变了果园的土壤结构，还通过配方的调整，使得冰糖橙的酸甜度达到了理想的比例。这种农家肥的诞生，同样来自褚时健的琢磨。对此，他颇有些得意。

似乎一切都在按褚时健的规划进行，但新的问题还是出现了。

冷库建起来了，果园的技术人员对冷库却很陌生，不清楚果品入库后的温度和湿度标准，只能按照说明来操作，结果却出了大事，入库的水果出现了大量腐烂的现象。褚时健立马请了外地的专家来，可专家检查了一遍操作程序，也没能发现问题。最后的攻关又落到了褚时健身上。他找来与果品储藏和冷库有关的技术资料，一连数日，每日熬到夜里三四点，终于还是找到了一个标准，这是适合哀牢山地区小气候环境的独特标准。最后技术员就是根据他找到的标准，调整了冷库的温度和湿度。

冷库的问题解决了，可这两百头大肥猪的出路却没找到。赶上那几年猪肉价格狂跌，猪贱伤农，南方各省的饲养大户都吃了亏。褚时健的果园养的猪也没能逃过跌价风潮，都亏本卖了。这个损失在果园整体核算中只是小小的一笔，也可以称为"不可抗力"的影响，但在褚时健的决策中，也算是一次失败的案例。

还有一道难关是病虫害。柑橘园常见的黄龙病，在果农看来是一种传染病。小虫从有病的枝株爬过，把病毒带到其他的枝株，整个果园都可能被毁掉。褚时健说："别人都说这种病治不了，我们有方法，我们安排技术人员做病情侦察，确定病源在哪里，再搞定点清除，把传染媒介杀死。"褚时健的这个办法并不简单，它要求人力、物力的大投入，只有几百户农民一起搞，一家一台喷药器械，大家一起喷，同防同治，才能奏效。为防止病毒死灰复燃，这样的行动每半月就搞一次。褚时健说："器械和农药的钱都是我们出，这就是规模化经营的力量。靠一家一户，各人管门口一片，你怎么解决病虫害传播问题？"

每亩80棵，一些外省的柑橘种植者来取经，问这个标准是谁定的？答案是：褚时健。他认为，自己总结的东西，是通过实践得来的，甚至是吃了亏才得到的，这些经验对应了哀牢山独特的小环境。有了这个总结，并吃透它，盲目性少了，才能很好地掌控整个果园的生产环节。当然，也有专家提出，褚时健的做法成本太高，恐怕不成。褚时健说："可以算算，你卖8毛一斤，我卖8

块，哪怕成本提高了10%，利润提高的比例可不止这个数。"

2011年，在参观过果园后，广东来的同行问了褚时健一个问题："在别的果园，果子都有大年、小年，你这里的橙子有吗？"褚时健回答："我们这里，到今天还没有感觉，什么叫小年？我们年年都是大年。"

还有一个外地种植大户非常关心地提出，在他们那里，冰糖橙的果树，大致十年一个周期，到时候就要换。你要是不换，果子的产量就会下滑，果品的质量也会出现问题。听说褚时健的果园里有20多年的老树，不但没砍，产量和品质还不错，他觉得很奇怪。褚时健不保密，他说："植保搞好、水肥管好，老枝条要更新，剪掉两个枝组，它会重新发芽，连根一起发，这一来，剪了上面，下面的新根也出来了。老枝组如果回缩的话就把它剪了丢掉，剪掉以后出得多，根也冒得多。老根上有新根长出来，吸肥料就好吸了。上、中、下的老枝条都要剪，今年剪这一部分，明年剪那一部分，三年一个周期，果树自身的更新就完成了。"这套方法是褚时健自己琢磨的，难怪果园的农艺师会说："老褚干了几年总结出来的东西，比我们干了二三十年的人还多。"

如果把一次次的攻关当成战役，褚时健就是战役的总指挥，他颇为自信地说："我不是瞎指挥，心中没数的事情，我不会做。"

2008年，江西、湖南、贵州大雪成灾，天天看新闻的褚时健从中发现了商机，他认为雪灾会对冰糖橙的产量造成很大的影响，这种影响可能会让未来几年的果品市场产生大的变化。他决定将果园当初作为过渡结构种植的五万株温州蜜柑挖掉，腾出土地，改种冰糖橙。当时这些蜜柑树已经挂果，再过几个月就可以收获了，果园的技术人员和果农都觉得心疼，现在挖树，等于要舍弃价值一两百万元的果子。他们的意见是等收完这一季再换品种。这一次，褚时健又坚持了自己的意见。

后来的市场变化证明褚时健的坚持是对的。2008年，果品销售的纯利润达到了1000万元。

就在这一年，金泰公司首次实现了股东分红。

用管工业的方法管理果园

褚时健不止一次地说，自己这一辈子，最适合的就是搞企业。这种能力，"天生成一半，人努力一半"。

"想的东西，有意思的东西，就想试试，一试就要试好。没办法，就是喜欢干事，喜欢见成效。"

当年，玉溪地委书记李孟北看他在玉溪卷烟厂一两年就干出了成效，找他谈话，想把他调到地区当副专员，管工业。他对李孟北说："你这么用我就用错了，我搞烟厂有好处，给国家多拿税收。烟厂搞好了，国家得好处，地区也可以有收入，你们有了钱，搞发展也有底气。让我当官员，我干不好就废了。"李孟北点头，说："我原先还真没想到这一点，好，不动你了。"这只是往事一件，却可以看出褚时健早就看清了自己的长处，在当官和当企业家之间做出了自己的选择。

就是这种对搞企业的热爱，让他成了造就云南烟草辉煌的有功之臣。还是这种"天生成"的热爱，让他在哀牢山贫瘠的山区，建起了一个具有新农业意义的果品基地。

在对面的高山上鸟瞰褚时健的果品基地，现代化农业的特征很明显，按照等高线全面使用机械化开挖的台地，让它和周围自然状态下凌乱的山坡截然不同。30万株果树，除了保留的老果树树高三米外，其他的高度都不超过两米，整齐地分布在台地上。从公路通往果园有两个口，一进一出，由一条10千米长的水泥路连接，道路不宽，盘山而行，路边有标牌。一进一出的设计，避免了车辆在水果收获时节可能产生的拥堵。褚时健说："这段水泥路是政府投资给修的，直接通到了公司所在的小院。"这是果园的主路，除此之外，面积五平方千米的果园内，弯弯曲曲将整个园区连接起来的道路长达六十多千米，可容农用车辆通行，覆盖了四个作业区。路边就是果树，当初种树的时候，用的是华宁两个老牌橙子基地的标准，每亩种了148棵，株距和行距分别是两米和三米。技术人员介绍，当时认为这个标准可靠，果树种植讲究合理密植，太密了会相互抢夺营养，影响生长，太稀了浪费土地。现在每亩地只剩下80棵，这是褚时健根据哀牢山的实际情况做出的调整。

要管果园，先管人

用工业管理的方法来管理果园，这是褚时健从接手果园起就定出的原则。管理首先要面对的是人，果园的员工按梯次结构是果农、作业长、专业技术人员、公司管理者。

两人一户为单位，管理整个果园的农户有110户。每户果农承包的果园面积大概在23亩左右，分属四个作业区，由作业长管理。

农户中，原先农场留下来的不到20户，其他的绝大多数是戛洒镇和水塘镇的农民，还有9户是从邻近的普洱市镇沅县来的。农户拖家带口离开自己的土地到果园来，听说都是相互介绍和推荐的，投奔这里的原因很简单，就是穷。有的人在老家穷得家徒四壁，除了锅碗瓢盆外，没有任何值钱的东西。建园之初，公司就为农户配套建设了每户50平方米的住房，还为这些住房配备了沼气池、厕所、猪圈。做饭、烧水用沼气，水电通到了家家户户。按褚时健的想法，不光解决住房，农户在自己管理的这片区域里，可以饲养家畜，房前屋后还可以种点儿瓜果蔬菜，这样，农户们才有个名副其实的家。

刚来到果园的农民，看到这个和自己过去的住房完全不一样的家，都感到新奇。房子是公司的，每月还能从公司领到500元生活补助，加上工具和农药都由公司出钱购买，这样的好事到哪里去找？兴奋劲儿一过，果农们很快发现，成为褚时健团队的成员，并不是一件容易的事。一个果农说："他们的要求太高，样样都有标准，和我们过去种地时完全不同。"

褚时健的观点十分明确，普通的农民是成不了新型果农团队的成员的，在这里干活，需要的不只是简单地卖力气。他们需要不断地学习，不断地调试，从熟悉果树的种植到开花、结果、采摘的整个工序，到每一道工序都达到要求，才算完成了农民到农工的蜕变。

按照褚时健的部署，新加入的农户要进行培训，技术人员会叮嘱他们注意生产的每一个环节，告诉他们每个月该干什么，提醒他们公司不光有计划、有要求、有监督，到月底还有统一的检查。褚时健说："起先样样都要教，比方一月底树干要刷完；开春了，赶紧在地埂上种黄豆，用作绿肥，改善土壤结构；果苗根部不要清理得太干净，保留一些枯叶，可以保持水分，不过要注意病虫害……"

一开始，果农们完全不能适应，甚至不理解。在他们看来，种地就是种地，哪里有这么多讲究？不理解就造成了执行不力，作业长的管理并不顺手。褚时健说："后来是事实教育了他们，现在管理起来不费力了。"这个事实是什么呢？就是收入。农民才不听你讲得天花乱坠，他们看重的是事实。

一年辛苦，终于到了收获的季节。果农按规定时间采摘，把果子交到公司。公司收果实有严格的质量标准，分为一级果、优级果和特级果，市场销售价不同，公司收果时价格也不同。还有一些个头太小或者外皮有斑点的果子，虽然吃起来味道不差，但不能拿到市场上销售，收果的时候定价就更低些。

这一下子就分出了高低。果树是一样的，按照公司技术要求做的，果实的品级高，收入明显就高出一截来。根据公司掌握的情况，果农年收入最大可相差将近一倍。褚时健说："果农也会想，一样的地、一样的树，凭什么你的果子比我质量好、产量比我大、收入比我高？第二年，他就会想办法去改，甚至到别人的地段去学艺。以前做烟的时候，也是这样的，我从烟田抓起，给农民种子、化肥，指导农民怎样种出一流的烟叶，然后高价购买烟叶。没有一流的烟叶，就做不出一流的香烟。"

2009年年末，果园的产量达到了四千多吨，市场反响很好，褚橙已经卖到了川、渝、东南沿海、西北，以及遥远的东北、新疆和内蒙古。这一年，股东们分到了红利。从11月起，褚时健有大量的时间留在果园，亲自监督采摘、发运的整个环节。

这个时候，果农团队里出事了。12月初，最后一批果子采摘完毕，硬寨梁子作业区的两个果农偷偷留下了一千多枚果子，准备夜里下山卖个高价，不料被公司巡山的人逮了个正着。千余枚果子不过一百来斤，和每户果农每年收的几十吨相比不是个大数，但它透露的信息不容小觑。因为这是第一次出事，且恰恰出在果园发展向好的关键时候。褚时健不敢掉以轻心，他通知管理人员，开会讨论处理意见。

12月10日，褚时健来到硬寨梁子作业区，听取管理人员的汇报。五人参加的小会讨论出两种意见：一种认为家贼难防，这是一个信号，不打压下去，今后还会出事，所以要杀一儆百，不光处以重罚，还必须开除；另一种意见则认为，新招农户不容易，培训成本更高，还是让两个人写出检讨，罚重款，以观后效。两种意见摆了出来，由褚时健来定夺。

要按工厂管理工人的办法，这样的事情处理起来简单得多，果农不一样，他们心里也许还没真正搞清楚收获的东西归属公司，自己是无权处理的。褚时健沉吟半晌，说："这种事情在果园头回出现，我们在处理上还是要合情合理，已经到年底了，这两人今年该做的活计还是要做完，该得的报酬也要给。罚款适可而止，要让他们回去做事情还有点儿本钱。"

其中一户果农听到这样的处理意见，扑通一声给作业长跪下了，连声说："我错了，以后再也不会做这种事了，你帮我说说，让我留下来吧，看我的表现好了。"这户果农后来继续留在基地，成了一个守规矩的好农工。

考核：大家都会算账

农户的蜕变过程不是一天完成的，褚时健的工业化管理也不可能一次完成。毕竟农产品不可能装进模具一个个成形，在它们的生长过程中存在太多的不确定因素和人为因素。

就说对农户的考核吧，从某种程度上讲，褚时健对果农实行的是计件工资。他这么解释："这样大的规模，你不能发计时工资，就是一个月给你多少钱，那样整不成。他把你的钱拿了，果树衰了，你没有办法。现在就是根据果子的数量、质量，在果产上评等级来给他们发钱。"

原先的评级由农艺师来做，到了2013年，这道工序改由机器来完成。一户一户把果子倒下去，机器会把各个等级都按数量记录下来。年底结算的时候，就按统计结算。褚时健认为机器统计不会错，排除了人为因素的影响，它的结果更准确。根据机器统计，2013年产量最高的果农，达到了140吨。收果子的价格在年初就宣布过，现在有了收获的记录，就按年初定的价来算账，一等的果子越多，收入越高；产量越高，收入越高。

经历几次调整，农户管理的果树由一户3000棵变成了2500棵。褚时健预测，今后可能会减少到每户2000棵。他说："别看数量少了，两个人一年到头都有事，一刻都不得闲。你不用天天催他干这个干那个，给他一个空间，他自己会安排。像这两天，他们六七点就下地，整到十点多，吃点儿饭，休息一下，到下午三点太阳还很毒的时候，他们又会去地里，一直干到晚上八点。他们不玩假。不玩假的原因之一，就是这个考核制度。有些事情你还不好检查，我们一个月检查两次，这个月的作业要求必须达到什么，我只查你达到了没有，至于时间你自己掌握，到赶集的日子了你去赶集，节日你休息，都是你自己掌握。"

褚时健会算账，农户心里也有本账。到果园之前，他们一年到头种地的收入不过几千块。来到果园后，房子、肥料、树苗都是公司出，每月有生活补助，公司还增加了果农的福利，从他们入园的那年算起，每年递增100元的工龄工资。刚开始结果的时候，一个两口之家一年收入三四万，慢慢地，一年五六万、七八万。到了2013年，一个两口之家只要按照公司的要求管理果树，年收入高的差不多到了十万元，此外还可以自己养上几十只土鸡、几头猪，算是副业收入。日子好过了，孩子上大学的学费也掏得起。大部分家庭买了摩托车，有八户人家还买了小卡车。和过去的日子相比，那是天上地下，完全不同了。

几年下来，农户们吃透了公司的管理制度，他们心里清楚，果农之间也有竞争，如果自己的产量太低，公司会说："我们养不起你，你可以走人了。"年纪偏大些的果农，普遍把基地当成了家，珍惜在这里获得的一切。不过随着收入逐年提高，果农对自己的价值有了新的评估。年轻一点儿的果农开始想：我到其他地方去干，也可能有高收入，果园生活毕竟还是有些单调寂寞，外面的世界也许更精彩。这些年，少量年轻的果农走出了果园，到沿海发达地区去闯荡了。有意思的是，出去的人有的又回来了，他们算过账，在外面打工挣的钱，付了房租、水电，再除去吃喝拉撒，真正拿到手的并不多，不如在果园来得踏实，用句通俗的话形容，果园多少有点儿像"共产主义社会"。

利益一致，才会共同努力

在褚时健看来，土地不神秘，收入的高低、品质的好坏，主要看管理的人是否尽心尽力。这个管理，包括参与生产活动的所有人，只有每一个人、每一级的人都努力了，事情才能办好。

在他眼里，果园的作业长，就是当年烟厂的车间主任，在人员梯次上起着重要作用，他称他们为"中层干部"。这种说法多少带点儿当年他管理国企的痕迹，一般私营企业起家的老板，脑子里不会有这样的概念。

果品基地分为四个作业区，一作业区在硬寨梁子，辖地800亩。二、三、四作业区在新寨梁子，辖地2200亩。四个作业长每人管30户人，约八万棵树。一区的作业长刘宏和二区的郭海东，都是从华宁种植场过来的，有多年种植冰糖橙的经验；三区的王学堂是农校毕业的；四区的作业长现在还是代理，叫谢光富，是农大的毕业生。谢光富是四个作业长中最年轻的，毕业时他通过校友的介绍，知道褚时健的果园需要人，便闯到了褚时健家里。虽然小谢平日里见人有些腼腆，不善交际，但他那天和"老板"畅谈了自己想来果园的愿望、自己的打算、自己对果园管理的构想。褚时健听明白了他的意思，留下了他，并在他身上压了一副沉重的担子。据张启学说，褚时健见了谢光富后对他们说："哎哟，咋个还有比我还要黑的人？简直跟那个奥巴马一样。"这样，小谢有了外号，就叫"奥巴马"。褚时健评价说："现在干了三年，今年他管理着14万棵树，有些是新种的，看这个情况，可能能拿到八九万。"

褚时健的团队中，还有技术人员这一职位，总农艺师是龚自强，工艺技术的负责人是张伟，为基地提供植保、土壤化验分析研究的是李万宏，他们跟着褚时健摸爬滚打，练成了解决实际问题的高手。

如何管理从果农到作业长再到技术人员的这个团队，如何平衡他们的利益，让这支队伍趋于稳定，是褚时健必须面对的问题。从做企业开始，褚时健就有个一贯的看法，若干人来干一件事，要考虑各方共享利益，只有利益一致，大家才能诚心诚意地干事情。投资人、管理者、农民三者的利益一致，在金泰公司的具体体现，就是分配。也就是褚时健说的，讲实际点儿，只有参与者的收入一年比一年高，大家才会努力。

他说："管理如果管到大家都不努力，说明你这个公司的财务肯定是乱七八糟的，收入从哪儿来？只怕连当年的支出都不够。"

利益一致、共同努力的结果，是练就了一支队伍，形成了一套规章制度。褚时健说："我的大孙女褚楚正在按我的要求完善所有的规章制度，今后公司所有基地都要按这个执行。"

最好的管理方式：简单、自然、有效

在褚时健的果园里，农业不再是大而化之的靠天吃饭。园区所有的设置和果树的生长，都有一系列经过测算的数据来支撑。公司有个月历，这个月历的内容是每个月要做到的事情，很具体。比如剪梢工艺。褚时健很重视这道工艺，剪梢被按季节分成了剪春梢、剪夏梢和剪秋梢。年初进行的是剪春梢。果树的产量很大程度由它吸收的阳光决定，剪春梢决定了果树的受光度，剪开了，光照就足。对于剪到什么程度，工艺上有严格的要求，就是褚时健比较各地的剪梢方法琢磨出来的一条：太阳不管正着还是斜着，都能透下阳光来。夏梢和果子争夺营养，影响稳果，这个时候要去除一部分树梢，叫"抹梢"，让果子长稳。果子稳住了，必须停止抹梢，保护秋梢，秋梢越壮果子越好。这个过程作业长都要检查，控制不到位，在结算的时候要罚款。

再比如给果树施肥的时间、打药的时间，都有明确的规定，肥料、机器由公司提供，发给农户使用，但修理的费用公司和农户各承担一半，这样，农户使用起来就多了一些爱惜之心，因为这里有他的利益。

作业长每人管近十万棵树，他们的检查也有标准，一棵一棵地检查，这样才能做到对农户的情况了如指掌。褚时健说："别看我们是生产农产品，我们对生产环节的管理恐怕一些工厂都做不到。"一次，褚时健召集作业长开会，新平县的县长也来参加讨论。听说作业长的年收入在15万元以上，他吃了一惊。他说："你们比我当县长还强，我当个县长，一年也就六七万块钱。"

褚橙在市场上有了知名度以后，有人担心褚时健的作业长会不会被挖了墙角。但这几个老作业长跟着他一干就是十年，他们在果园获得的不光是15万元的工资，还有褚时健的尊重。2012年，公司奖励给年纪大一些的三位作业长每人一套150平方米的住房，就在大营街，和褚时健的住地仅有十多米远。他认为，他们的劳动付出值得奖励这套住房。

经营果园12年，果园的发展可以用数据来说话：

2006年，总产量1000吨；

2008年，3000吨；

2009年，4000吨；

2011年，产量达到8600吨，比上一年多了3000吨；

2012年，突破万吨大关；

2013年，达到11000吨。

按照褚时健的部署，2012年，公司投资3000万新建了果品初加工厂，果品

井然有序的分拣车间

的分级、清洗、包装生产线变成了两条。基地里的选果车间也完成了扩建，运货的大卡车可以直接开进车间院子里，减少了在外等候二次装车的时间。一个以保障基地需求为目标的有机肥料厂也已经建起，它能根据每年不同的土壤化验结果，生产出不同配置的有机肥料。

一个新型果品基地的架构至此基本完成。在最近热销的一本国外的经济学读物上，加拿大经济学家谈到，一个最好的管理方式，是以实践为根基实现简单、自然、有效的管理。褚时健在自己的实践中证实了这一点。

那么，褚时健还有梦想吗？他为自己制定的事业目标达成了吗？他推动事业发展的脚步会停歇吗？

第二十章　停不下来的脚步

　　胜友如云，走心的不多；高朋满座，知己难求。爬上山巅的时候无人比肩而立，跌入谷底的时候独自抚慰伤痛，这是褚时健长期以来面对的现实。要说英雄，也是一个寂寞的英雄。

　　在失去自由的那段时间里，褚时健停下了脚步，他终于有机会重新审视自己的人生，自己的价值观、世界观，包括朋友和亲人，他面临着一次全面的内心整合。

扩展，还是扩展

传承：做实业的社会价值

特立独行的隐者

回归：负责任的人生

2014年5月24日清晨，习惯站在果园眺望远山的褚时健，出神地看着远处的群山。哀牢山灰蓝色的巨大身影在晨曦中一点儿一点儿明亮起来，他转过头。摄影师杨克林抓住了这个瞬间，他没有笑容，镜片后，平静的目光里蕴藏着丰富的内容。

2014年的褚时健

扩展，还是扩展

公司还在扩展，原有的2000多亩果园，现在变成了5000亩，这是公司的核心产业。

公司在漠沙镇海拔1300—1500米的山区新扩展了一片面积3000亩的果园，种植沃柑。这是一种高糖低酸的品种，很符合中国人的口味。现在已经种下了7万棵果树苗，它的上市时间是每年春夏之交，和褚橙在时间上形成了互补式的衔接。

另外，在普洱市镇沅县，另一片面积4000亩的土地准备种褚橙，目前正在做水源系统的配套工程。

　　总体来说，现在已知的果园面积会达到12000亩。另外，金厂的2000亩地不能种果树，经过多方考察，准备种红椿，也已经进行到了育苗阶段。

　　就在果园的路边，22座新户型的农家小屋的建造已近尾声。新建的房屋更宽敞、更人性化，前突的厨房、卫生间排列在左右，让过去平面的房屋有了小院的感觉。作为农户住房的升级，近大半的住房早在2013年就改造成了白色的平房，加上新建的二十多座，一百多户农家住房的升级改造在2014年全部完成。

　　在褚时健身后，新建的褚橙庄园进入了最后的装修阶段。

　　据老两口说，这座庄园不是出自他们的创意。2013年，新平县部署在戛洒新寨梁子打造以褚橙庄园建设为代表，用工业的理念谋划农业，做大做强庄园经济的新型农业示范区。从那时起，褚橙庄园成了这片果园的代称。

　　不管褚时健对"庄园"这个名称喜不喜欢，他的发展思路和新平县的远景规划必须协调。一个贫困县的政府需要一个榜样的力量，而一个依靠当地土地和水资源发展的企业，也需要政府的扶助。

　　关于庄园怎么做、以什么方式经营，老两口探讨过，也争论过。褚时健不愿意要那种可以接待访客的宾馆，也不喜欢在庄园里搞什么采摘活动。果园的管理必须十分规范，那片果树什么时候可以采摘，采摘几天必须停止，作业区都有明确的安排。这些年来，每到果子成熟期，总会有许多前来参观和购买的人。褚时健有个原则，采摘少量的几斤、几十斤可以满足，要多了，对不起，没有，销售部门有自己的计划和安排。果树就在路边，累累果实随手可摘。褚时健会提醒来客："你们千万不要动手摘树上的果子，这是农户的产品，他们会不高兴的。"马静芬何尝不知道果园管理的严格，她同样头痛庄园以后的出路。按现有的庄园经济模式，采摘不就是吸引人眼球的一招吗？还有，庄园远离城镇，客人们住下总要有个玩耍休闲的地方。老两口最后拿出了一个讨论的结果：来客可坐电瓶车在果园游览。又在鱼塘边修建了风雨亭和农家乐餐厅，喜欢田园生活的人，可以在这里采摘真正的有机蔬菜，吃自己钓来的鱼。

2013年，建筑面积3500平方米的庄园动工了，这个投资2000万的项目，总负责人是马静芬。从选择设计图纸到决定建筑材料，马静芬进入了一个她过去很陌生的领域，又一次让人看到了她强大的能量和无法想象的创造力。一位八十出头的老人，一趟趟往返于昆明、玉溪、果园，她有自己的车、自己的司机，自己决定每天的日程。

2013年岁末，马静芬在家里摔了一跤，肋骨和腰椎都受了伤。这么大年纪，伤筋动骨的，怎么还不得躺一两个月。谁也想不到，不出一个月，马静芬又坐着自己的车出门选石头去了。原定于2014年上半年完工待客的庄园，拖到了年底。马静芬说："这个工程我们自己、县里、市里、省里都有投资，不过现在什么东西都在涨价，看来预算要突破。"修好后的庄园有三十多间客房，一次可接待四十多位来客，员工的遴选和培训正在进行中……

扩展后的褚氏产业，将是一个集团公司，有独立的经济核算，有自己的股份。褚时健的外孙女任书逸和外孙女婿李亚鑫现在主管着公司的销售和财务，大孙女褚楚在搞公司管理，儿子褚一斌开始了扩展镇沅4000亩果园的工作，老伴马静芬除了对庄园全权负责外，还兼顾漠沙镇磨皮村那3000亩沃柑的开发管理……

"公司的核心产业就是现在这5000亩，目前还由我来掌控。剩下的让他们挑大梁，看他们能干到什么程度。如果顺利，现在种下的果树四年后将有收获，梯次结构的发展，产量逐年上升，到七年后，也就是2020年以后，产量将达到5万吨。"

扩展，再扩展。褚时健的规划超出人们最初的想象不知有多远了。实际上，这样的规模也远远超越了褚时健自己当初的想象。

褚时健自己感叹："一开始搞橙子，一部分是为了消磨时间，另一部分是想干点儿事情。到后来变得一发不可收拾，哎哟，停不下来了。"

马静芬说："最初搞果园，是要解决养老的问题。后来越搞越大，他是想证明自己，这个'烟王'不是靠云南烟叶得天独厚的优势和专卖政策得来的。"

纷至沓来的媒体人、企业家、经济学者，从他这种"扩张的野心"中，看到了荣誉感、责任感、安全感、自我价值的证明、企业家不变的追求……

褚时健剖析自己的心态："搞到这一步，和个性有关，还是要把事情做好，做不好心不安。在我的经历中，不管当年的国有资产，还是现在的私有财产，不论为国家、为自己，还是为子孙，都要做到最好。"

追求完美、追求卓越，在褚时健这里，不是目标，不是理想，只是一种性格。

2013年的正月十五，褚时健的儿子褚一斌在玉溪为父母亲高调举办了生日晚宴，到会的亲朋坐满了整个酒店宴会厅。褚一斌请了昆明的京剧演员，上演了一出《八仙祝寿》。晚辈们排成两队、分两次为老两口祝寿，四世同堂，十分热闹。就是在这天的会上，褚时健大声地说："我和老伴都是属牛的，这就是说，我们一辈子都要干事情。我85岁，老伴80岁，但我们的事还没干完，只要干得动，还要干下去。"

而现在，面对苍茫远山，身边是葱绿的果园，他缓缓地说："更多的东西也不想搞了，没有精力了。现在看来，这辈子只能在山里种橙子了。还剩几年时间，把这轮扩展搞成功，让后代子孙的生活有条出路。"

传承：做实业的社会价值

记得在二十年前采访褚时健的时候，我们聊起过朋友。

褚时健说："固定下来的朋友很少，有些很谈得来的朋友，大家各忙各的，真正坐下来好好聊聊的时候不多。"

褚时健有一些青年时代的好友，那是他人生道路初形成时期的同学和战友。这些朋友带着那个时代浓重的气息，面对着同样的境况，有过同样的思考，走着大体相同的人生道路。随着时光流逝，这些朋友大多数相忘于江湖，变成了人生一个温暖的背景。褚时健说："后来事情越做越大，大家相聚的时间越来越少，好不容易在一起，谈得最多的是我的事情，工作上的、家庭上的，真正谈感兴趣的事情谈得很少。"他认为自己在这一方面有很多"亏欠"。

胜友如云，走心的不多；高朋满座，知己难求。爬上山巅的时候无人比肩而立，跌入谷底的时候独自抚慰伤痛，这是褚时健长期以来面对的现实。要说英雄，也是一个寂寞的英雄。

在失去自由的那段时间里，褚时健停下了脚步，他终于有机会重新审视自己的人生，自己的价值观、世界观，包括朋友和亲人，他面临着一次全面的内心整合。

对于一位从高峰跌落的古稀老人，这无疑是一次残酷的自我修复和重塑。独自面对自己走过的大半生，面对生命最单纯的真相，面对刻骨铭心的亲情……

一生要强的褚时健完成了打破后的修复，一生的寂寞在那一刻获得了补偿。他变了，变得宽容、随和，珍惜生命中属于自己的一切。

褚时健从来不是一个喜欢倾诉的人。也许因为性格使然不爱倾诉，也许因为内心强大到不需要抚慰，更可能是因为他从小到大的经历教会他的是承受而不是宣泄。总之，褚时健和人交谈，有着严格的界限，他不谈及自己的情感，不谈及自己的家人，给自己和家人留下私密的空间。看看摆在桌面上长长短短的写他的文章，你会发现它们惊人地一致，他为采访者打开一扇门，却关了所有的窗。因此面对他的时候，你会觉得什么都是你知道的，下笔的时候，你会发现，他离你仍很远。

褚时健的家庭情况，他不愿为外人道。

从做"红塔"老总的时候起，褚时健就一直有一条规矩，不让亲属参加厂里的商业活动，这可以理解成一种事先的防护。不过当时的环境那么特殊，总有些渠道和门路是你堵不住的。即便这样，他的亲属们在他管辖时的玉溪卷烟厂也都没有谋得什么好的职位。他一生中有过几次大起大落，整个家庭和他一起挣扎，一起沉浮，一起渡过难关，家曾经是他休憩身心的港湾。他说："节假日全家到山里头打猎、捡菌、野炊，全家人都喜欢这种方式。我平日在家什么都不做，不是不会，是没有时间。但外出野炊烧烤，我做菜的手艺很不错。那个时候，我对我们这个家是很满意的，家人也给了我不少的支持。"

1995年开始，这样的全家外出活动戛然而止，此后发生的变故，给褚时健留下了终生的伤痛。不过，时光让这伤痛慢慢变得柔软，不再那么尖锐清晰。现在的褚家人丁兴旺，逢年过节，四世同堂，家里十分热闹。

现在，褚时健经营的企业属于自己，每一分钱都挣得明明白白，褚时健也坦言要为后代留下立身之本，后辈们进入公司成了一件理所当然的事情。他出事的时候，儿子褚一斌在国外学习，此后长时间留在了国外。他和父亲长得极像，这些年回国做事，极少出现在公众视野中。女儿褚映群留下的唯一骨肉就是褚时健的外孙女任书逸。留学回来的时候，任书逸接到了银行的录用通知，褚时健对外孙女说："回来，到我们的公司来，你来学着搞企业。"外孙女不

褚时健夫妇与孙子、孙女

理解外公的苦心，她觉得在家族企业干没有出息。褚时健说："银行给你多少钱，我翻倍行不行？"最后，外孙女和外孙女婿留下了，大孙女褚楚也留在了爷爷身边。到现在为止，褚家的后代们都站在长辈身后，褚时健和马静芬像大树一样，细心护佑、培养着后代。

人们只能从褚时健处理公司业务的记录中，看到他们成长的印迹：

销售季节，褚时健害怕接听电话，"因为找我的，都是叫我跟圆圆（任书逸，褚时健外孙女）他们说说，要整点儿橙子卖卖。我说，我不管了，他们负责销售，有自己的安排和计划，这个事情他们做得了主。"

"现在公司正在整理和细化管理的规章制度，褚楚就在做这个工作。"

"镇沅扩展的4000亩果园，也是种褚橙。现在还处在搞水源设施阶段，由一斌负责。"

"他们各自承担一块，看他们能不能干好，公司以后独立核算，如果能做到赢利，算是合格，给60分。"

很明显，褚时健要传承给后代的，不仅仅是财富的累积，更是做实业的社会价值、企业家的责任感和为人处世的担当。

特立独行的隐者

改革开放三十年之际，一家杂志做了一期专题策划，以当年声名赫赫的企业家为对象，其中有褚时健，当时的文章称这批企业家"一时风光，永久寂寞"，更尖锐的说法为"中国国有企业体制改革历史进程中的失踪者"。而就在这时，"失踪者"中年纪最大的褚时健，悄然回归人们的视野中。

和别的成功人士不同，褚时健是一个真正的隐者。他选择的致富路径避开了那些吸钱最多的热门行业；他远离了一切公开露面的场合，拒绝了一切纯社交的应酬，哪怕是那几年褚橙创立品牌时期的商业公关；他开创了一个完全不同的运作模式，以不变应万变，远离繁华，扎根深山，稳稳地推进自己的事业，过着自己喜欢的生活。

他仍然关心着国家的发展形势，以自己的经验点评着财经领域的风云变幻，和到访的朋友探讨时下的金融话题。但这一切都是淡淡的、平静的。随着年龄的增大，他的听力有些衰退了。耳朵不灵后，世界开始安静起来，这也符合他的心境。领略过"山高人为峰"的成功，见识过世事变幻的波翻浪涌，褚时健不再需要表白，也无须证明，他变成了一个特立独行的隐者。

2011年，褚时健的果园利润超过了3000万元，固定资产超过8000万元。

2012年，公司的固定资产突破亿元。

这时，国内一家很有实力的投资公司专程托人询问褚时健对上市有无兴趣，这家公司看好褚时健橙子的口碑和赢利能力，有意运作褚橙登陆股市。

褚时健听了，连连摆手："没的这个心肠玩上市。"对上市，他表达了三层意思，这也多少代表了他对中国股市的一点儿看法："其一，上市公司都要在上市后拿走股民一笔钱，赚钱的是公司的投资人和大股东，老百姓买到的都是高价的股票；其二，虽然我们现在赚的都投到再发展上了，但这个钱我花得踏实，我不想去帮别人打工赚钱；其三，我84岁了，管不了几年，以后交给我外孙女和她丈夫。说实话，他们管管销售还行，但还没掌握种植技术，上了市，我倒是拿了钱，但如果果子以后品质下降，不行了，那不亏了股民吗？"

"我怕别人背后指指戳戳。"

说他"悄然"一点儿不过分，褚时健并没有想把这种回归当成一种荣耀。就像一开始进入深山创业，他没有看成一种屈辱一样。可果子会说话，"烟王"成了"果王"，一种对人们身体健康有好处的食品，其意义超越了会给人们身体带来伤害的香烟。就算登台时没有锣鼓声伴奏，褚时健和他的产品的亮相，还是获得了众多的掌声。

2012年11月5日，北京各报的显著位置，刊登了褚橙进京的消息。《京华时报》记者胡笑红报道称：褚时健种橙的第十个年头，首次大规模进入北京市场，他选择了由鸿基元基金投资的新兴电子商务网站——本来生活网。11月12日，更有媒体称褚时健亲自到京卖橙子，报纸上登了褚时健手拿橙子、笑容满面的大照片。

一石激起千层浪，就从这一次开始，"悄然"变成了"轰然"，各类新兴媒体巨大的宣传能量，将褚时健从幕后拉到了前台。他被冠以"励志爷爷"的美称，褚橙因此变成了"励志橙"。

本来生活网和金泰公司签订了200吨的合同。当时的本来生活网市场总监胡海卿提供了一项数据：11月5日上午10点开卖，前5分钟卖出近800箱，24小时之内销售1500箱。到了9日，卖出3000多箱。首批进京的20吨褚橙五天售罄。到了18日，预约等待的超过了3000人。

本来生活网趁热打铁，签下了2013年独家网络销售合同，这一次是2000吨。胡海卿称，他们的合作规划了未来二十年的市场。

褚时健并未到京，销售最热闹的时候他在果园。看到报纸的人纷纷打电话询问，他笑眯眯地说："我怎么会去卖果子？这两年我哪里都不想走了，腿脚不方便。"不过他不排斥媒体的称呼，"要说励志也可以，现在的年轻人很多在找出路、找靠山，我八十多了还在果园摸爬滚打，这也是一种活法。"

对于自己被推到前台亮相，褚时健认为，你搞实业，人气旺是好事，如果门可罗雀，那才是可怕的。

回归：负责任的人生

褚时健回归公众视野，对他最关心的，是中国企业界人士。

波导手机公司董事长徐立华认为"褚时健是中国天字号的企业家"。

《激荡三十年》的作者、国内著名财经作家吴晓波说："褚时健本身戏剧性太强，一直到今天，像他这样具有如此高的知名度的企业家被判刑的也不多见。"

王石称褚时健为"最崇敬的企业家"。

金洲集团董事长俞锦方说："我是怀着朝圣的心情来拜访褚老的。"

浙商全国理事会发展部原总监张敏等人提出，一批浙商想来集体拜访老人家，想听听他讲课。

褚时健听到这些消息，微笑着表示："谢谢，难为他们还记得我。"

对于讲课的要求，他说："讲什么课？现在的企业和过去不同了，经济环境和政策也不一样，再像过去那样搞，肯定是不行了。现在互联网那么发达，商业的概念不同了，我玩不了概念、虚拟，我就是干实业的。"

胡海卿谈到关于励志的话题，他认为，对于正在走出困境、全力打拼的中国企业家来说，"他们太需要一个励志故事了"。他更希望企业家、顾客能从褚时健那里明白，人生的波折是一种常态，而企业家精神是可以坚持的。

褚时健说过，自己已经淡出了原先的圈子，和政界、企业家没有多大的关系了。

他现在在企业界有了一位"老朋友"，他认为："这个人说话实在，有自己的想法，我和他有些地方一样，我们谈得来。"这个人就是王石。

之所以说是老朋友，是因为在王石的回忆里，他第一次见到褚时健是在2002年。那个时候的褚时健刚开始他的二次创业，而王石作为地产大亨，名头十分响亮。他的到访让褚时健从心底感受到暖意，感到在重创中企业家圈子对他的一种惺惺相惜。他们就在当时还是满山红土的果园里谈了两个多小时。大概戴着破草帽，穿着破旧的圆领衫，正在和修水泵的人为几十块钱讨价还价的褚时健给了王石极大的冲击，他在以后的多次谈话和文章中，记录了这个细节。

褚时健对王石的每一次到访都十分看重，他曾经告诉我们，王石在他果园刚刚搞起的时候就来过……说这话的时候，他的嘴角带着微微的笑意。他从不谈王石的业绩，不谈对他作为一个成功的企业家的评价，就是一个朋友，一个不是在他第一次辉煌时期或再次成功后来表示敬意的朋友，而是在他还在"谷底"时就关注他、理解他的朋友。

王石的确有人气，他看望褚时健后，写过一篇文章《哀牢山上冰糖橙》，很多企业家就是通过这篇文章了解了褚时健的现状。而他引用巴顿将军的话"衡量一个人成功的标准，不是看这个人站在顶峰的时候，而是看这个人从顶峰上跌落低谷之后的反弹力"，形容褚时健的"触底反弹"，也成了被千万次转发的微信。

2014年5月，王石再次造访，他有个新的提议，请北京大学管理学院的研究生们做一个案例，把褚时健的成功做一个全面的总结，王石说："我想让更多中小企业家能系统地知道他。因为褚厂长把一个看上去不可能做成的事情做成了，而且这种成功是可示范、可借鉴、可学习的。"

对王石的建议，褚时健十分上心，虽然他自认为自己搞企业的才能一半靠苦干，一半天生成，但只要对别的企业家有用，对年轻人有用，总结一下未尝不可。

6月2日，研究生们进入了褚时健的果园。

王石在6月24日发文写道："我有很多粉丝，但我是褚时健的粉丝，他不仅是云南人的骄傲，更是我们这些企业家的骄傲。所以，我每次来不能说是看望他，应该说，每次都是带着崇敬的心情来取经的……他一直给我非常强烈的内心触动……褚厂长身上集中体现了中国企业家的一种精神，一种在前进中遇到困难，并从困难中重新站起来的精神。"

相信王石谈的是他的真实感触。

2013年，另一位大名鼎鼎的企业家来到了玉溪，他就是联想集团董事长柳传志。他给褚时健带了一件礼物，联想集团的当家产品——两部黑莓手机。

褚时健对电子产品的使用基本属于扫盲阶段，复杂的功能他一概不会使用。但听说是联想的当家产品，他很怕浪费了柳传志的一片好心，便把手机送给了自己的外孙女和孙女。

交谈中，褚时健得知柳传志已经调整了企业布局，开始向农业方面投资种植蓝莓和猕猴桃。褚时健和柳传志探讨了新型农业发展的模式和将要面对的困难。褚时健说："种水果，水和土的问题必须解决，沿海地区有些土地重金属含量超标，水质污染，土地成本又高，应该慎重考虑投资的地区。"

联想的猕猴桃上市，柳传志邀请褚时健一同出面，褚时健说："我去不了了，不能再坐几个小时的飞机了。"金泰公司派了褚时健的外孙女婿李亚鑫出席，以示支持。一时间，有了"褚橙柳桃"的说法。

还有投资者和企业家看重老人家的判断力，请他出山帮忙看看项目。2013年年末，他到中越边境地区去帮人考察种植项目土地。一看到当地的环境，褚时健立刻拿出了意见，他对请他看项目的人直说："你们请我看，我就说，你不能做，有精力也不能搞这个。水在低处，春天旱季抽不到水，山头到水源有400米高，要提水上去，费力费钱，成本太高。最不利的是那些山头不长树，就像昭通的大山包。"

他说："做事情不能跟风，要搞农业、林业、果品种植，必须讲天时地利人和，地方要选对，热量要充足，水源要充足，还有物流、产品的市场。在这个地方投钱搞林木，不如拿钱做点儿实实在在的慈善事业有意义。"

褚时健最看不上的是那些对投资不负责任的经营者，他认为这样的人不光坑了投资人，还坑了下游的工人和农民。他说："搞企业的人是要有社会责任感的。我们不能伤别人，坑人的事情不能干。就像我们现在搞的基地，这么多贫瘠的山地，我们通过种植，改变了它的性质。可以说，把土地养好，让中国土地上的财富快点儿堆积起来，不光对我们，对社会、对中国的国土资源都是好事。如果把土地养好了，同一块地的水果产量能从一吨提升到两三吨，就能省出千百亩土地，我觉得这就是有意义的事情。"

2014年7月3日，网上流传一篇《成都商报》记者刘木木的文章，其中有这样的话"褚时健最近有点儿烦"。文中说：几乎每天都会有来自全国各地的官员、企业家、崇拜者，怀着各种诉求，通过各种手段，活动在玉溪市大营街道附近或者新平县戛洒镇新寨梁子的果园里。当然，除此之外，还有不少的来自全国各地要求指点迷津的年轻人。他的看法是褚时健"不堪其扰"。

2013年，一个年轻人出现在大营街褚时健家门口，他没有敲门，而是在门外蹲守。马静芬终于发现了这个年轻人是奔着自己家来的，她问他："你是来找我们的？"年轻人点点头，看看他的神情，马静芬已经心里有数，问："你是不是讨教致富秘方的？"年轻人来自南京，他觉得一个月几千元工资，猴年马月才能发财。马静芬说："我可以告诉你，找准目标，坚持干下去，只要吃得了苦，就能富起来。"

2014年，一个想要自杀的青年，在和褚时健谈话之后，幡然悔悟，理由是褚时健这么大的年纪还在拼搏，自己无论如何不该放弃。

《中国青年报》的记者也在2014年7月采访了褚时健，他们想知道，那么多年轻人崇拜褚时健，他对现在的年轻人怎么看。褚时健说："来了这么多人，我发现他们把事情想得太简单了，总想找现成、靠大树、撞运气。其实，这个世界哪里有这么简单的事情？我八十多岁了，还在摸爬滚打，事情要一点儿一点儿地做，本事要一点儿一点儿地学，才能一步一步把成功的本领学到手。"

褚时健想对来访的年轻人说："不要把我看成神，我也是一个人。我只能说，机会始终是有的，就看你能不能抓住，你不注意，它就过去了。但是有了机会不一定能干成，还要吃得了苦，要有想法。"

可以预料到，再次登顶的褚时健，还将面临更多的"打扰"。浮躁的社会环境中，一位扎实沉稳、不停前行的老人，告诉年轻人一个道理，励志可以属于任何年龄段、任何境遇中的人，重要的是坚持、努力、能力。

回归是一种心灵需求还是一种社会认同需求，对于褚时健这样经历的人来说，已经无须探讨。

他一直在做从少年时就认定的自己，走自己的路。一路走来，摸爬滚打，用一个生命，活出了"活着、活得精彩、活得有价值"三重意义。

褚时健说："我这一生就讲一点，要负责任。任何情况下，我都要有所作为。只要活着，就要干事，只要有事可做，生命就有价值。不管境况如何变化，对自己、对事业、对家人、对社会的责任心不变。"

这是一个负责任的儿子、丈夫、父亲……和企业家。

（全书完）

褚时健说

◎ 经历过的东西，对你都是有用的。你觉得那时候条件很苦，可谁知道今后会不会更苦。当时家庭条件优越一些的同学比我们好过，以后碰到更大的坎儿，我们挺得过去，他们可能就过不去了。所以我说，经历对人来说，有时就是一笔财富。

◎ 少年时的劳作对我以后的人生很有帮助。烤酒的实践让我懂得，烤酒要讲出酒率，就是你放100斤的苞谷要出多少酒才行。要追求效率，那就要讲技术，这些粮食熟透的程度、火的温度、酵母的培养，不从技术上搞好，酒就出不来。酒出不来就会亏本，不光补贴不了家里，我还读不成书。所以，我从十几岁时就形成一个概念，从投入到产出，搞商品生产要计算仔细，干事情要有效益。有经营意识和良好的技术，才能创造出更多的价值。

◎ 从这个时候起，我开始真正有自己的看法了，干任何事情都有规律，要讲道理，不按规律乱来，是要出问题的。

◎ 来了这么多人，我发现他们把事情想得太简单了，总想找现成、靠大树、撞运气。其实，这个世界哪里有这么简单的事情？我八十多岁了，还在摸爬滚打，事情要一点儿一点儿地做，本事要一点儿一点儿地学，才能一步一步把成功的本领学到手。

◎ 我这一生就讲一点，要负责任。任何情况下，我都要有所作为。只要活着，就要干事，只要有事可做，生命就有价值。不管境况如何变化，对自己、对事业、对家人、对社会的责任心不变。

◎ 我一直有个意识，人活着就要干事情，干事情就要干好。干得好不好，有三个标准：第一个，把事情做好，事情做好的关键是利润要增长；第二个，做事情，钱花多了也不行，那些年我们是帮国家搞企业，帮国家搞就要替国家算账；第三个，干事情就要对大家都有利。

◎ 我的一生经历过几次大起大落，我不谈什么后悔、无悔，也没有必要向谁去证明自己生命的价值。人要对自己负责任，只要自己不想趴下，别人是无法让你趴下的。小先问过我："你对自己的人生如何评价？"我说："这要由别人来讲，由后人来讲，自己不好说。"对我来说，过去的就过去了，过好今后的日子，干好最后的事情，这是我现在想的事情。

◎ 要说我一生的追求，我想很简单，不管是给国家干还是为自己干，我都有一个不变的追求：沾着手的事情就要干好。大事小事都一样。我有过失败，有过教训，能走到今天，还是个性使然。我这个人的性情就是不服输，用句时髦的话说：看重自我价值的证明。我希望对我的家乡、对我的民族、对我的国家做点好事，我们这一代人，逃不掉的有一种大的责任感。干好自己的事情，这就是我的追求。

编辑后记

又到了一年收获的季节，这本书像褚橙一样成为一颗秋天的果实，即将送到千万读者的面前。我们不禁回想起两年前，第一次知道褚橙时的心理激荡，第一次品尝褚橙时清爽酸甜的滋味，真是让人回味。

后来褚橙火了，大量媒体报道让褚橙和褚时健被更多人所了解。褚时健74岁再创业，种出了风味独特、深受广大消费者喜爱的橙子。有人把褚橙称为"励志橙"，他们说，从褚橙中品尝到了人生的滋味。

褚时健先生是中国第一代企业家中的佼佼者，也是中国最具争议性的财经人物之一。他用17年的时间将默默无闻的玉溪卷烟厂缔造成亚洲排名第一、世界排名第五的大型集团企业，累计实现税利991亿元，成为地方财政支柱，可谓成绩斐然。遗憾的是，90年代后期，他因经济问题身陷囹圄，成为当时轰动的事件。

我们编辑出版这部作品，看重的并不是那些已经尘埃落定的过往，那些褚时健曾经犯过的错误已成定案，只是这位倔强的老人一生跌宕的一个段落；我们更加看重的，是他在人生跌入谷底之后的再次精彩。毕竟，除了昔日经历的种种，在褚时健身上还有更值得传承下去的东西，例如精神，或者信念。

先燕云和张赋宇两位老师写的这部传记，通过大量、长期对传主的贴身采访，用客观的文字，详尽地记述了褚时健先生八十多年来的人生经历，可读性较强。从书中亦可以读出褚时健先生的经营管理理念和方法，或许能对当下为明天而奋斗的青年人有所启发。

愿本书的读者都能从中有所收获。